Informatik—Fachberichte

Band 146: W. Damm, Entwurf und Verifikation mikroprogrammierter Rechnerarchitekturen. VIII, 327 Seiten. 1987.

Band 147: F. Belli, W. Görke (Hrsg.), Fehlertolerierende Rechensysteme / Fault-Tolerant Computing Systems. 3. Internationale GI/ITG/GMA-Fachtagung, Bremerhaven, September 1987. Proceedings. XI, 389 Seiten. 1987.

Band 148: F. Puppe, Diagnostisches Problemlösen mit Expertensystemen. IX, 257 Seiten. 1987.

Band 149: E. Paulus (Hrsg.), Mustererkennung 1987. 9. DAGM-Symposium, Braunschweig, Sept./Okt. 1987. Proceedings. XVII, 324 Seiten. 1987.

Band 150: J. Halin (Hrsg.), Simulationstechnik. 4. Symposium, Zürich, September 1987. Proceedings. XIV, 690 Seiten. 1987.

Band 151: E. Buchberger, J. Retti (Hrsg.), 3. Österreichische Artificial-Intelligence-Tagung. Wien, September 1987. Proceedings. VIII, 181 Seiten. 1987.

Band 152: K. Morik (Ed.), GWAI-87. 11th German Workshop on Artificial Intelligence. Geseke, Sept./Okt. 1987. Proceedings. XI, 405 Seiten. 1987.

Band 153: D. Meyer-Ebrecht (Hrsg.), ASST'87. 6. Aachener Symposium für Signaltheorie. Aachen, September 1987. Proceedings. XII, 390 Seiten. 1987.

Band 154: U. Herzog, M. Paterok (Hrsg.), Messung, Modellierung und Bewertung von Rechensystemen. 4. GI/ITG-Fachtagung, Erlangen, Sept./Okt. 1987. Proceedings. XI, 388 Seiten. 1987.

Band 155: W. Brauer, W. Wahlster (Hrsg.), Wissensbasierte Systeme. 2. Internationaler GI-Kongreß, München, Oktober 1987. XIV, 432 Seiten. 1987.

Band 156: M. Paul (Hrsg.), GI – 17. Jahrestagung. Computerintegrierter Arbeitsplatz im Büro. München, Oktober 1987. Proceedings. XIII, 934 Seiten. 1987.

Band 157: U. Mahn, Attributierte Grammatiken und Attributierungsalgorithmen. IX, 272 Seiten. 1988.

Band 158: G. Cyranek, A. Kachru, H. Kaiser (Hrsg.), Informatik und „Dritte Welt". X, 302 Seiten. 1988.

Band 159: Th. Christaller, H.-W. Hein, M. M. Richter (Hrsg.), Künstliche Intelligenz. Frühjahrsschulen, Dassel, 1985 und 1986. VII, 342 Seiten. 1988.

Band 160: H. Mäncher, Fehlertolerante dezentrale Prozeßautomatisierung. XVI, 243 Seiten. 1987.

Band 161: P. Peinl, Synchronisation in zentralisierten Datenbanksystemen. XII, 227 Seiten. 1987.

Band 162: H. Stoyan (Hrsg.), Begründungsverwaltung. Proceedings, 1986. VII, 153 Seiten. 1988.

Band 163: H. Müller, Realistische Computergraphik. VII, 146 Seiten. 1988.

Band 164: M. Eulenstein, Generierung portabler Compiler. X, 235 Seiten. 1988.

Band 165: H.-U. Heiß, Überlast in Rechensystemen. IX, 176 Seiten. 1988.

Band 166: K. Hörmann, Kollisionsfreie Bahnen für Industrieroboter. XII, 157 Seiten. 1988.

Band 167: R. Lauber (Hrsg.), Prozeßrechensysteme '88. Stuttgart, März 1988. Proceedings. XIV, 799 Seiten. 1988.

Band 168: U. Kastens, F. J. Rammig (Hrsg.), Architektur und Betrieb von Rechensystemen. 10. GI/ITG-Fachtagung, Paderborn, März 1988. Proceedings. IX, 405 Seiten. 1988.

Band 169: G. Heyer, J. Krems, G. Görz (Hrsg.), Wissensarten und ihre Darstellung. VIII, 292 Seiten. 1988.

Band 170: A. Jaeschke, B. Page (Hrsg.), Informatikanwendungen im Umweltbereich. 2. Symposium, Karlsruhe, 1987. Proceedings. X, 201 Seiten. 1988.

Band 171: H. Lutterbach (Hrsg.), Non-Standard Datenbanken für Anwendungen der Graphischen Datenverarbeitung. GI-Fachgespräch, Dortmund, März 1988, Proceedings. VII, 183 Seiten. 1988.

Band 172: G. Rahmstorf (Hrsg.), Wissensrepräsentation in Expertensystemen. Workshop, Herrenberg, März 1987. Proceedings. VII, 189 Seiten. 1988.

Band 173: M. H. Schulz, Testmustergenerierung und Fehlersimulation in digitalen Schaltungen mit hoher Komplexität. IX, 165 Seiten. 1988.

Band 174: A. Endrös, Rechtsprechung und Computer in den neunziger Jahren. XIX, 129 Seiten. 1988.

Band 175: J. Hülsemann, Funktioneller Test der Auflösung von Zugriffskonflikten in Mehrrechnersystemen. X, 179 Seiten. 1988.

Band 176: H. Trost (Hrsg.), 4. Österreichische Artificial-Intelligence-Tagung. Wien, August 1988. Proceedings. VIII, 207 Seiten. 1988.

Band 177: L. Voelkel, J. Pliquett, Signaturanalyse. 223 Seiten. 1989.

Band 178: H. Göttler, Graphgrammatiken in der Softwaretechnik. VIII, 244 Seiten. 1988.

Band 179: W. Ameling (Hrsg.), Simulationstechnik. 5. Symposium. Aachen, September 1988. Proceedings. XIV, 538 Seiten. 1988.

Band 180: H. Bunke, O. Kübler, P. Stucki (Hrsg.), Mustererkennung 1988. 10. DAGM-Symposium, Zürich, September 1988. Proceedings. XV, 361 Seiten. 1988.

Band 181: W. Hoeppner (Hrsg.), Künstliche Intelligenz. GWAI-88, 12. Jahrestagung. Eringerfeld, September 1988. Proceedings. XII, 333 Seiten. 1988.

Band 182: W. Barth (Hrsg.), Visualisierungstechniken und Algorithmen. Fachgespräch, Wien, September 1988. Proceedings. VIII, 247 Seiten. 1988.

Band 183: A. Clauer, W. Purgathofer (Hrsg.), AUSTROGRAPHICS '88. Fachtagung, Wien, September 1988. Proceedings. VIII, 267 Seiten. 1988.

Band 184: B. Gollan, W. Paul, A. Schmitt (Hrsg.), Innovative Informations-Infrastrukturen. I.I.I. – Forum, Saarbrücken, Oktober 1988. Proceedings. VIII, 291 Seiten. 1988.

Band 185: B. Mitschang, Ein Molekül-Atom-Datenmodell für Non-Standard-Anwendungen. XI, 230 Seiten. 1988.

Band 186: E. Rahm, Synchronisation in Mehrrechner-Datenbanksystemen. IX, 272 Seiten. 1988.

Band 187: R. Valk (Hrsg.), GI – 18. Jahrestagung I. Vernetzte und komplexe Informatik-Systeme. Hamburg, Oktober 1988. Proceedings. XVI, 776 Seiten.

Band 188: R. Valk (Hrsg.), GI – 18. Jahrestagung II. Vernetzte und komplexe Informatik-Systeme. Hamburg, Oktober 1988. Proceedings. XVI, 704 Seiten.

Band 189: B. Wolfinger (Hrsg.), Vernetzte und komplexe Informatik-Systeme. Industrieprogramm zur 18. Jahrestagung der GI, Hamburg, Oktober 1988. Proceedings. X, 229 Seiten. 1988.

Band 190: D. Maurer, Relevanzanalyse. VIII, 239 Seiten. 1988.

Band 191: P. Levi, Planen für autonome Montageroboter. XIII, 259 Seiten. 1988.

Band 192: K. Kansy, P. Wißkirchen (Hrsg.), Graphik im Bürobereich. Proceedings, 1988. VIII, 187 Seiten. 1988.

Band 193: W. Gotthard, Datenbanksysteme für Software-Produktionsumgebungen. X, 193 Seiten. 1988.

Informatik-Fachberichte 250

Herausgeber: W. Brauer
im Auftrag der Gesellschaft für Informatik (GI)

H. W. Meuer (Hrsg.)

SUPERCOMPUTER '90

Anwendungen, Architekturen, Trends
Mannheim, 21.-23. Juni 1990

Proceedings

Springer-Verlag
Berlin Heidelberg New York
London Paris Tokyo Hong Kong

Herausgeber

Hans W. Meuer
Universität Mannheim, Rechenzentrum
L 15, 16, D-6800 Mannheim 1

Seminar SUPERCOMPUTER '90

Veranstalter:

VEREIN ZUR FÖRDERUNG DER
WISSENSCHAFTLICHEN WEITERBILDUNG
AN DER UNIVERSITÄT MANNHEIM E.V.

Leitung:

H. W. Meuer, Mannheim
H.-M. Wacker, Birlinghoven

CR Subject Classifications (1987): C.1.2, C.2.1, C.5.1, C.5.4, D.1.3,
D.3.4, D.4.4, F.2.1, G.1.3, G.1.8, I.3.7, J.2, K.1, K.6.2-4

ISBN-13: 978-3-540-52792-3   e-ISBN-13: 978-3-642-75833-1

DOI: 10.1007/978-3-642-75833-1

CIP-Titelaufnahme der Deutschen Bibliothek
Supercomputer '90: Anwendungen, Architekturen, Trends: Mannheim, 21. – 23. Juni 1990;
proceedings / [Seminar Supercomputer '90]. H. W. Meuer (Hrsg.). [Veranst.: Verein zur
Förderung d. Wiss. Weiterbildung an d. Univ. Mannheim e.V. Leitung: H. W. Meuer;
H.-M. Wacker]. – Berlin; Heidelberg; New York; London; Paris; Tokyo; Hong Kong; Barcelona;
Springer, 1990
     (Informatik-Fachberichte: 250)

NE: Meuer, Hans W. [Hrsg.]; Seminar Supercomputer (05, 1990, Mannheim);
     Verein zur Förderung der Wissenschaftlichen Weiterbildung an der Universität Mannheim;
     GT

Softcover reprint of the hardcover 1st edition 1990

2145/3140-543210 – Gedruckt auf säurefreiem Papier

Vorwort

Das Mannheimer Seminar "Supercomputer – Anwendungen, Architekturen, Trends" findet im Juni 1990 zum fünften Mal statt und ist mittlerweile als Fachveranstaltung im deutschsprachigen Raum auf dem Gebiet der Höchstleistungsrechner nicht mehr wegzudenken. Sechs Wochen vor Beginn des Seminars werden wir mit folgender Situation konfrontiert:

- Nach dem Rückzug von ETA aus dem Markt hat sich eine Polarisierung insofern ergeben, als CRAY Research jetzt quasi allein der 'Japan Inc.' (Fujitsu, Hitachi, NEC) gegenübersteht. Die Zukunft der unter Seymour Cray abgespalteten Cray Computer Corp. ist mehr denn je ungewiß, zumal die Ankündigung der CRAY-3 um ein weiteres Jahr verzögert wurde und nun mehr als überfällig ist. Außerdem ist die CRAY YMP gut im Markt eingeführt und wird mittelfristig durch die C90 nach oben erweitert mit bis zu 16 Prozessoren und einem Leistungszuwachs um den Faktor 6 in der Vektorverarbeitung sowie den Faktor 3 in der Skalarverarbeitung. Mit der Ankündigung von YMP-Einstiegsmodellen, luftgekühlten 1-2 Prozessorsystemen, darf man noch im Mai 1990 rechnen. Die japanischen Hersteller tun sich außerhalb Japans (noch) schwer. Die einzige Ausnahme ist die Firma Fujitsu, die durch ihre verstärkt greifende Kooperation mit Siemens den Ausstieg von Amdahl gut überwunden hat und jetzt trendgemäß MP-Systeme ankündigt. Siemens ist in der Bundesrepublik derzeit sehr erfolgreich; erwähnenswert sind die jüngsten Installationen bei den Hochschulen in Aachen und Hannover.

- Nicht mehr wegzudenken in der Forschung – auch in der Industrie – sind die Mini-Supercomputer mit einem noch stärkeren Wachstum als in der 'Formel-1-Klasse'. Neueste Konkurrenz des Marktführers Convex ist DEC mit den VAX-Vektorrechnern. Alliant wird weiter Boden gutmachen durch die neue FX/2800-Serie mit bis zu 28 Prozessoren, Shared-Memory-Konzept und den Intel i860 RISC-Hochleistungschips. Last but not least wird Cray Research nunmehr selbst in den profitablen Mini-Supercomputermarkt einsteigen. Nach Übernahme der amerikanischen Mini-Supercomputer Company SUPERTEK erwartet man im Frühsommer 1990 die Ankündigung einer eigenen XMP- bzw. YMP-kompatiblen Crayette.

- Eine bereits erfolgreiche Parallelrechnerarchitektur (SIMD-Prinzip) ist die Connection Machine der Thinking Machines Corp., die in ihrer neuesten Ausführung, CM2, jetzt erstmalig in Deutschland bei der GMD zum Einsatz kommt. Noch ein ganzes Stück vom Erfolg der CM2 entfernt sind die auf lokalem Speicherkonzept basierenden Parallelrechner (MIMD-Prinzip), die aber immer mehr in den Mittelpunkt des Interesses treten. In der Bundesrepublik gibt es derzeit vier Hersteller mit dem Anspruch, Marktprodukte jetzt oder in Kürze anbieten zu können: SUPRENUM GmbH, Parsytec, iP-Systems und Intel Scientific Computers.

- In vielen Bereichen der Grundlagen- und Umweltforschung und der Automobil- und Raumfahrtindustrie sind Supercomputer zu einem unentbehrlichen Hilfsmittel geworden. Gerade in einer Disziplin wie z.B. der Astrophysik wären neue Erkenntnisse ohne das Werkzeug der Computersimulation nicht mehr denkbar. Die Ergebnisse solcher numerisch intensiven Berechnungen sind in vielen Fällen nur noch durch Visualisierung zugänglich zu machen; hier sind in letzter Zeit wissenschaftlich relevante, aber auch faszinierende Filme produziert worden.

Das diesjährige Seminar befaßt sich intensiv mit diesen Entwicklungen und versammelt wiederum Supercomputer-Anwender, -Betreiber und -Hersteller zu einem fruchtbaren Dialog und Erfahrungsaustausch.

Neben den traditionellen "Aktuellen Informationen/Firmenpräsentationen" sind die Schwerpunkte des diesjährigen Seminars:

- Anwendungen in Industrie und Wissenschaft
- Parallelrechnerarchitekturen
- Supercomputer Management

Dieser Band enthält alle Hauptreferate des Seminars, die Positionspapiere des "Supercomputer Manager Round Table" sowie von den Firmenkurzreferaten die 'Highlights of Alliant's Parallel Supercomputer Generation' und die 'VAX Vektor-Architektur'.

Viele Eindrücke im Seminar und auch Höhepunkte der Veranstaltung können nur die Teilnehmer vor Ort und 'live' erfahren. Hierzu gehören brandaktuelle Informationen und Neuankündigungen, die zur Zeit der Drucklegung dieses Bandes nicht bekannt sind. Aber auch das 'Visualisierungstheater' mit beeindruckenden Filmen aus Industrie, Wissenschaft und Kunst, hergestellt mit Grafik-, Mini- und Supercomputern, schlägt sich in diesem Band 'nur' in einem Beitrag über 'Computer-Animation' nieder, in dem versucht wird, die in diesem Bereich wichtigen Grundlagen, Algorithmen und Techniken zu skizzieren und die wesentlichen Probleme und Erfolge der Visualisierung aufzuzeigen.

Abschließend möchte ich mich bei allen Referenten dieses Seminars bedanken, insbesondere für die rechtzeitige Bereitstellung der Manuskripte. Meine beiden wissenschaftlichen Hilfskräfte, Peter Vogel und Dirk Wenzel, haben auch dieses Mal die Beiträge zu diesem Band wieder mit Erfolg in eine einheitliche Form gebracht, wofür ich mich besonders herzlich bedanke.

Mannheim, im Mai 1990   Hans W. Meuer

Inhaltsverzeichnis

Einsatzgebiete von Supercomputern in der Automobilindustrie

Ulrich Seiffert, Thomas Scharnhorst

Volkswagen AG
3180 Wolfsburg 1

Zusammenfassung

Die Automobilindustrie ist heute einer der Hauptanwender modernster Rechner und Rechner-
programme. Der Grund liegt in der gewachsenen Leistungsfähigkeit der Rechenanlagen, mit
deren Hilfe es heute möglich ist, Millionen von mathematischen Operationen pro Sekunde bei
einer Speicherfähigkeit von Hunderten von Megabytes auszuführen. Zusätzlich existieren eine
Vielzahl von Rechnerprogammen, die in den frühen Phasen der Auslegung von Automobilen
eingesetzt werden können. Diese Hilfsmittel sind dringend notwendig, um den gestiegenen
Anforderungen an die Entwicklung von Automobilen gerecht zu werden.

Zur Minimierung von Entwicklungsrisiken haben Berechnungen und Simulationen als Computer
Aided Engineering, CAE, eine wichtige Aufgabe übernommen. Mit ihnen erhält man detaillierte
Einsichten in das komplexe physikalische Geschehen, so wie es mit Versuchsmethoden bisher
nicht möglich ist. Durch Berechnungen und Simulationen können Vorschläge für technische
Verbesserungen frühestmöglich aufgezeigt werden.

Der Beitrag gibt einen Überblick über den Rechnereinsatz bei Volkswagen anhand einer Vielzahl
von Beispielen.

1 Einleitung

Die Entwicklung von Automobilen sieht sich ständig wachsenden Anforderungen gegenüber,
verbunden mit Wünschen nach kürzeren Entwicklungszeiten, größerer Produktdifferenzierung
und steigender Produktqualität. Um unter diesen sich verändernden Randbedingungen Entwicklungsrisiken zu minimieren, ist es zwingend erforderlich, die notwendigen Entscheidungen früher
und noch systematischer herbeizuführen. Zeit- und Kostenvorteile ergeben sich, wenn Zielkonflikte vor dem Bau von Prototypen bewertet werden können.

Simulationstechniken sind Hoffnungsträger für die zuvor beschriebenen strategischen Herausforderungen in der Automobilentwicklung, in dem das neue Auto im Rechner entworfen und für
die unterschiedlichsten Belastungs- und Komfortanforderungen durch Computersimulation vor-
optimiert wird. Hierfür gibt es erste Anwendungserfolge, ohne daß die Versuchsarbeit hierzu
überflüssig wurde. Allerdings kann das nachgeschaltete Testen zielgerichteter erfolgen, wenn
Konzeptentscheidungen auf der Basis von Vorgängermodellen für das Lastenheft eines neuen
Fahrzeugs zielfindend sind und Komponenten vorausentwickelt werden.

Um die erwähnten Entwicklungsziele zu erreichen, sind neue Technologien unabdingbar. Die
Botschaft aber lautet, daß auch im Supercomputing kein eigenständiges Werkzeug zu sehen ist.
Es gilt, die Entwicklung von Fahrzeugen als ein System der kontinuierlichen Verbesserung zu

verstehen, indem sich neue Technologien überlappend zu bestehenden Erfahrungen in den Entscheidungsprozeß des Unternehmens einfügen.

Zur erfolgreichen Integration setzen wir auf Menschen, die durch ihre Ausbildung im Umgang mit Computerwerkzeugen geschult sind, die sich durch hohe Kommunikationsbereitschaft auszeichnen und die Fähigkeit mitbringen, in Teams zu arbeiten.

2 CAE als Entwicklungsstrategie

Die Möglichkeiten von Berechnungen und Simulationen bestehen in der konzeptionellen Vorverlagerung von Entscheidungen aus der Versuchsphase von Prototypen in die frühen Entwicklungsphasen, bevor Prototypen gebaut werden oder sogar Werkstattzeichnungen existieren.

Die Aufgabe von CAE besteht dann darin, das Austesten eines Konstruktionsentwurfs in der Versuchsphase durch Simulationen im Rechner in der Vorentwicklungsphase abzusichern. Gelingt dies, so lassen sich Fehlentwicklungen an Prototypen und somit Kosten für falsche Werkzeuge vermeiden, und die Planungen für Entwicklungszyklen können verkürzt werden, vorausgesetzt, daß der Entwicklungsumfang nicht gleichzeitig zunimmt.

Hierbei gibt es Zielkonflikte, die ohnehin nur durch eine iterative Abstimmung gelöst werden können, z.B. die Auslegung von Fahrzeuglängsträgern unter Zielwerten für Crash und Akustik.

Simulationen z.B. zum Thema Crash und Akustik können iterativ im Rechner durchlaufen und dienen dann als Entscheidungshilfen, welche Konzeptidee weiterverfolgt und in einem Prototyp realisiert werden soll.

Das Ziel, das Verhalten wichtiger Konstruktionsauslegungen bereits im Rechner zu simulieren, setzt voraus, daß Berechnungs- und Simulationsergebnisse rechtzeitig als Entscheidungshilfe bereitstehen.

Sehr große Datenmengen schnell zu analysieren, ist erst durch Supercomputer möglich geworden.

Durch die Steigerung der Rechenleistung während der letzten 30 Jahre, die sich ca. alle zwei Jahre verdoppelt hat, wurden zahlreiche technische Produktlösungen erst ermöglicht. Die Entwicklung der Leistungsfähigkeit von Supercomputern von 1955 bis 1995 ist in Bild 1 dargestellt [2].

Diese Leistungen werden durch immer kompaktere Schaltkreise auf immer engerem Raum ermöglicht. Wegen der endlichen Signalgeschwindigkeit auf und zwischen jedem Chip sind für noch größere Computerleistungen Anstrengungen zum Einsatz von möglichst vielen Parallelprozessoren für jede einzelne Computeranwendung notwendig. Gelingt es, daß diese Parallelprozessoren auf ein zentrales Memory zugreifen, dann kann die Software, die bisher auf Einzelprozessorrechnern lief, weiterhin zum Einsatz kommen, und es ist Aufgabe von höchstleistungsfähigen Compilern, einen effizienten Parallelbetrieb zu erzielen. Für den Fall, daß Rechnerarchitekturen auf ein lokales, netzwerkorientiertes Memorykonzept setzen, besteht der Eindruck, daß die Software hierfür praktisch neu geschrieben werden muß. Das Potential der

Leistungssteigerung ist zwar enorm, allerdings gilt dies auch für die Höhe der notwendigen Investitionen für Software.

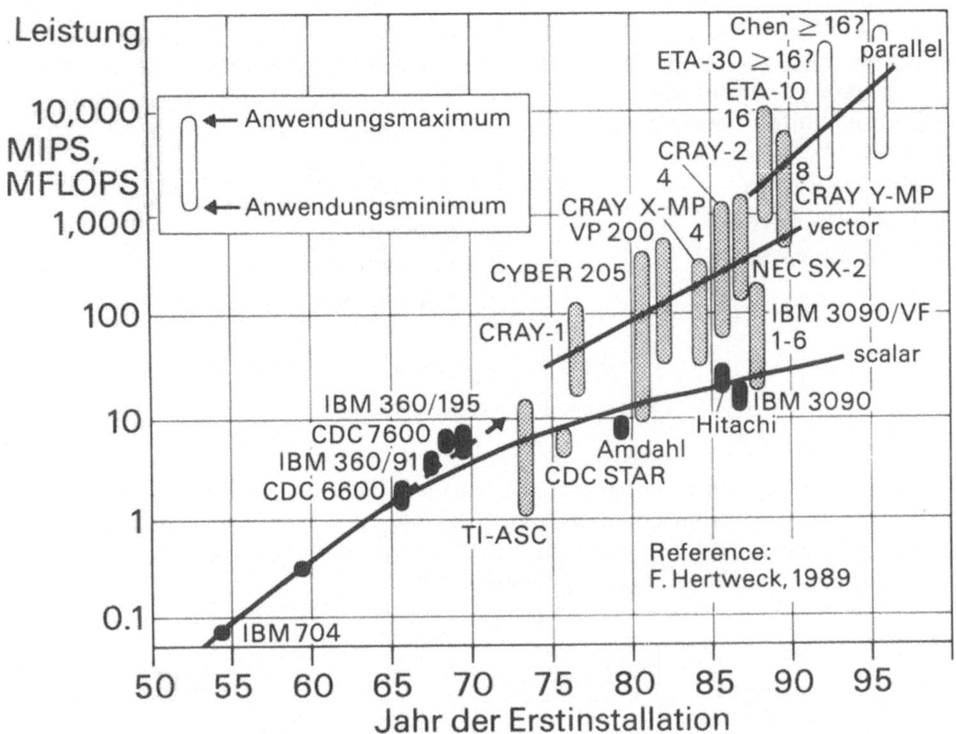

Bild 1:
Die Entwicklung der Supercomputerleistung

Die zur Zeit verfügbaren Supercomputer ermöglichen es, Simulationen zu wichtigen Berechnungsthemen in weniger als zehn Stunden durchzuführen. Bild 2 zeigt einen Überblick über die derzeit wichtigsten Anwendungen.

Für die CAE-Aufgabe, rechtzeitige und prognosefähige Simulationen im Computer durchzuführen, bedarf es außer schnellen Rechnern physikalisch präzise und numerisch stabile Computerprogramme und eine integrierte, verzögerungsfreie Datenvor- und Datennachbereitung.

Heute liegt eher hier als in der Rechenleistung eine Schwachstelle, und es bedarf Ablaufverbesserungen zwischen CAD- und CAE-Systemen, indem dreidimensionale CAD-Daten im Schnittstellenformat wie VDAFS oder IGES automatisch z.B. in FEM-Netze umgesetzt werden können.

Forschung

○ Elementarteilchen/
 Astrophysik
○ elektronische Strukturen
 großer Moleküle
○ thermische, elastische
 und elektromagnetische
 Eigenschaften verschiedener
 Materialien
○ Plasma-Fusion
○ Molekularbiologie
○ Klimaforschung

industrielle Anwendungen

○ Festigkeitsanalysen von Bauteilen
○ Simulation von Crash-Tests
 bei Automobilen
○ Umströmungsberechnungen
 von Tragflügeln und Karosserien
○ Verbrennungsvorgänge im Motor
○ Chipdesign
○ Auswertung seismischer Daten
 zur Unterstützung der Erdöl-
 exploration
○ Wettervorhersage
○ Fotorealistische Computergraphik

Bild 2:
Supercomputer–Einsatzgebiete

Aber diese systemanalytischen Verbesserungen flankieren nur die eigentliche Herausforderung für die 90er Jahre, noch stärker und noch konsequenter konzeptionelle Ideen eines Lastenheftes für ein neues Fahrzeug frühestmöglich, d.h. noch auf der Basis von Vorgängermodellen im Rechner auszutesten und Zielkonflikte zu bewerten, Bild 3.

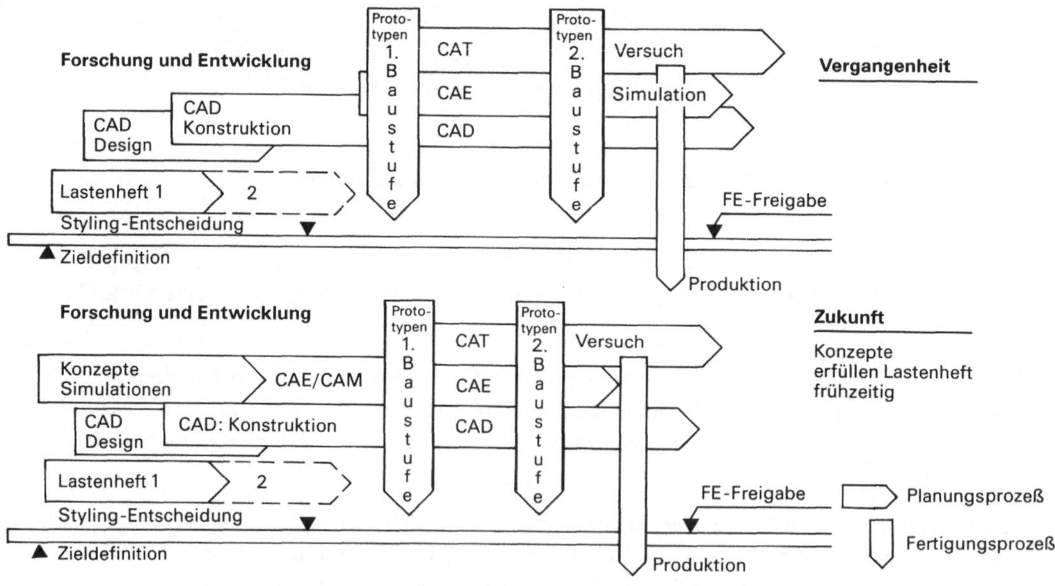

Bild 3:
CAE Integration in die Entwicklungsarbeit

Hierzu bedarf es neben der Werkzeuge vor allem der Menschen, die Erfahrung im Umgang mit Berechnungsmethoden gewonnen haben, die durch Informationen in den geistigen Entwicklungsprozeß der Automobilentwicklung integriert sind, und die vom strukturellen Ablauf her so eingebunden sind, daß ihre Ergebnisse vor dem Bau von Prototypen vorliegen können.

3 Berechnungen für den Automobilbau

Im Entwurfsprozeß kommen eine Reihe von Berechnungsverfahren zum Einsatz, die in den Kategorien Finite Elemente, Finite Differenzen, Mehrkörpersysteme und Analytik, Bild 4, zusammengefaßt werden können.

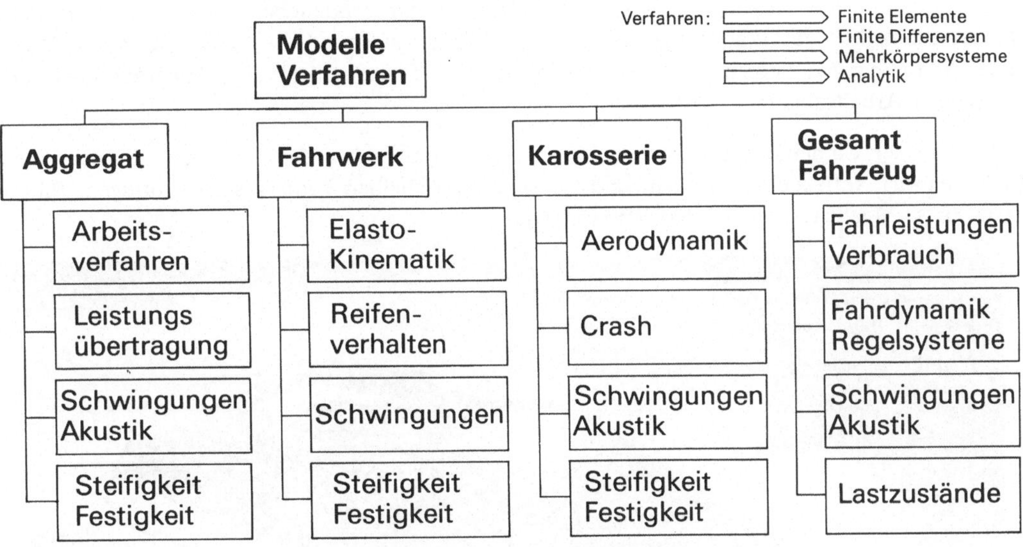

Bild 4:
Berechnungen für die Automobilentwicklung, Anwendungsschwerpunkte und Berechnungsverfahren

Wesentliche Komponenten des Automobils sind somit dem Rechnereinsatz zugänglich und bis auf die Auswertung von analytischen Verfahren im Rechner liegt der Schwerpunkt auf Näherungsmethoden. Hiermit ist es z.B. möglich, die Grundgleichungen der Physik im integralen Sinne zu erfüllen, und mit fortschreitender Leistungsfähigkeit von Rechnern können innerhalb des für industrielle Anwendungen wichtigen Zeitmaßes von acht Stunden – dies entspricht einer Nacht – Gleichungssysteme mit immer mehr Freiheitsgraden für eine einzelne Anwendung gelöst werden. In erster Näherung wird dann der Fehler häufig so klein, daß Berechnungsverfahren, sofern sie die wesentlichen Einflüsse berücksichtigen, für Ingenieuraussagen hinreichend genau sind. Für die Umsetzung dieser Konzeption werden Pilotprojekte häufig durch Forschungs-ingenieure zum erstenmal durchgeführt, und der Vergleich von Berechnungen und Messungen steht im Vordergrund, um Vertrauen für diese noch jungen und neuen Möglichkeiten zu wecken.

4   Gesamtfahrzeug

Rechnerunterstützung und damit auch Berechnung erfährt der Fahrzeugentwurf im Rahmen von CAD. Bereits in der frühen Designphase wird der kreative Freiformentwurf vom leeren Bildschirm ausgehend vom CAD-System unterstützt und es gelingt, aus dreidimensionalen Linien und Freiformflächen einen Fahrzeugentwurf am Bildschirm mathematisch vollständig zu beschreiben, räumlich zu verändern, auszuformen und 1 : 1 auszufräsen, Bild 5, [3]. Die Weiterverfolgung der Entwurfsidee ist eng verbunden mit der gestaltenden, Details ausfor-menden und handwerklichen Vorgehensweise mit Modellierwerkstoffen, so daß eine Überfüh-rung des manuellen Stylingergebnisses ein Abtasten der Modelloberfläche voraussetzt. Die Leistungsfähigkeit der Flächenmathematik, Oberflächen aufgrund von Abtastdaten zu glätten und approximativ zu berechnen, ist ein von hoher Qualität und vollständiger Integration gekenn-zeichneter Arbeitsablauf.

Mit Hilfe der Computergrafik können Lichtquellen simuliert werden, die fotorealistisch einen Schattenwurf, reflektierendes Licht und transparente Scheiben zum Ausdruck bringen. Bild 5 zeigt diese Möglichkeiten für den VW-FUTURA.

Bild 5:
Dreidimensionales Computer Styling Modell vom VW-FUTURA
CAD-Daten: CASS

Bei der Festlegung ergonomisch optimaler Sitzpositionen spielt die Berechnung der Sichtverhältnisse eine wichtige Rolle, Bild 6. Dies sind einfache, analytisch beschreibbare Berechnungen, die für Variantenuntersuchungen fest in das CAD-System integriert sind und auf der Basis statistischer Analysen von "Normmenschen" durchgeführt werden [4].

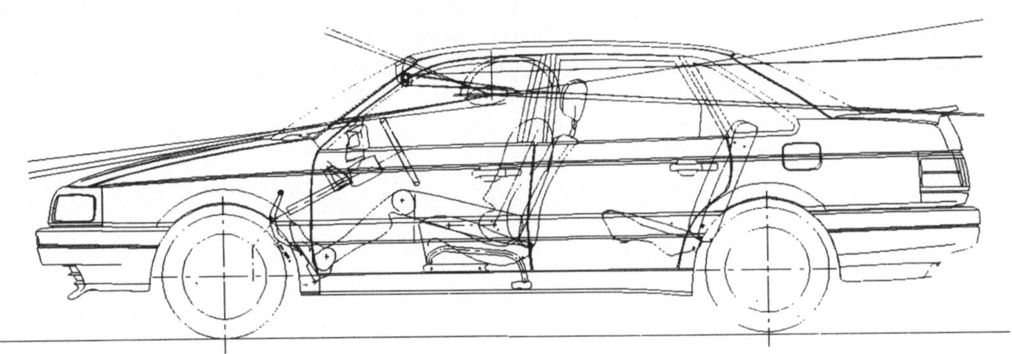

Bild 6:
Sichtuntersuchung, CAD-Daten: ICEM

Die aerodynamischen Eigenschaften eines Automobils beeinflussen u.a. den Kraftstoffverbrauch, die Fahrleistung und die Verschmutzungsanfälligkeit. Die Erfolge des VW-Konzerns zur Absenkung der c_w-Werte ihrer Fahrzeugflotte, Bild 7, sind bisher vorwiegend durch experimentelle Untersuchungen in zwei Klimawindkanälen begründet.

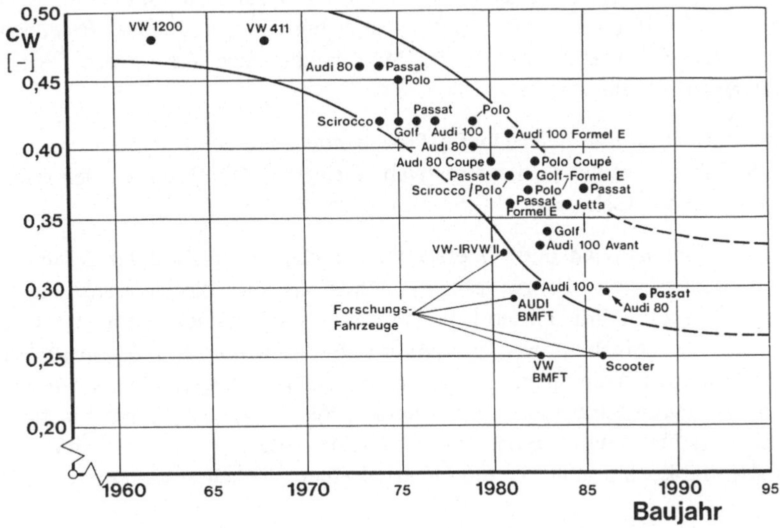

Bild 7:
Strömungsbeiwerte (c_w) der Fahrzeuge des VW-Konzerns

Parallel dazu werden die Berechnungsmethoden weiterentwickelt, um durch Simulationen im Supercomputer aerodynamische Eigenschaften eines Fahrzeugs vorauszusagen [5].

Das Panel-Verfahren beruht auf der Potentialtheorie. Mit diesem Verfahren sind erste Näherungen für den Vorderwagenbereich möglich. Diese Methode versagt jedoch vollständig, um Strömungvorgänge wie Ablösungen oder Wirbelbildungen richtig vorauszusagen. Hierzu ist die Navier–Stokes–Theorie notwendig, Bild 8. Für die ingenieurmäßige, dreidimensionale Simulation der Umströmung einer Fahrzeugaußenhaut nach Navier–Stokes werden noch leistungsfähigere Rechner, als sie heute ohnehin schon im Automobilbereich verfügbar sind, benötigt.

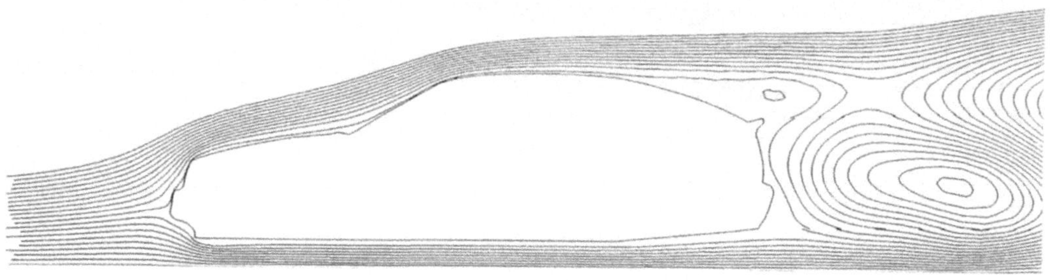

Bild 8:
Aerodynamik–Simulation: VW–Corrado Stromlinienbild, Navier–Stokes–Gleichungen

Neben dem zukünftigen Potential der c_w-Wert-Optimierung der Fahrzeugform und ihrer Anbauteile, wie z.B. Spiegel und Spoiler, liefert die aerodynamische Simulation der Belastungsdrücke für die Motorhaube bereits heute schon hinreichend genaue Ergebnisse, um das Verformungs- und Festigkeitsverhalten der Motorhaube auch für höhere Geschwindigkeiten optimal auszulegen [6], Bild 9.

Darüber hinaus ist dies eine beispielhafte Prozeßkette ausgehend vom Design über die aerodynamische Simulation bis hin zur konstruktiven Auslegung. Die Daten werden rechnerintern für die Bearbeitungs- und Auslegungsschritte weitergereicht.

Fahrdynamische Simulationen und Untersuchungen von Feder–Dämpfer–Systemen beinhalten sowohl eine Optimierung der Fahrwerkskomponenten als auch die Untersuchung neuer technischer Lösungen wie z.B. Allradantrieb [7]. Komplexe mathematische Fahrzeugmodelle, Bild 10, können im Rechner aufgebaut werden, um durch Simulation Komfortansprüche gegenüber Sicherheitsbedürfnissen abzuwägen. Hierzu müssen die Belastungen, die über die Reifen auf das Fahrwerk wirken, durch Simulation erfaßt werden. Sie dienen dann nach Richtung und Betrag als Eingabegrößen für Bauteiloptimierungen oder zur Analyse der Sensitivität von Wirkungsketten, wie z.B. die Lenkungsunruhe als Funktion einer möglichen Reifenunwucht.

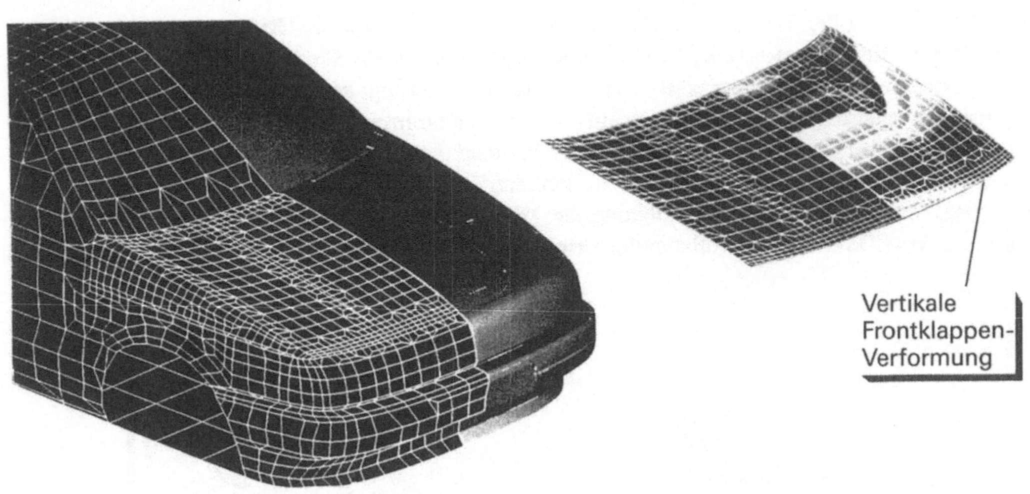

Bild 9:
Festigkeitsberechnung der Motorhaube
Von CAD–Daten über Aerodynamik–Simulation zur FEM–Berechnung

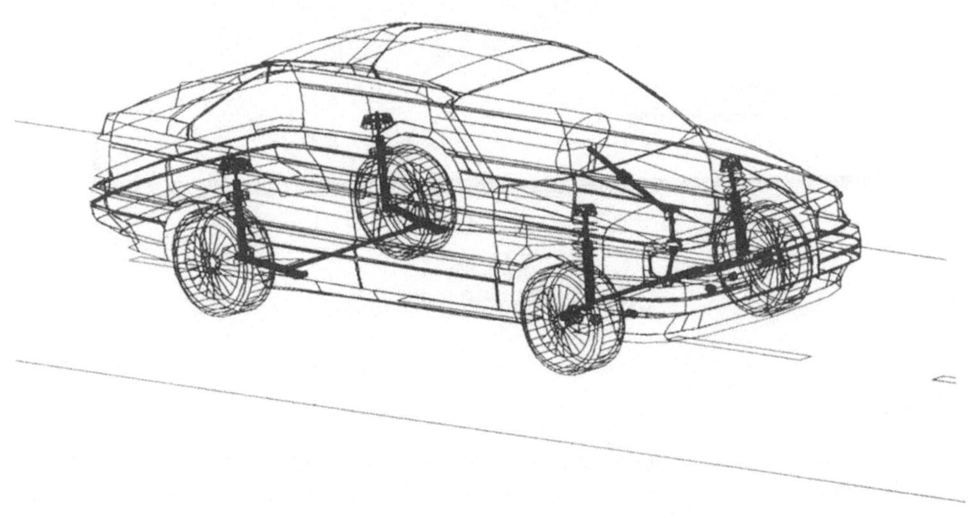

Bild 10:
Mehrkörpersystem (MKS)–Modell vom Passat
Simulation von Belastungszuständen

Zur Verbesserung der Traktion auf Fahrbahnen mit unterschiedlicher Griffigkeit zwischen linker und rechter Fahrzeugseite (z.B. links Asphalt, rechts Eis oder Sand) wurde die elektronische Differentialsperre, EDS, entwickelt, Bild 11. Als Erweiterung der Funktion des Antiblockierbremssystems wird über Druckimpulse auf die Scheibenbremse des zum Durchdrehen neigenden Vorderrades ein Durchdrehen dieses Antriebsrades verhindert. Hierdurch erhöht sich die Traktion des Fahrzeugs. Wesentlich ist, daß herkömmliche Nachteile wie Verringerung des Lenkungskomforts oder Beeinträchtigung der ABS-Wirkung bei frontangetriebenen Fahrzeugen während der EDS-Funktion vollständig vermieden werden.

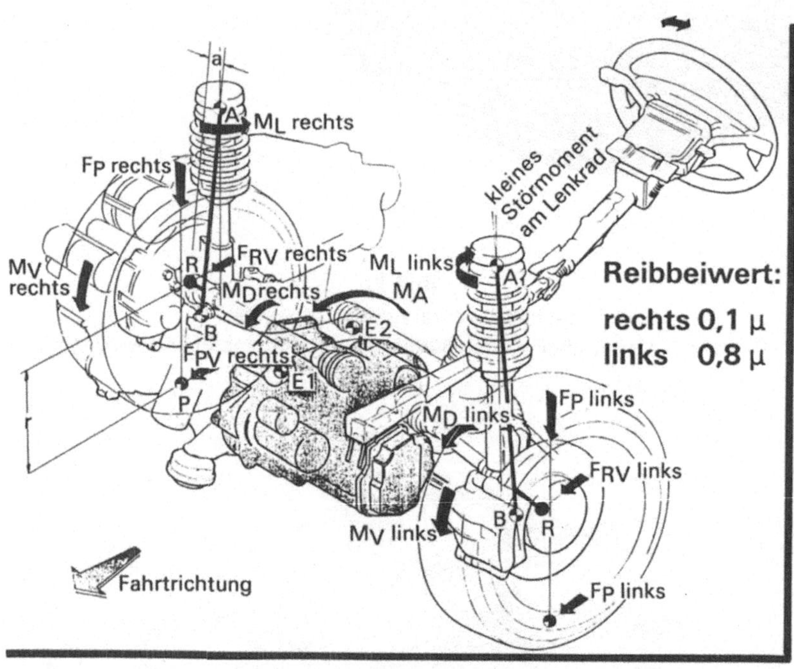

Bild 11:
Elektronische Differentialsperre

5 Karosserie

Bei der Karosserie muß im Alltagsbetrieb die Verdrehung der Hauptfahrzeugstruktur (Torsionssteifigkeit) in bestimmten Grenzen bleiben. Hierzu sind Diagonalmaßänderungen in den Türen ein wichtiges Funktionalitätskriterium.

Die Prognose dieser Funktionalität ist mit Hilfe der Finite Element Methode (FEM) auf der Basis elastomechanischer Modellbildungen, Bild 12, hinreichend genau gegeben. Hier hat der Durchbruch von FEM im Automobilbau stattgefunden, einer Methode, die heute auch in anderen Fragestellungen weitverbreitete Anwendung findet.

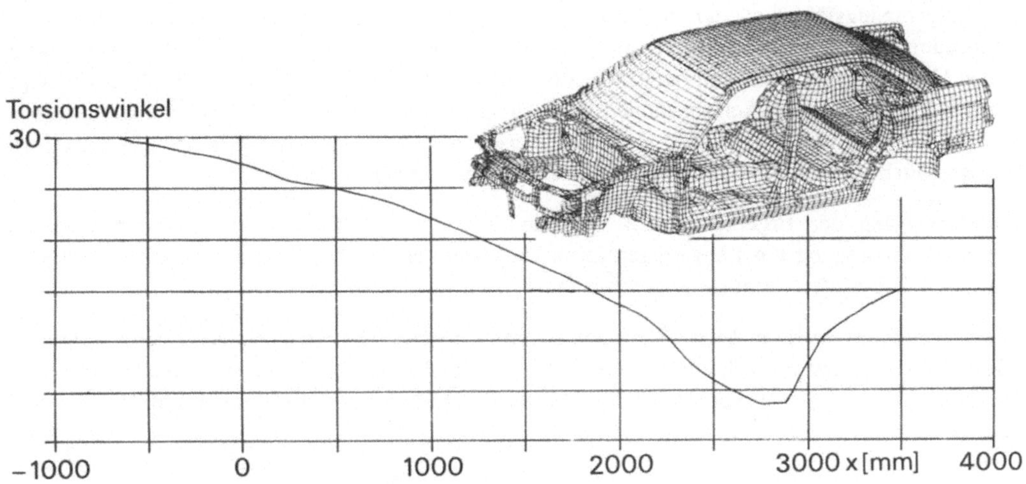

Bild 12:
Torsionssteifigkeit der Fahrzeugkarosserie

Aufbauend auf dem elastomechanischen Finite Element Modell der Rohkarosserie werden Schwingungsanalysen zur Ermittlung der Eigenfrequenzen vorgenommen, die bis 60 Hz i.a. im Vergleich mit Messungen als gesichert, darüber hinaus als interpretationsabhängig einzustufen sind, da die Schwingungsform der Frequenz immer schwieriger zuzuordnen ist.

Eine weitere Fortsetzung ist das Thema Innenraumakustik. Hierzu muß eine Modellbildung bestehend aus Luft, Sitzen und Absorbermaterialien mit der Modellbildung der geschlossenen Karosserie aufgebaut werden, Bild 13.

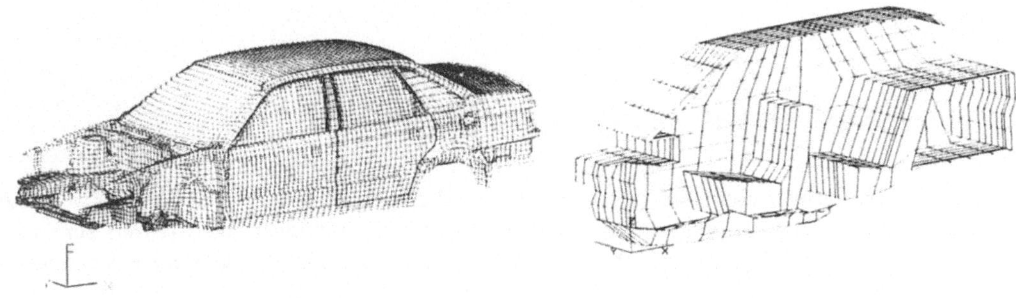

Bild 13:
FEM–Akustik: Karosserie und Absorbermodell

Der Schwingungsfähigkeit der Struktur steht die Schwingungsfähigkeit des im Fahrzeuginnenraum eingeschlossenen Luftvolumens gegenüber. In dieser wechselseitigen Interaktion kann in der Modellbildung die Dämpfung des Luftschalls durch poröse Absorberstoffe berücksichtigt werden. Für die Struktur kommt modale sowie lokal wirkende Dämpfung zum Einsatz, letzteres z.B. bei Gummieinfassungen. Auf dem Karosserieblech zur Körperschalldämpfung aufgeklebte Schwermatten werden als Sandwichplatte mit Strukturdämpfung berücksichtigt.

Die Einstufung der Ergebnisse, z.B. Simulation des Schalldrucks am Fahrerohr aufgrund Körperschallanregung am Längsträger, kann als Trendaussage bei Parameterstudien unterstützend zum Experiment angesehen werden [8].

Große Bedeutung wird der Möglichkeit beigemessen, rechnerisch die Beteiligung der Karosserieflächen und –moden am Schalldruck auszuwerten, Bild 14, eine wichtige Information, für die es Bedarf bei Versuchsingenieuren gibt, um akustische Quellen und Senken ausfindig zu machen.

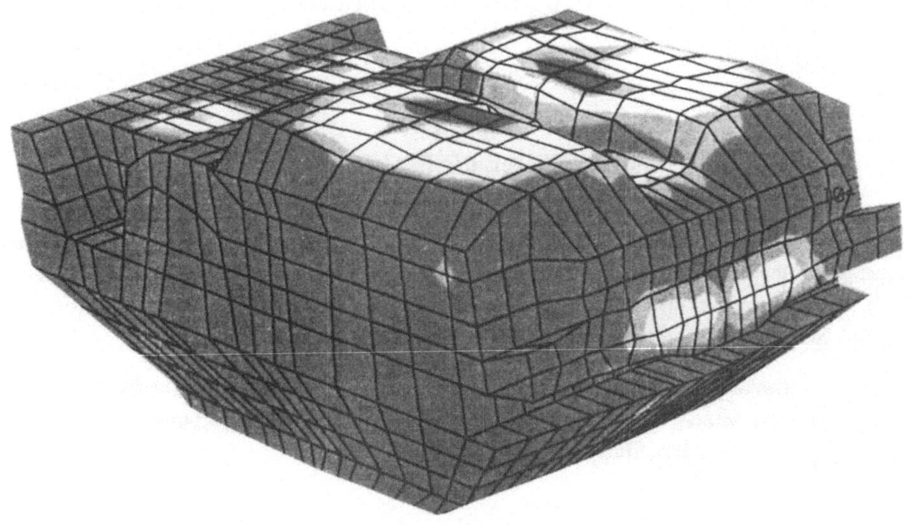

Bild 14:
FEM–Akustik: Beteiligung der Karosserieflächen am Schalldruck bei 63 Hz

Die klassische Strukturoptimierung spielt sich in enger Kooperation von Konstrukteur und Berechnungsingenieur ab. Blechdickenveränderungen und Gestaltänderungen führen zur bestmöglichen Lösung in begrenzter Zeit. Aber es bleibt nur die Möglichkeit, wenige Variationen durchzuspielen.

Mit den Mitteln der mathematischen Optimierung wird dieser Prozeß per Iteration im Rechner beschleunigt, so daß die Möglichkeit besteht, mehr Variationen in geringerer Zeit zu durchlaufen.

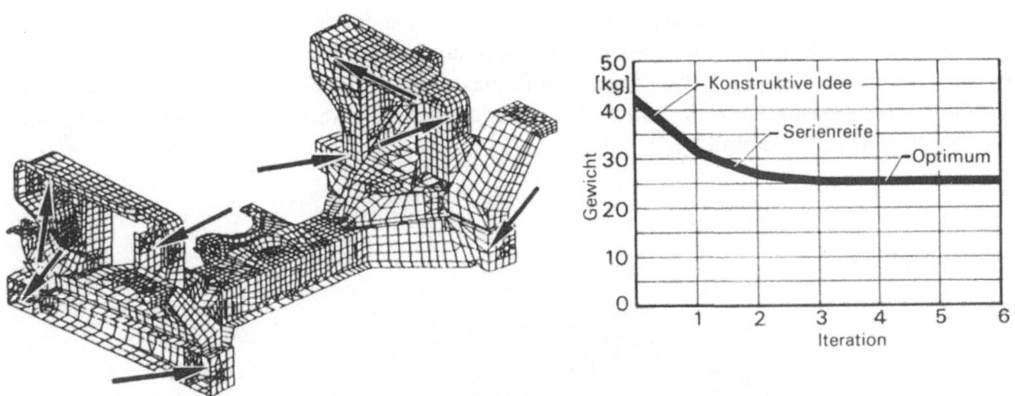

Bild 15:
Konstruktionsoptimierung mit Supercomputer

6 Fahrzeugsicherheit

Die Sicherheit des Insassen wird beim Unfall innerhalb bestimmter Geschwindigkeitsgrenzen von dem Automobilhersteller gegenüber dem Gesetzgeber garantiert. Der Schutz hierzu wird im Zusammenspiel von Strukturauslegung und Rückhaltesystem verwirklicht.

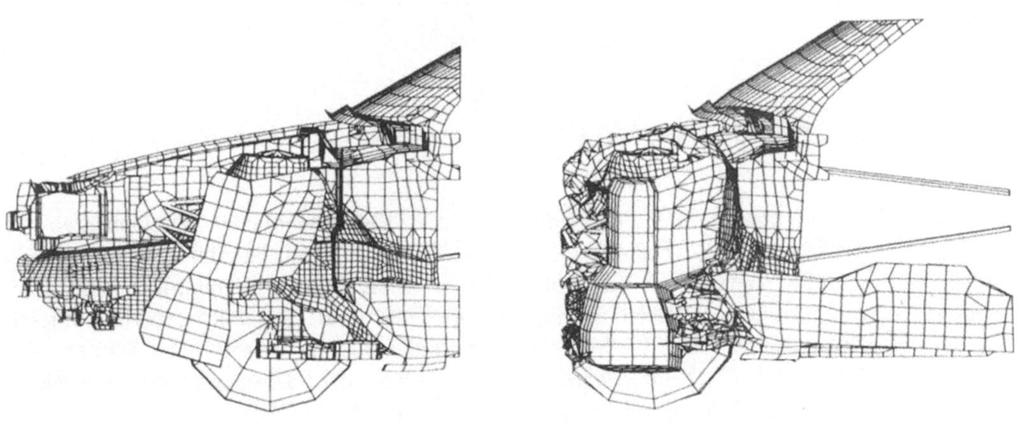

Bild 16:
FEM–Crashsimulation Passat: Frontalaufprall 50 km/h

Simulationsmethoden in diesem Bereich sind für den Automobilbau eine noch junge Disziplin, die sich aber bereits in ersten Anwendungen bewährt haben, um in den frühen Phasen der Entwicklung prognosefähige Aussagen zum Strukturverhalten der Karosserie zu machen, ohne daß ein Prototyp existieren muß. Bild 16 zeigt das Verformungsverhalten für den Frontal- und Bild 17 für den Seitenaufprall [9].

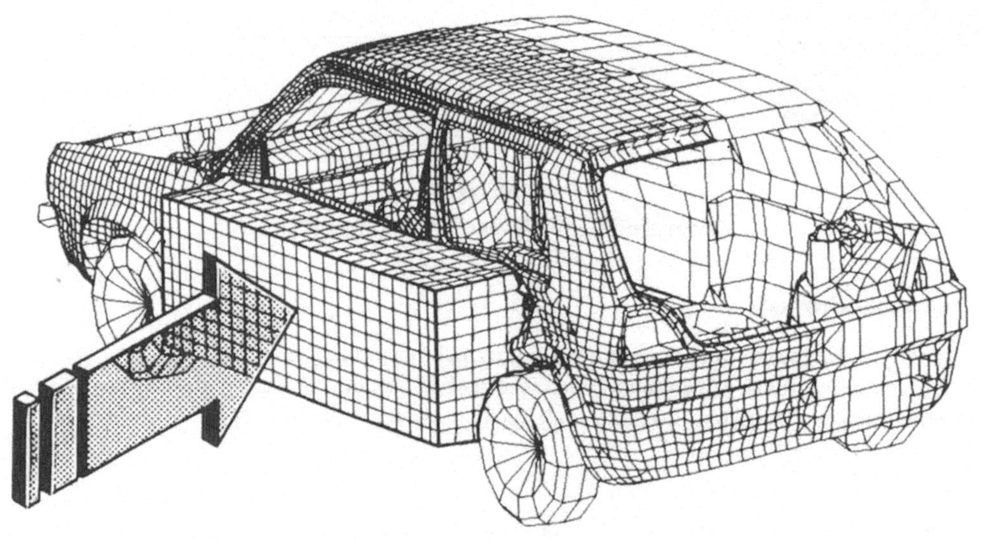

Bild 17:
FEM-Crashsimulation Golf: Seitenaufprall einer Barriere

Das Finite Element Modell bildet die Karosserie und alle wesentlichen Komponenten wie Aggregat und Fahrwerk nach, wobei die Geometrie, die Blechdicken, der Elastizitätsmodul, die Streckgrenze und die Zugfestigkeit von Stahl in ihren physikalischen Grundgrößen eingegeben werden. Es ist zweckmäßig, zunächst wichtige Komponenten wie Längsträger vorzuoptimieren, um dort möglichst viel Energie durch regelmäßige Faltenbildung umsetzen zu können. Anschließend müssen sich die Komponenten im Aufpralltest der Gesamtkarosserie bewähren. Hierzu muß der Crashablauf, der bei 50 km/h ca. 70 ms in Realzeit dauert, in ca. 40.000 Zeitschritte unterteilt werden, um der Physik der Wellenausbreitung in Stahl gerecht zu werden. Ein Supercomputer benötigt hierzu einige Stunden, um eine Simulation des Verformungsverhaltens durchzuführen.

Die Bewegung des Insassen wird derzeit noch in einem getrennten Rechenlauf durchgeführt, wobei die Qualität der Ergebnisse deutlich zugenommen hat, seitdem erste Crashpuppen wie Hybrid II und III sehr systematisch in allen mechanischen Größen vermessen wurden. Die Simulation des Aufblasvorgangs eines Airbags, Bild 18, und die Ermittlung von Kopf-, Brust- und Beckenverzögerung beim Aufprall der Versuchspuppen auf das Luftkissen sind im Stadium der Methodenentwicklung. Ziel ist es hierbei, Struktur- und Insassenverhalten in einem einzigen Rechenlauf simulieren zu können.

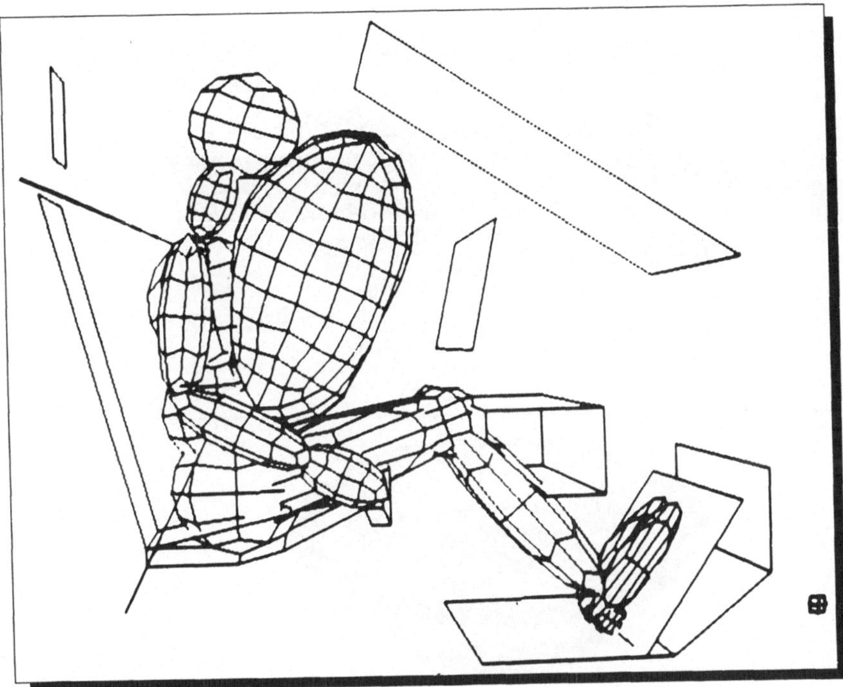

Bild 18:
Airbag-Simulation: Verhalten des Insassen beim Frontalaufprall

An die Berechnungskette "Crashsimulation" werden zukünftig große wirtschaftliche Erwartungen geknüpft, mit dem Ziel einer Verringerung der Anzahl von nicht geplanten Prototypkarosserien für Sicherheitsfreigaben.

7   Umformtechnik

Die numerische Simulation der Blechumformung ist ein Thema, das heute, im Vergleich zur Crashsimulation, noch in den Kinderschuhen steckt. Der Grund liegt u.a. in der vergleichsweise schwierigen Aufgabe, die Reibungsverhältnisse und den Schmiermitteleinsatz in einem Modell richtig zu beschreiben. Darüber hinaus sind aber Erfahrungen von großem Nutzen, die während der Entwicklung und im Umgang mit der Hochtechnologiesoftware für die Crashsimulation gesammelt wurden, so daß Synergieeffekte für die Simulation der Blechumformung ausgelöst werden können. Ziel der Tiefziehsimulation ist es, zu einem möglichst frühen Zeitpunkt einer Produktentwicklung Aussagen machen zu können über die mögliche Ziehtiefe z.B. für eine Türgriffmulde oder für eine Nummernschildmulde in der Heckklappe eines Fahrzeugs.

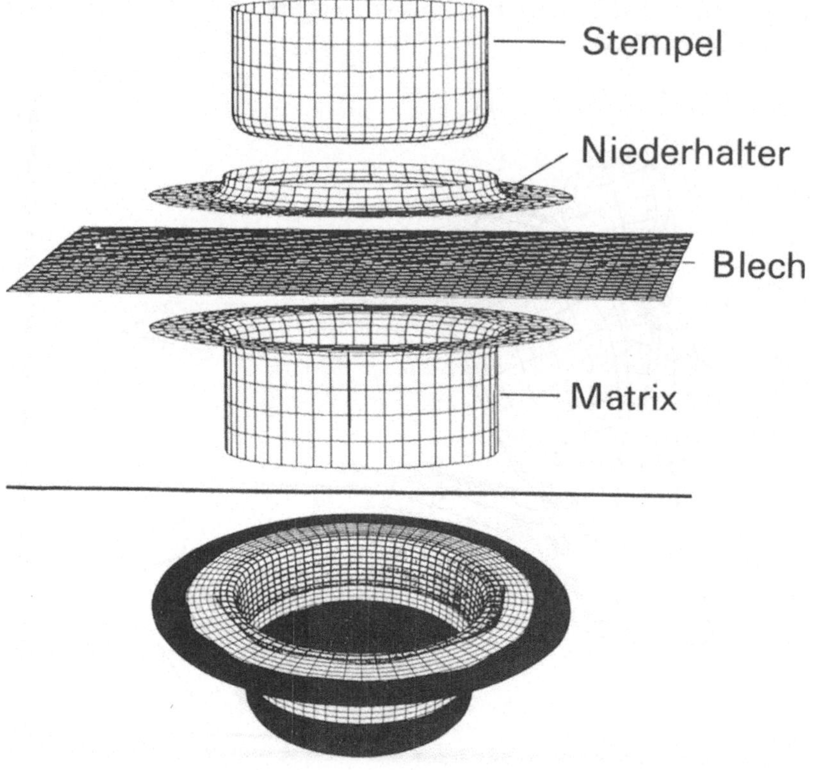

Bild 19:
FEM–Tiefziehen: Simulation des Fließpressens für einen Napf

Bild 19 zeigt eine erste Simulation des Napffließpressens mit einer Software, für die im Entwicklungsbereich über Crashsimulationen großes Know–how vorliegt.

8   Motor

Bei der Neukonstruktion von Kurbelgehäusen steht der Konstrukteur ähnlich wie bei dem gesamten Fahrzeug einer Vielzahl konkurrierender Forderungen gegenüber, die vermehrt mit volumenorientierten CAD–Systemen gelöst werden, Bild 20.

Gerade bei der Motor– und Getriebekonstruktion lohnt sich ein Optimierungsprozeß, in dem Konstruktionsvarianten anhand geeigneter Rechenmodelle auf Festigkeit, Funktionsfähigkeit, Schallabstrahlung und Körperschallemission untersucht werden.

Das Ziel einer modernen Triebwerkauslegung ist die Optimierung aller auf die mechanischen Eigenschaften hinwirkenden Einflüsse.

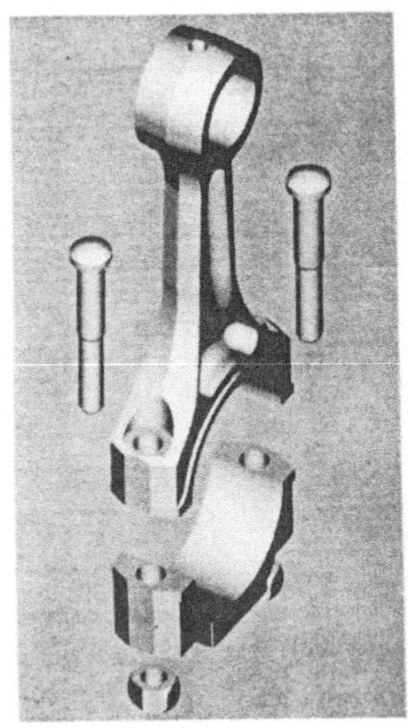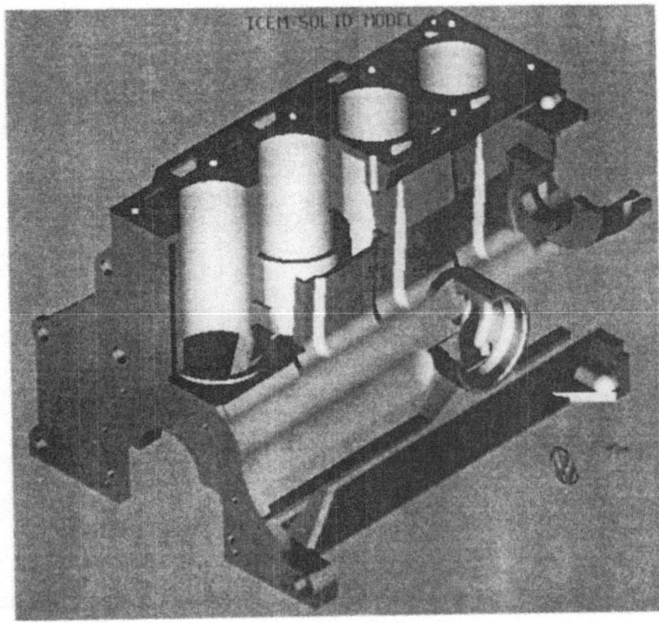

Bild 20:
Volumenmodell vom Aggregat, CAD–Daten: ICEM

Im wesentlichen sind dies

- die dynamische Steifigkeit des Triebwerks, d.h. das gekoppelte Biege–Drehschwing-Verhalten sowohl der Kurbelwelle mit der Schwungscheibe, als auch von Motor, Kupplung und Getriebe
- die Triebwerkdynamik, d.h. die freien Massenkräfte und –momente, die zu den freien Motorschwingungsamplituden führen, entsprechend dem realisierten Massenausgleich
- die Lagerbelastung in den Grund- und Pleuellagern der Kurbelwelle
- die Schmierspalte der Grund- und Pleuellager, also die Tragfähigkeit des sich aus der Lagergeometrie ergebenden Schmierfilms.

Da bei allen Einflüssen die Massenverteilung eine wesentliche Rolle spielt, wird für den Entwurf von Triebwerkteilen ein volumenorientiertes CAD–System verwendet.

Hierbei ist es notwendig, daß Berechnungsketten angeschlossen sind, die es gestatten, CAD-erstellte Geometriedaten zu übernehmen und automatisch in FEM–Netze umzusetzen, um die verschiedenen Berechnungsmodelle schnell und vollständig zu erhalten. Bild 21 zeigt für ein Pleuel exemplarisch den Weg vom voll parametrisch beschriebenen CAD–Modell über eine automatische Netzgenerierung zum FEM–Modell. Modellbildungen für Kolben und Kolbengelenk sowie Kurbelwelle schließen sich an. Dabei können sowohl Temperaturfelder als auch Spannungen berechnet werden.

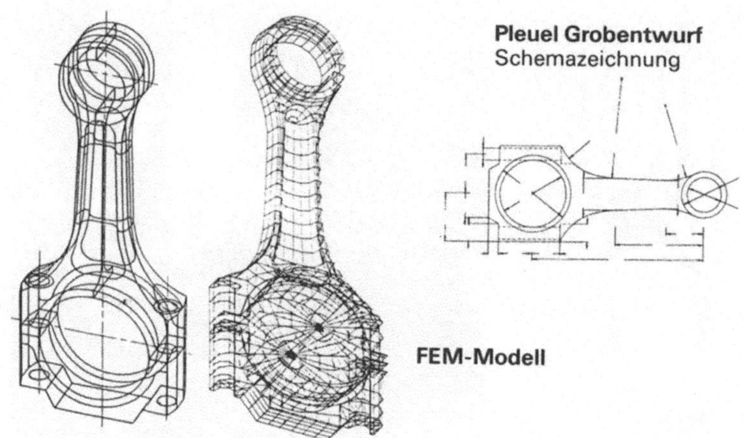

Bild 21:
Parametrisch beschriebener Entwurf eines Pleuels

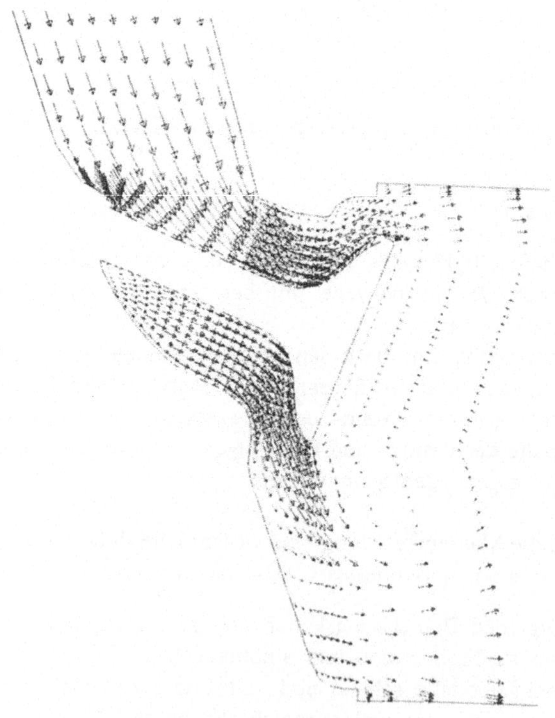

Bild 22:
Strömungssimulation im Motor
Verbrennungsgemisch durchströmt Ventileinlaß

Die Simulation der Verbrennung in einem Motor ist heute noch nicht durchführbar. Dennoch gibt es eine Reihe von Forschungsaufgaben und Möglichkeiten der Entwicklungsunterstützung für Fragestellungen der Strömung in Einlaßkanälen, Saugrohren und deren Kombination mit dem Brennraum.

Die Navier Stokes Gleichungen müssen gelöst werden, um den Einfluß der Geometrie zu verstehen, wenn ein Kraftstoffgemisch ein Ventil umströmt, um in den Brennraum zu gelangen [10].

Bild 22 zeigt Geschwindigkeitsvektoren im Schnitt durch den Bereich eines Einlaßventils. Verwirbelungszonen unter dem Ventil und unterhalb von scharfen Ecken des Ventilsitzes sind Optimierungsgebiete für Parameterstudien.

9 Expertensysteme

Expertensysteme sind noch neue Anwendungen auf Rechnern, die auf eine für ein begrenztes Gebiet gültige Wissensbasis zugreifen, Eingabedaten im Wechselspiel mit der Wissensbasis auf der Grundlage logischer Schlüsse auswerten und dem Benutzer Lösungsvorschläge anbieten, die auf Wunsch begründbar sind.

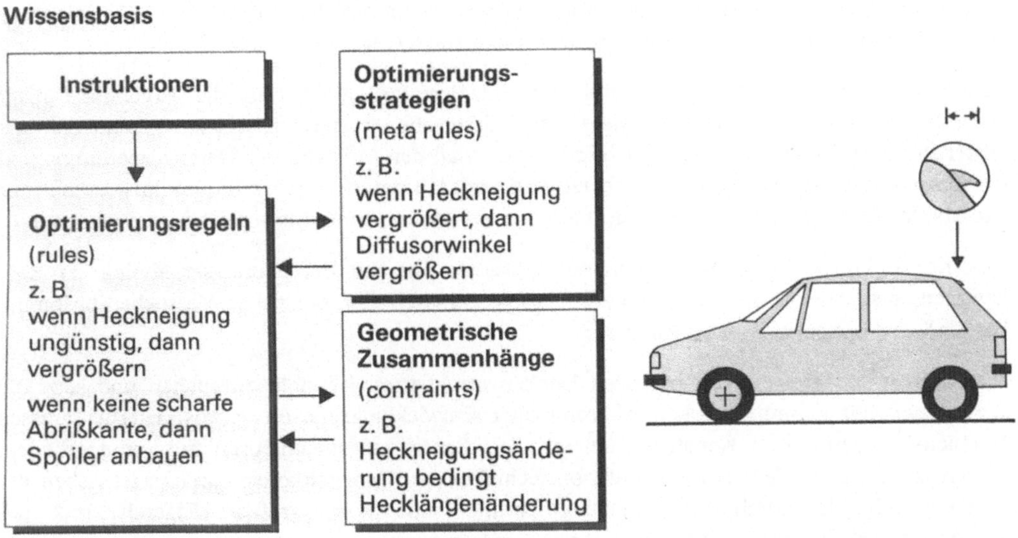

Bild 23:
Expertensystem Klimawindkanal

Solche Systeme sind besonders dann ein hilfreiches Werkzeug, wenn sehr komplexe Zusammenhänge zu interpretieren sind. Da die logischen Schlußfolgerungsmechanismen getrennt vom
Inhalt der Aufgabe formuliert und programmiert werden können, läßt sich ein Expertensystem
durch Austausch der Wissensbasis an ein verwandtes Arbeitsgebiet anpassen. Damit öffnen sich
viele Anwendungen für Expertensysteme. Überall, wo Erfahrung und Fingerspitzengefühl
notwendig sind, erwartet man, daß derart ausgestattete Rechner zur Steigerung der Effektivität
vieler Arbeiten zukünftig beitragen.

Ein Expertensystem zur Unterstützung der aerodynamischen Fahrzeugentwicklung soll zukünftig
einen wichtigen Beitrag in der Arbeit des Windkanals leisten. Beim Optimieren der aerodynamischen Eigenschaften soll es möglich sein, daß ein Expertensystem aus der Datenbank
dasjenige Fahrzeug heraussucht, das dem zu optimierenden Fahrzeug auch in Teilbereichen am
nächsten kommt, Bild 23. Dann werden die früher gemachten Meßergebnisse aus der Datenbank
für Trendaussagen zur Verfügung gestellt und die Anzahl der notwendigen Messungen an dem
neuen Fahrzeug, weil zielgerichteter, kann möglicherweise geringer ausfallen [11].

Expertensysteme sind im Sinne von CAE kein Berechnungs- und Simulationswerkzeug für die
physikalisch–numerische Modellbildung, sie verfolgen aber das gleiche strategische Ziel. Dort,
wo große Datenmengen auftreten, die rationell und erfahrungsbezogen ausgewertet und bewertet
werden müssen, sollen schnelle und vollständige Analysen durchführbar sein.

10 Integration von Berechnung, Konstruktion und Versuch

Es gibt für Berechnungen und Simulationen beeindruckende Erfolge, und dies auf Gebieten, für
die vor Jahren prognosefähige Anwendungen unvorstellbar waren.

Dennoch handelt es sich noch häufig um Einzelerfolge, nicht weil die Ergebnisse nicht
wiederholbar sind, sondern weil viele Ergebnisse eher systemanalytisch "geschoben" als
nutzerorientiert "gezogen" waren. Richtig ist auch, daß der Aufwand der Datenvorbereitung und
Ergebnisaufbereitung vielfach unterschätzt wird und daß natürlich jedes Modell im Rechner nur
ein Abbild der Wirklichkeit sein kann und nicht den Versuch als Maß der Dinge ersetzen will.

Aus Konstruktionssicht heißt es dementsprechend, daß die Berechnungsergebnisse zu spät
kommen, aus Versuchssicht, daß es Fahrzeugeigenschaften gibt, die nur in Versuchen bestimmbar sind und optimiert werden können.

Die Antwort ist in einem am positiven Denken orientierten Handeln zu suchen und setzt die
Bereitschaft zur Zusammenarbeit während aller Entwicklungsphasen voraus. Hierbei müssen
Versuchsingenieure und Konstrukteure eng mit Berechnungsingenieuren zusammenarbeiten.
Erstere sind die Kunden neuer Simulationstechniken und Möglichkeiten, und es ist neben der
Eigendynamik der Methodenentwicklung parallel eine noch größere Eigendynamik des
Anwendens und Nutzens von Simulationsergebnissen gefragt.

Prognosefähige Simulationen in der frühen Phase der Konstruktionsauslegung steigern die
Akzeptanz von Berechnungen, wenn zuvor an Serienfahrzeugen über den Vergleich zu
Messungen Vertrauen in die Leistungsfähigkeit von Computerverfahren aufgebaut worden ist.

Prognosefähigkeit, das ist auch Qualität in der Durchführung, die mit Berechnungsexperten erreicht werden kann.

Integration heißt das gegenseitige Aufeinanderzugehen, aber auch die Stärkung und Straffung der Abläufe. Modellbildungen für Karosserie, Fahrwerk, Aggregate müssen so früh wie möglich erstellt werden und auch in Gesamtmodellen vorliegen und vor allem dem Entwicklungsstand entsprechend aktualisiert werden. Nur so kann "just in time" reagiert werden. Dies heißt auch Kapazität.

Gelingt es, den Rechnereinsatz weiter zu stärken, so daß die investierten Mittel noch stärker als bisher zum Tragen kommen, dann kann die nachfolgende experimentelle Arbeit noch zielstrebiger, wirtschaftlicher und schneller vorangetrieben werden. Gerade dies ist in einer Zeit flexibler Marktanforderungen und zunehmend härterem Wettbewerb unerläßlich.

Für die effiziente Entwicklung noch leistungsfähigerer Fahrzeuge wird der Grad der erreichbaren Integration der elektronischen Werkzeuge, wie Supercomputer und der dazu gehörenden intelligenten Programme, mitentscheidend sein. Es ist eine wirtschaftliche Herausforderung für die Entwicklung neuer Fahrzeuge, aber auch eine Absicherung, damit Entwicklungsziele überhaupt erreicht werden können.

Referenzen:

[1] U. Seiffert, T. Scharnhorst, Die Bedeutung von Berechnungen und Simulationen für den Automobilbau, VDI-Berichte Nr. 699, S. 1– 36, 1988

[2] F. Hertweck, Vektor- und Parallel-Rechner: Vergangenheit, Gegenwart, Zukunft, Informationstechnik it, S. 5 – 22, Jan. 1989

[3] N. Pfeiff, CASS: CAD-Anwendung im Design, VDI-Z Bd. 129, Düsseldorf, 1987

[4] U. Sorgatz, B. Jöhnk, Das CAD-basierende Fahrzeugentwurfssystem VWLAYOUT im CAE-Konzept, VDI-Z No. 8/1989, pp. 50/58

[5] R. Buchheim, H. Röhe, H. Wüstenberg, Strömungsberechnung am Automobil, ATZ 91, S.602 – 615, 1989

[6] H. Deuter, Finite Element Methode und aerodynamisches Rechnerverfahren auf Basis der CAD-Geometrie – dargestellt am Beispiel einer Frontklappe, ATZ 89, S. 243 – 246, 1987

[7] B. Richter, Schwerpunkte der Fahrdynamik, Verlag TÜV-Rheinland GmbH, Köln 1990

[8] H. Burfeindt, H. Zimmer, Calculation Sound Pressure in Car Interiors, Proceedings of MSC/NASTRAN, European User's Conference, London, 1989

[9] T. Scharnhorst, R. Schettler-Köhler, H. Wester, Simulation des Struktur- und Insassenverhaltens beim Crash, erscheint in Kürze

[10] F. Thiele, H. Schäpertöns, Three-dimensional Study of a Stratified Charge Combustion System, ASME 87-FE-7

[11] R. Buchheim, G. Knorr, H. Mankau, T. Tang, S. Abraham, Expertensystem zur Unterstützung der Aerodynamikoptimierung von Fahrzeugen, GMD-Studien Nr. 160, GMD-Forum, Juni 1989

Numerische Methoden zur Berechnung von Strömungen um Raumfähren in größeren Höhen

F. Gropengießer, H. Neunzert, J. Struckmeier

Universität Kaiserslautern
Arbeitsgruppe Technomathematik
Fachbereich Mathematik
Erwin–Schrödinger–Straße
6750 Kaiserslautern

Monte-Carlo-Methoden oder auch Simulationsverfahren sind viel benutzte Hilfsmittel insbesondere von Reaktortechnikern, aber auch von Raumfahrtingenieuren und Halbleiterspezialisten; trotzdem haben diese Worte bei Mathematikern keinen besonders guten Klang, als numerische Verfahren werden die oben genannten Prozeduren selten anerkannt. Die Erfinder solcher Methoden, z.B. G. Bird, der zur Berechnung des Verhaltens verdünnter Gase die sogenannte "Direct Simulation Monte Carlo" Methode (DSMC) entwickelte, sprechen häufig davon, daß ihr Verfahren keine Gleichung löse, sondern "die Natur nachspiele" ("What is real – nature or the Boltzmann equation", Vortrag von Bird beim 16. International Symposium on Rarefied Gas Dynamics, Pasadena 88) – ein Argument, das vielleicht das Vertrauen der Physiker, sicher nicht das der Mathematiker zu diesen Methoden erweckt. Dies gilt umsomehr, als der Anspruch, die Natur nachzuspielen, selten gerechtfertigt ist – auch ein verdünntes Gas hat noch 10^{19} Teilchen pro m^3 und selbst dann, wenn man nur das Verhalten einer Stichprobe aus 10^5 Molekülen genau der Natur entsprechend nachspielte, sprengt man die Leistungsfähigkeit jedes Supercomputers. In der Tat verändern alle diese Verfahren die Mikrokinetik, d.h. die Interaktion der beteiligten Teilchen, im Vergleich zur Natur, allerdings so, daß dadurch das makroskopische Verfahren nicht geändert wird. Dadurch entsteht aber das Problem, wie man beurteilen will, daß dieses makroskopische Verhalten richtig wiedergegeben wird. Eine Möglichkeit ist natürlich der Vergleich mit dem Experiment und wenn man für eine größere Zahl von Experimenten gute Übereinstimmung gefunden hat, wird die Neigung, die Simulation selbst wie ein Experiment zu werten, sehr groß (man vergleiche etwa den Übersichtsartikel von Muntz, [5]). Andererseits wachsen die Aufgaben für die Simulation und damit auch die Verantwortung für ihre Stichhaltigkeit: Der Wiedereintritt einer neu zu entwickelnden Raumfähre, wie etwa dem europäischen Shuttle HERMES in die Atmosphäre, kann nicht vorher im Windkanal ausgetestet werden, man muß sich bei der Jungfernfahrt auf die Rechnungen verlassen können. Hier auf Erfolge bei anderen Experimenten zu verweisen, ist zumindest unbefriedigend. Der einzige Ausweg ist schließlich doch der Umweg über eine Gleichung, sei es nun die Neutronentransportgleichung für Kernreaktoren, die Vlasovgleichung für Plasmen, die Quanten–Liouville–Gleichung für Halbleiter oder eben die Boltzmann–Gleichung für verdünnte reale Gase. Sie alle stellen in bestimmter Weise den Grenzwert "Teilchenzahl $N \to \infty$" dar, so daß die Lösungen $f(t,x,v)$ dieser Gleichungen, die die Dichte im Orts- und Geschwindigkeitsraum bezeichnen, das Verhalten der realen Teilchensysteme mit N etwa 10^{20} sehr gut wiedergeben. Eine approximative Lösung dieser Gleichungen ist also sicher in der Nähe der Wirklichkeit, wenn die Gleichung richtig ist. Nun sind die genannten Gleichungen, die alle zur kinetischen Theorie gehören, recht kompliziert: Ihre Lösungen sind immer Funktionen von t,x,v, also in 3–dimensionalen Problemen von 7 Variablen (will oder muß man kompliziertere mikroskopische Prozesse einbeziehen, wie etwa innere Energien etc., so werden es schnell noch mehr) und die Gleichungen selbst sind äußerst komplex.

Unser Thema hier ist die Boltzmanngleichung, die das Verhalten der "Luft" in Höhen zwischen 120 km und 70 km während des Wiedereintritts einer Raumfähre beschreibt:

$$\frac{\delta f}{\delta t} + <v, \mathrm{grad}_x f> = J(f, f) \ , \quad t \geq 0, \quad x \in \Omega, \quad v \in \mathbb{R}^3$$

wobei Ω den Außenraum bzgl. der Fähre meint und J der sogenannte Boltzmannsche Stoßterm ist. Stellen wir uns die Moleküle wie Billardkugeln vor, die vollständig elastisch miteinander und mit der Oberfläche des Shuttles stoßen (wir denken uns die Atmosphäre also wie ein riesiges Poolbillard – für ganz realistische Berechnungen müssen wir diese Vorstellung revidieren, hinsichtlich der Stöße zwischen den Molekülen und vor allem hinsichtlich der Wechselwirkung zwischen Gas und Oberfläche, die ja eines der entscheidenden Probleme in der Raumfahrttechnologie darstellt; für unseren Zweck genügt aber dieser "einfachere" Fall). Dann ist

$$J(f,f)(t,x,v) := \frac{1}{\epsilon} \int_{\mathbb{R}^3} \int_{S^2} <v-w, \eta >[\ f(t,x,v') \ f(t,x,w') -$$

$$-\ f(t,x,v) \ f(t,x,w)]\ d\omega(\eta)\ dw,$$

wobei v', w' gegeben sind durch $v' = v-<\eta,v-w>\eta$, $w' = w+<\eta,v-w>\eta$ und damit die Geschwindigkeiten zweier Teilchen nach dem Stoß bedeuten, die vor dem Stoß die Geschwindigkeit v, w hatten (siehe Bild 1)

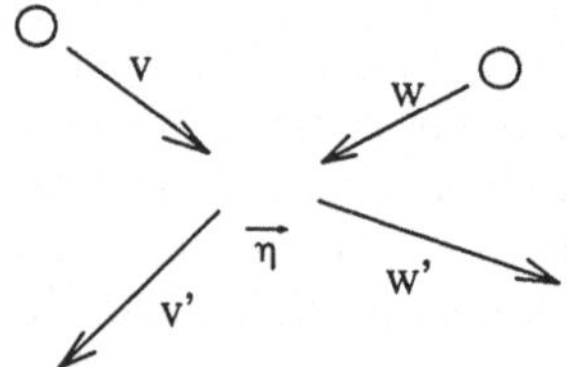

Bild 1:
η ist der Richtungsvektor von Teilchenzentren zu Teilchenzentren
im Moment des Stoßes

Dieser "Stoßterm" ist natürlich alles andere als einfach und leicht zu durchschauen: Ein fünffaches Integral – bzgl. η über die Einheitssphäre und bzgl. w über den ganzen Geschwindigkeitsraum; quadratisch in der unbekannten f; lokal in x – die Integrationen beziehen sich nur auf die Geschwindigkeitsvariablen.

Wichtig ist noch der Faktor $1/\epsilon$ vor dem Integral: Dieses ϵ ist proportional zur mittleren freien Weglänge l und daher ein Maß für die Dichte des Gases. Die Fähre kommt aus großen Höhen (bis zu 500 km), in denen l sehr groß, $1/\epsilon$ also sehr klein ist: Der Stoßterm spielt dort keine Rolle. Die Fähre erreicht schließlich einen Bereich (unter 70 km), in dem l und damit ϵ sehr klein wird – dies bedeutet, daß $J(f,f)$ groß wird und dies wiederum heißt, daß f nahe bei einer Maxwellverteilung

$$f_M(x,v) = \rho(x)\,(2\,\pi RT(x))^{-3/2}\;\exp\left(-\frac{\|\,v-u(x)\,\|^{\,2}}{2RT(x)}\right)$$

ist, wobei die Dichte $\rho(x)$, die mittlere Strömungsgeschwindigkeit $u(x)$ und die Temperatur $T(x)$ dann hydrodynamischen Gleichungen wie Euler bzw. Navier–Stokes genügen müssen. Wird ϵ klein, so wird die Numerik der Boltzmanngleichung schwieriger, gleichzeitig wird es aber möglich, auf die hydrodynamischen Gleichungen umzuschalten. Wann und wo dies geschehen kann, kann man nur dann bestimmen, wenn man die Asymptotik $\epsilon \to 0$ genau verstanden hat (Hilbert bzw. Chapman-Enskog-Entwicklungen) – hier wird eines der berühmten 23 Hilbertschen Probleme und gleichzeitig ein aktuelles Problem der ''Gebietszerlegung'' angesprochen.

Natürlich gehört zur Boltzmanngleichung noch eine Anfangsbedingung $\overset{\circ}{f}$ – hier wählt man einfach die ungestörte Atmosphäre – und eine Randbedingung: Im Falle des Poolbillards ist sie relativ einfach

$$f(t,x,v) = f(t,x,v-2<n,v>n),$$

wobei n die Normale zu $\delta\Omega$ in x bezeichnet.
Wir haben damit ein Anfangs–Randwertproblem formuliert:

$$\frac{\delta f}{\delta t} + <v,\ \mathrm{grad}_x\, f> = J(f,\ f) \qquad \mathrm{in}\ \ \Omega\ ,$$

$$f(0,x,v) = \overset{\circ}{f}(x,v)\ , \qquad f(t,x,v) = f(t,x,v-2<nv>n)\ \ \mathrm{für}\ x \in \delta\Omega.$$

Seine numerische Lösung ist gefragt – und dabei verstehen wir unter numerischer Lösung einen Algorithmus, der uns endliche Datenmengen liefert, aus denen sich die exakte Lösung näherungsweise rekonstruieren läßt, umso genauer, je mehr Daten wir in Betracht ziehen; wir betonen diese an sich triviale Aussage deshalb, um hier alle unscharfen Vorstellungen im Zusammenhang mit Monte–Carlo–Simulation auszuschließen.

Der erste Schritt ist eine konsistente Semidiskretisierung der Gleichung: Wir diskretisieren die Zeitvariable t, führen ein Gitter im Ortsraum ein und nähern $t,x \to f(t,x,v)$ für beliebiges v durch stückweise konstante Funktionen an. Die Frage, warum man hier nicht bessere Approximationen, etwa finite Elemente, verwendet, wird sich später von selbst beantworten.

Wir betrachten $t_j = j\Delta t$, $j = 0,1,2,\ldots$ und schreiten von t_j zu t_{j+1} vor – der Einfachheit halber beschreiben wir den ersten Schritt von 0 zu Δt .

Wir schreiben

$$\frac{\delta f}{\delta t} + \langle v, \mathrm{grad}_x f\rangle = \frac{\delta}{\delta t} f(t,x+vt,x) \big/_{t=0} \quad,$$

und wir nähern daher die linke Seite durch $\frac{1}{\Delta t}[\, f(\Delta t,x+v\Delta t,v)-f(0,x,v)]$ an. Wir wollen hier gleich noch die Randbedingung einbauen; wir tun dies, indem wir

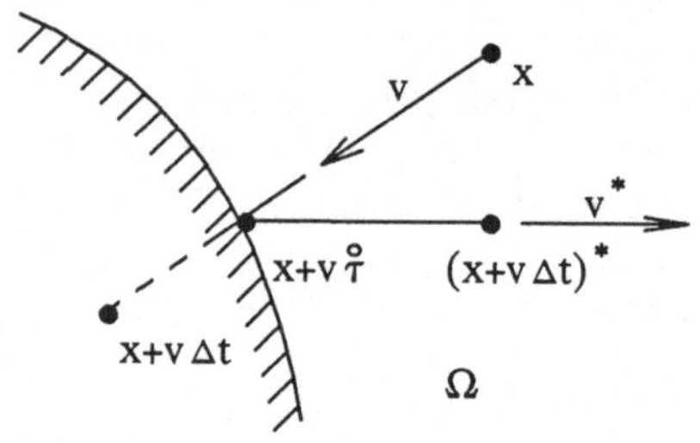

Bild 2:
Die Bahn wird an der Shuttle–Oberfläche reflektiert

darauf achten, ob auf der Strecke $x+v\tau$, $0 \leq \tau \leq \Delta t$ die Oberfläche getroffen wird; ist dies der Fall, so reflektieren wir den Strahl $x+\tau v$ am Ort des Auftreffens $x+\overset{\circ}{\tau} v$ und erhalten eine neue Geschwindigkeit $v^* = v-2\langle n(x+\overset{\circ}{\tau} v), v\rangle n(x+\overset{\circ}{\tau} v)$, mit der wir den Rest des Zeitintervalls bis Δt "weiterreisen"; wir erreichen $(x+vt)^* := (x+\overset{\circ}{\tau} v) + (\Delta t-\overset{\circ}{\tau})v^*$.

Ersetzen wir in dem oben angegebenen Differenzenquotienten $f(\Delta t,x+v\Delta t,v)$ durch $f(\Delta t,(x+v\Delta t)^*,v^*)$, so haben wir die Randbedingung eingebaut und müssen uns im weiteren darum nicht mehr kümmern (bei anderen, vom Billard abweichenden Randbedingungen sieht das etwas komplizierter aus, man verwendet aber eine ähnliche Idee).

Zur Diskretisierung des Ortsraumes Ω führen wir ein achsenparalleles Quadergitter ein und approximieren $x\to f(t,x,v)$ durch Funktionen, die in jeder Zelle c des Gitters konstant sind; bezeichnet χ_c die charakteristische Funktion für die Zelle c, so ist die approximierende Funktion

$$\tilde{f}(t,x,v) = \sum_{c\,\in\,\text{Gitter}} f_c(t,v)\chi_c(x)\;.$$

Kombinieren wir Zeit– und Raumdiskretisierung, so erhalten wir

$$\frac{\tilde{f}(\Delta t,x,v)-\tilde{f}(0,x-v\Delta t,v)}{\Delta t}$$

(wir haben $x+v\Delta t$ durch x und deshalb x durch $x-v\Delta t$ ersetzt); allerdings ist $\tilde{f}(0,x-v\Delta t,v)$ keineswegs eine Treppenfunktion auf dem Gitter, wenn $\tilde{f}(0,x,v)$ dies ist, denn $x-v\Delta t$ kann, in Abhängigkeit von v, in verschiedenen Zellen liegen (wir verzichten darauf, x^*, v^* zu betrachten – es macht für das folgende keinerlei Unterschied). Um aber bei einem Zeitschritt die Klasse der Treppenfunktion nicht zu verlassen, ersetzen wir $\tilde{f}(0,x-v\Delta t,v)$ durch die Treppenfunktion, die in jeder Zelle gerade den Mittelwert dieser Funktion annimmt:

$$(\tilde{Pf})\,(0,x,v)\;:=\;\frac{\int_C \tilde{f}(0,x-v\Delta t,v)\,dx}{\text{Volumen (c)}}\qquad \text{für } x \in C$$

Wir beachten nun, daß J – wie schon erwähnt – t und x nicht beeinflußt: Manipulationen im Ortsraum sind mit J vertauschbar; ein einfacher Vorwärtsschritt für die zeit- und ortsdiskretisierte Boltzmanngleichung lautet dann

$$\tilde{f}(\Delta t,x,v)\;=\;P\tilde{f}(0,x,v)\,+\,\Delta t J(P\tilde{f},P\tilde{f})$$

oder auch, wenn wir für $J(f,f)$ einfach $J(f)$ schreiben und beachten, daß nun die Zellen völlig unabhängig voneinander bearbeitet werden können:

$$f_c(\Delta t,v)\;=\;(1+\Delta t J)(\tilde{Pf})_c\,(0,v)\qquad \text{für alle Zellen } c\,.$$

Wir erkennen, was uns zu tun bleibt: Zu gegebenem $\overset{\circ}{f}(x,v)$ müssen wir zunächst $(\tilde{Pf})_C$ berechnen – dies ist der einfache Teil der Aufgabe; danach müssen wir $(1+\Delta t J)$ auf die eben berechnete Funktion anwenden. Schreiben wir für $(\tilde{Pf})_C\,(0,v) = g(0,v)$ und für $f_C(\Delta t,v) = g(\Delta t,v)$, so stellt $g(\Delta t,v) = (1+\Delta t J)g(0,v)$ die zeit-diskretisierte räumlich homogene Boltzmanngleichung dar – diese zu lösen ist unser zweiter und wichtigster Schritt; in ihm dreht es sich nur noch um Funktionen von v.

Man könnte durchaus auf die Idee kommen, jetzt in jeder Zelle Jg zu berechnen – es ist jeweils ein 5-faches Integral zu berechnen. Dies ist auch eine Idee, die von Aristov & Tscheremissine [1] und von Yen [6] propagiert und verfeinert wurde; allerdings ist sie rechnerisch sehr aufwendig und bisher höchstens für 2-dimensionale Probleme angewandt worden. Dabei spielt auch eine Rolle, daß sich die beiden Schritte – Berechnung von $P\tilde{f}$ und Anwendung von $(1+\Delta t J)$ nicht gut kombinieren lassen. $P\tilde{f}$ erhält man, indem man nachrechnet, wie sich die Zellen durch $x \to x-v\Delta t$ verzerren und die Anteile auf die ursprünglichen Zellen verteilt ; das 5-fache Integral wird durch eine Monte-Carlo-Methode ausgewertet. (Dies ist ein relativ unverdächtiges Monte-Carlo – lediglich eine schnelle, für höhere Dimensionen lohnende numerische Integration.)

Wir wollen beide Schritte verbinden und schnell machen; dazu verwenden wir eine Approximation, die wir "Finite Punktmengen Approximation" (FPM) nennen; sie unterscheidet sich von den üblichen finiten Differenzen und finiten Elementen, kann aber als Approximation so gute Dienste leisten wie die beiden anderen. Approximiert werden Dichten, die wir der

Einfachheit halber normieren, also Funktionen $f \geq 0$ mit $\int f(P)dP = 1$. Wir erklären die Idee zunächst im einfachsten eindimensionalen Fall.

Sei also $f: [0,1] \to \mathbb{R}$ eine normierte Dichte und $\omega_N := \{ x_1, ..., x_N \}$ eine N-punktige Menge in $[0,1]$. Wir können dann für jedes Intervall $[a,b] \subset [0,1]$ das Integral von f über $[a,b]$ mit der relativen Häufigkeit der Punkte aus ω_N in $[a,b]$ vergleichen:

$$\int_a^b f \; dx - \frac{1}{N} \; (\text{Anzahl der Punkte von } \omega_N \text{ in } [a,b])$$

$$= \int_a^b f \; dx - \frac{1}{N} \sum_{j=1}^N \chi_{[a,b]}(x_i) \quad .$$

Als Abstand von f zu ω_N definieren wir

$$D(\omega_N; f) = \max_{0 \leq a \leq b \leq 1} \left| \int_b^a f \; dx - \frac{1}{N} \sum_{j=1}^N \chi_{[a,b]}(x_j) \right| \quad .$$

D heißt Diskrepanz – ein Begriff, der 1916 von Hermann Weyl für zahlentheoretische Probleme eingeführt wurde. Es ist klar, wie man diese Definition für höhere Dimensionen erweitert: Ist f eine Dichte auf D und $\omega_N = \{ P_1, ..., P_N \}$ eine endliche Punktmenge in D, so definiert man

$$D(\omega_N; f) = \sup \left\{ \left| \int_R f \; dP - \frac{1}{N} \sum_{j=1}^N \chi_R(P_j) \right| \; / \; R \text{ achsenparalleler Quader in } D \right\}$$

Von der Maß– bzw. Zahlentheorie kann man viele Informationen über die Diskrepanz übernehmen:

a) Zu jeder Dichte f gibt es eine Folge $(P_j)_{j \in N}$ in D, so daß mit $\omega_N = \{ P_1, ..., P_N \}$ gilt

$$\lim_{N \to \infty} D(\omega_N; f) = 0 \quad .$$

Man kann also jede Dichte im Sinne der Diskrepanz beliebig genau approximieren.

b) Ist ϕ eine Funktion auf D von beschränkter Variation $V[\phi]$ (man muß mit dem Variationsbegriff in mehreren Dimensionen aufpassen – hier ist es jener im Sinne von "Hardy und Krause"), so gilt die sogenannte Koksma–Hlawka–Ungleichung

$$\left| \int_D \phi \cdot f \; dP - \frac{1}{N} \sum_{j=1}^N \phi(P_j) \right| \; \leq \; V[\phi] \; D(\omega_N; f) \quad .$$

Hat man also eine gut approximierende Punktmenge, so kann man jeden "Erwartungs-wert", jedes Moment von f, gut annähern. ω_N "enthält dann hinreichend viele Informationen über f".

c) Die Konvergenzgeschwindigkeit in k Dimensionen kann nie besser sein als

$$\frac{(\ln N)^{\frac{k-1}{2}}}{N}$$

Daß dies relativ langsam bzgl. N ist, liegt an der Approximationsart; wichtig ist, daß der Aufwand mit wachsender Dimension k auch verhältnismäßig langsam wächst – der Grund, weshalb FPM für höhere Dimensionen wirkungsvoller wird.

d) Andererseits kann man zu jedem f Punktmengen ω_N so konstruieren, daß der Aufwand höchstens wie $\frac{(\ln N)^k}{N}$ wächst. Man sieht die Spanne – es ist immer schlechter als $\frac{(\ln N)^{\frac{k-1}{2}}}{N}$, aber es geht immer besser als $\frac{(\ln N)^k}{\cdot N}$. Folgen $(\omega_N)_{N \in \mathbb{N}}$, die das letztere Wachstumsverhalten haben, nennt man "gute Gitterpunkte".

Ein Beispiel hierzu: Ist $D = [0,1]^2$, $f(x,y) = 1$ in D, so erfüllt die mit Hilfe der Fibonacci–Folge $\alpha_{n+1} = \alpha_n + \alpha_{n+1}$, $\alpha_1 = \alpha_2 = 1$ für $N = \alpha_{an}$ konstruierte Punktmenge

$$\omega_N := \left\{ \left(\frac{i}{\alpha_n} , \frac{i-1}{\alpha_n} \cdot \alpha_{n-1} \mod 1 \right) , \quad 1 \leq i \leq \alpha_n = N \right\}$$

die Abschätzung $D(\omega_N ,f) = \frac{7}{6N} \ln(6N) + \frac{1}{N}$, besteht also aus guten Gitterpunkten. Es gibt andere Folgen, etwa von Hammersley, Halton, Faure, Sobol, die alle gut sind für Gleich-verteilungen in $[0,1]^k$, und durch Transformation erhält man auch gute Gitterpunkte für beliebige Dichten.

Abschätzungen und Konstruktionen sind alles andere als triviale Ergebnisse, eher zahlen-theoretischer Forschungen – man findet vieles in Kuipers–Niederreiter ([4]) und in dem Son-derband "Random Numbers and Applications", der in Computational and Applied Mathematics demnächst erscheint.

Wir betrachten nun zunächst $\tilde{f}(0,x,v) = \overset{\circ}{f}(x,v)$ als Dichte in $\Omega \times \mathbb{R}^3$ und approximieren diese Funktion durch eine N–punktige Menge $\omega_N := \left\{ (\overset{\circ}{x}_1 ,\overset{\circ}{v}_1),. . .,(\overset{\circ}{x}_N ,\overset{\circ}{v}_N) \right\}$. Dies tun wir, so gut wir können, z.B. indem wir gute Gitterpunkte für die 6–dimensionale Gleichverteilung bestimmen und sie zu $\overset{\circ}{f}$ passend transformieren. Dann bestimmen wir eine Approximation zu Pf, die über die Zellen ausgeschmierte Verteilung $\overset{\circ}{f}(x-vt,v)$.

Dies ist ganz einfach: Wir bewegen unsere Punkte mit Geschwindigkeit v und erhalten $\tilde{\omega}_N := \left\{ (\overset{\circ}{x}_1 + \overset{\circ}{v}_1 \Delta t,\overset{\circ}{v}_1),. . .,(\overset{\circ}{x}_N + \overset{\circ}{v}_N \Delta t,\overset{\circ}{v}_N) \right\}$, eventuell unter der Randbedingungen, wobei wir dann $\left((\overset{\circ}{x}_i + \overset{\circ}{v}_i \Delta t)^*, \overset{\circ}{v}_i^* \right)$ zu wählen hätten. Anschließend sammeln wir für jede Zelle c die Punkte, die in ihr sind und erhalten eine Teilmenge $\tilde{\omega}_{N_c}(\Delta t)$; mehr haben wir nicht zu tun (insbesondere ist keine "Ausschmierung" nötig) – aber auch nicht weniger: Es ist ein großer rechnerischer Aufwand zu bestimmen, welche Teilchen sich nach der Bewegung in welcher Zelle befinden. Bei bis zu 3 Millionen Teilchen kann dies einen erheblichen Teil der gesamten Rechenzeit bedeuten, und dies ist einer der Gründe, warum wir ein so einfaches Gitter wählen: Bei achsenparallelen Quadern bedeutet die Bestimmung der Zelle eine einfache Modulo-Rechnung. Für kompliziertere Gitter ergibt sich ein echtes Problem für die "computational geometry".

In Zelle c haben wir N_C Punkte, deren Orte wir für den nächsten Teilschritt, die Approximation von $1+\Delta t J$, vergessen können. Die Funktion $g_C(0,v) = (\overset{\circ}{Pf})_C(v)$, die wir uns auf das Gesamtintegral 1 renormiert denken, wird von $\tilde{\omega}_{N_c} = \left\{ v_1^*, \ldots, v_{N_c}^* \right\}$ approximiert. Was machen wir mit diesen v_j^*, um eine gute Approximation von $g_C(\Delta t,v) = (1+\Delta t J)\, g_C(0,v)$ zu erhalten?

Die Antwort auf diese Frage ist der Kern des ganzen Verfahrens; sie basiert auf einer Umformulierung der obigen Gleichung für $g_C(\Delta t,v)$, die wir ja als zeit-diskretisierte, räumlich homogene Boltzmann-Gleichung erkannt haben (diese Umformulierung stammt von Babovsky [2]): Es gibt eine explizit angebbare Funktion $\psi(v,v_1,y)$, wobei y ein Punkt auf einer Kreisscheibe mit dem Flächeninhalt 1 ist und lediglich den früheren Richtungsvektor η ersetzt – es gibt also so ein ψ, so daß $g_C(\Delta t,v) = (1+\Delta t J)g_C(0,v)$ dann und nur dann gilt, wenn für alle achsenparallelen Quader R im Geschwindigkeitsraum $\mathbb{R}^3$

$$\int_R g_C(\Delta t,v)\, dv = \int\int\int_{\left\{ (v,v_1,y)\, :\, \psi(v,v_1,y)\, \in\, R \right\}} g_C(0,v)\, g_C(0,v_1)\, dv\, dv_1\, dy \quad .$$

Wir wollen ψ hier nicht genauer angeben – ψ gibt im wesentlichen das Ergebnis eines Stoßes von Teilchen der Geschwindigkeit v und v_1 wieder, wobei für bestimmte y allerdings der Fall eingeschlossen ist, daß die Teilchen gar nicht "wirklich" stoßen (dann ist $\psi(v,v_1,y) = v$.

Dieser Formulierung ist nun eher anzusehen, was mit $v_1^*, \ldots, v_{N_c}^*$ zu tun ist, um eine Approximation von $g_C(\Delta t,v)$ zu bekommen; da rechts Produkte stehen, werden wir Paare (v_i^*, v_j^*) zu betrachten haben (wir nennen sie "Stoßpaare", obwohl ja gar kein Stoßort mehr vorhanden ist). Wir brauchen N_C Stoßpaare – welche der N_c^2 möglichen Paare wählen wir aus?

Es ist relativ leicht nachzurechnen, daß folgendes gilt:
Wählen wir N_C Stoßpaare $(v_{i_1}^*, v_{j_1}^*), \ldots, (v_{i_{N_c}}^*, v_{j_{N_c}}^*)$ und N_C Stoßrichtungen $y_1, \ldots, y_{N_c}$ so aus, daß die N_C-punktige Menge $\left\{ (v_{i_1}^*, v_{j_1}^*, y_1), \ldots, (v_{i_{N_c}}^*, v_{j_{N_c}}^*, y_{N_c}) \right\}$ im $\mathbb{R}^8$ eine gute Approximation für die Dichte $g_C(0,v) g_C(0,w) \cdot \chi_{\text{Kreisscheibe}}(y)$ ist und setzen wir dann

$$\hat{v}_1 = \psi(v_{i_1}^*, v_{j_1}^*, y_1)\, , \ldots, \hat{v}_{N_c} = \psi(v_{i_{N_c}}^*, v_{j_{N_c}}^*, y_{N_c})\, ,$$

so ist $\left\{ \hat{v}_1, \ldots, \hat{v}_{N_c} \right\}$ eine gute Approximation für $g_C(\Delta t,v)$.

Man kann das alles mit D→0 für N_C→∞ formulieren – es klingt auch dann nicht verständlicher, ist aber bei genauerem Hinsehen verhältnismäßig einfach. Ein eindimensionales Bild für den einfachen Fall $g_C(0,v) = \chi_{[0,1]}(v)$ verdeutlicht das Problem. Wir haben aus Abszisse und Ordinate des folgenden Bildes Punkte, die $\chi_{[0,1]}(v)$ bzw. $\chi_{[0,1]}(w)$ gut annähern; wir müssen in den N_C^2 möglichen Paaren N_C ”Sterne” so setzen, daß diese Sterne die Gleichverteilung in $[0,1]^2$ gut annähern. Das Bild zeigt links eine Lösung mit Zufallszahlengeneratoren, rechts eine mit ”guten Gitterpunkten”.

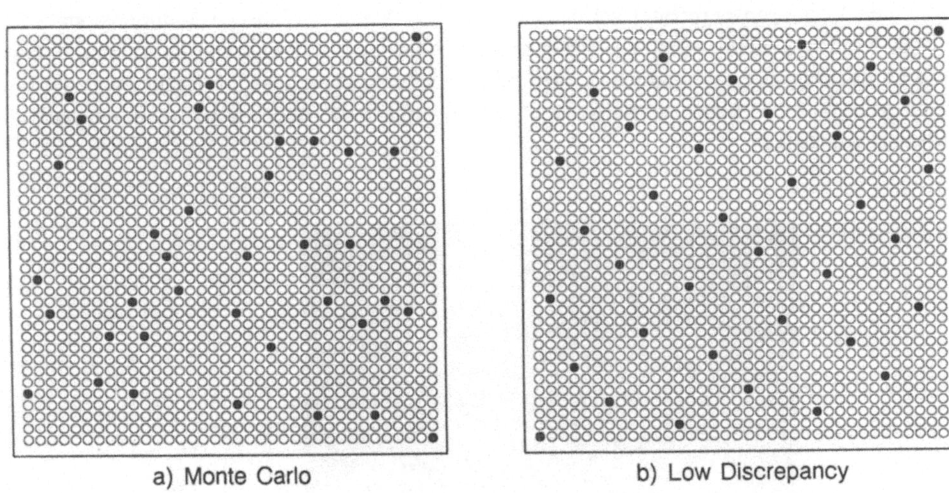

Bild 3:
Auswahl der Stoßpartner – zufällig oder deterministisch

Für gerades N wählen wir eine beliebige Permutation (aber in jedem Zeitschritt eine andere) und wählen als Stoßpaare

$$\left(v^*_{\pi(1)}, v^*_{\pi(2)}\right), \left(v^*_{\pi(2)}, v^*_{\pi(1)}\right), \ldots, \left(v^*_{\pi(N_C-1)}, v^*_{\pi(N_C)}\right), \left(v^*_{\pi(N_C)}, v^*_{\pi(N_C-1)}\right)$$

$y_1,\ldots,y_{N_C}$ sind einfach gleichverteilte gute Gitterpunkte. $\hat{v}_j$ berechnet sich nun mit ψ ganz einfach – und wir sind fertig. Wir haben neue Geschwindigkeiten $\hat{v}_1,\ldots,\hat{v}_{N_C}$ in jeder Zelle, erinnern wir uns wieder an die Orte $(\overset{\circ}{x}_1+\overset{\circ}{v}_1\Delta t)^*,\ldots,(\overset{\circ}{x}_{N_C}+\overset{\circ}{v}_{N_C}\Delta t)^*$ und alles zusammen ergibt N Punkte, die nahe bei $\hat{f}(\Delta t,x,v)$ liegen. Ein neuer Zeitschritt kann starten.

Daß dies alles konvergiert, wird in Babovsky & Illner ([3]) bewiesen – für $\Delta t \to 0$, Gitterkonstante → 0, N (und N_C) → ∞.

Das Verfahren konvergiert nicht nur, es ist auch für echt dreidimensionale Fälle praktikabel. Wir haben die Strömung um einen Deltaflügel berechnet, für Höhen bis zu 70 km herab, mit bis zu 2 Millionen Teilchen; wir haben die Vektorisierbarkeit des Verfahrens auf den VP–Rechnern genutzt so gut es ging; wir haben auf dem VP100 in Kaiserslautern und auf dem VP400 EX in Karlsruhe gerechnet. Eine Rechnung für Stickstoff (N_2) kostete ca. 12.5 Std. Rechenzeit, davon 5 Std. auf dem VP100 (maximale Rechenleistung 285 Mflops) und 7.5 Std. auf dem VP400 EX (maximale Rechenleistung 1708 Mflops). Der Speicherplatzbedarf betrug ca. 76 Mbyte auf dem VP100 und ca. 200 Mbyte auf dem VP400. 11 Stunden der Gesamtrechenzeit wurden zum Erreichen des stationären Zustandes, 1.5 Stunden zum Mitteln der Momente benötigt.

Natürlich wurde nicht das Billardmodell, sondern etwas kompliziertere Kollisionsmodelle benutzt, die wir im vorhergehenden Text nicht beschrieben haben. Für das einfachere Modell würden aber immer noch ca. 80% dieser Rechenzeit anfallen.

Das abschließende Bild zeigt die Umströmung eines Deltaflügels, wie er mit dem oben angegebenen Verfahren berechnet wurde. Obwohl jetzt schon realistische 3–dimensionale Fälle gerechnet werden können, wird die Einbeziehung aller physikalisch–relevanten Phänomene – chemische Reaktionen einschließlich katalytischer Phänomene an der Oberfläche, Ionisation und Strahlungsvorgänge – neue mathematische Ideen und eine neue Supercomputergeneration erforderlich machen.

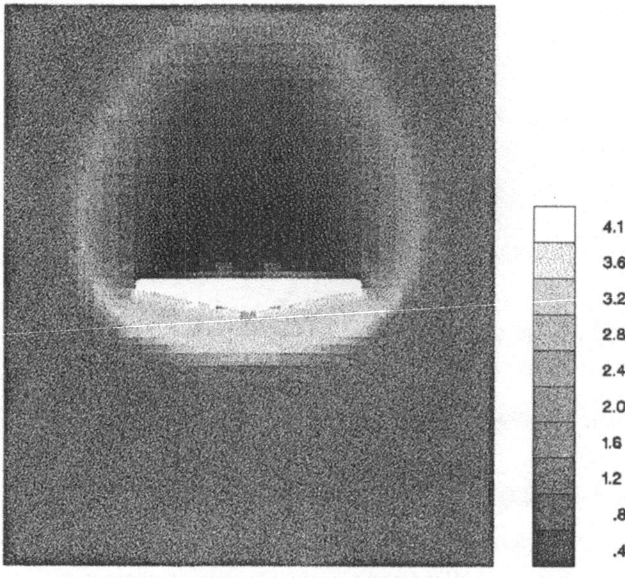

Bild 4:
Die Umströmung eines Deltaflügels

Literatur

[1]   Aristov, V.V., Tscheremissine, F .G.: The conservative splitting method for solving the Boltzmann equation, USSR Comp. Math. and Math. Phys., Vol. 20, p. 208 (1980)

[2]   Babovsky, H.: A Convergence Proof for Nanbu's Boltzmann Simulation Scheme, European Journal of Mechanics B/Fluids, 8 , no. 1

[3]   Babovsky, H., Illner, R.: A Convergence Proof for Nanbu's Simulation Method for the Full Boltzmann Equation, SIAM Journal of Numerical Analysis, Vol. 26, no. 1, pp. 45–65 (1989)

[4]   Kuipers, L., Niederreiter, H.: Uniform distribution of sequences, John Wiley & Sons (1974)

[5]   Muntz, E.P.: Rarefied gas dynamics, Ann. Rev. Fluid Mech., 21, pp. 387–417 (1989)

[6]   Yen, S.M.: Numerical Solution of the Nonlinear Boltzmann Equation for Nonequilibrium Gas Flow Problems, Ann. Rev. Fluid Mech., Vol. 16, pp. 67–97 (1984)

Simulation des Treibhauseffektes mit 3D–Klimamodellen

M. Latif, U. Cubasch, U. Mikolajewicz, B. D. Santer

Max–Planck–Institut für Meteorologie
Bundesstraße 55
2000 Hamburg 13

Zusammenfassung

Die Auswirkungen des durch den Menschen verursachten zusätzlichen Treibhauseffekts auf das Globalklima können in ausreichender Genauigkeit nur durch Simulationen mit hochauflösenden dreidimensionalen Klimamodellen bestimmt werden. Da für die Stärke, wie auch für die regionale Struktur der zu erwartenden Klimaänderungen, der globalen Ozeanzirkulation eine entscheidende Rolle zukommt, müssen Modelle der atmosphärischen und ozeanischen Zirkulation simultan gerechnet werden, um glaubwürdige Klimaprognosen stellen zu können. Infolge der begrenzten Rechnerkapazitäten sind derartige Simulationen in großer Anzahl zur Zeit nur für Vorhersagezeiträume von wenigen Jahrzehnten möglich. Entsprechend dem Konzept der Modellhierarchie gelangen daher verschieden komplexe Modelle für die vielfältigen Fragestellungen im Zusammenhang mit dem Treibhauseffekt zur Anwendung.

Die Ergebnisse der Modellrechnungen zeigen für den Fall einer Verdopplung der atmosphärischen Kohlendioxidkonzentration eine Erwärmung der unteren Luftschichten von 1.5 bis 4 Grad im globalen Mittel. Die Aufheizung der Erdatmosphäre erfolgt allerdings nicht homogen, sondern ist starken regionalen Variationen unterworfen. Mit der Erwärmung geht u.a. ein Anstieg des Meeresspiegels einher, der global gemittelt bis zu einem halben Meter im Jahr 2050 betragen kann. Wie der Temperaturanstieg ist auch der Meeresspiegelanstieg starken regionalen Schwankungen unterworfen.

1 Einleitung

Die Gefahr einer möglichen Änderung des Klimas durch den Menschen hat das Klimaproblem in letzter Zeit zunehmend in das Blickfeld der Öffentlichkeit gerückt. Im Mittelpunkt der Diskussion steht dabei der sog. "zusätzliche Treibhauseffekt der Erdatmosphäre", kurz "Treibhauseffekt" genannt.

Infolge der vermehrten Emission bestimmter Spurengase ("Treibhausgase"), vor allem des Kohlendioxids (CO_2) steigt ihre Konzentration in der Atmosphäre stetig an. So hat sich beispielsweise die Konzentration des CO_2 von seinem vorindustriellen Wert von ca. 280 ppm um 25% auf einen heutigen Wert von etwa 350 ppm erhöht. Neben dem CO_2 gewinnen aber auch andere Treibhausgase immer mehr an Bedeutung, wie z.B. Methan (CH_4) und die Fluor-Chlor-Kohlenwasserstoffe (FCKW) (siehe Tabelle 1).

Die Treibhausgase wirken ähnlich den Glasscheiben in einem Treibhaus, da sie einerseits die von der Sonne in Form von Licht einfallende kurzwellige Strahlung ungehindert bis zum

Erdboden passieren lassen, andererseits jedoch die von der Erdoberfläche ausgesandte Wärmestrahlung teilweise absorbieren und zurückstreuen, wodurch die unteren Luftschichten erwärmt werden.

Wegen der Komplexität des Klimasystems ist die Berechnung der mit dem Treibhauseffekt verbundenen möglichen Klimaänderungen nur mit Hilfe aufwendiger numerischer Modelle möglich, wozu es leistungsfähiger Großrechenanlagen bedarf.

2 Klimasystem

Der augenblickliche Zustand der Atmosphäre sowie ihre Variationen auf Zeitskalen von Stunden bis zu einigen Tagen werden unter dem Begriff "Wetter" zusammengefaßt. Die theoretische Grenze der Vorhersagbarkeit des Wetters beträgt wegen des turbulenten Charakters der Atmosphäre etwa 2 Wochen. Jenseits dieser Grenze beginnt das weite Feld der Klimaforschung. Im Gegensatz zum Wetter faßt man unter dem Begriff "Klima" statistische Größen, wie z.B. Mittelwert oder Varianz bestimmter Parameter (Temperatur, Niederschlag, usw.) zusammen. Der Bezugszeitraum reicht dabei von wenigen Wochen bis hin zu Jahrtausenden.

Unter "Klima" versteht man aber nicht nur den Zustand der Atmosphäre, sondern den Zustand eines Systems, Klimasystem genannt, bestehend aus den Subsystemen Atmosphäre, Ozean, Eis, Biosphäre und Land (siehe Abbildung 1). Prinzipiell können drei Mechanismen für Klimavariabilität im Klimasystem unterschieden werden:

1. Extern forcierte Variabilität: Als wichtigtstes Beispiel gelten die Eiszeiten, die durch Variationen in den Erdbahnparametern und den damit verbundenen regionalen Änderungen in der Sonneneinstrahlung hervorgerufen werden. Man bezeichnet aber auch die anthropogen erzeugten Klimaschwankungen als extern forciert.
2. Wechselwirkungen zwischen den Subsystemen: Die einzelnen Subsysteme stehen in enger, zum Teil nichtlinearer Wechselwirkung miteinander. Der Wechselwirkung Ozean – Atmosphäre kommt hierbei eine entscheidende Rolle zu.
3. Interne Variabilität innerhalb der Subsysteme: Einige Subsysteme, vor allem Ozean und Atmosphäre besitzen infolge ihres turbulenten Charakters eine starke inhärente Variabilität.

3 Klimamodelle

In einem Klimamodell werden die wichtigsten Prozesse im Klimasystem durch einen umfangreichen Satz physikalisch-mathematischer Gleichungen dargestellt. Infolge der Komplexität der Gleichungen entziehen sie sich einer direkten analytischen Lösung, so daß sie mit Hilfe der Methoden der numerischen Mathematik approximativ auf Großrechenanlagen gelöst werden müssen. Dabei wird die Erde mit einem Rechengitter überzogen, und es werden die Gleichungen an jedem Punkt des Gitters gelöst. Typische Maschenweiten liegen horizontal in der Größenordnung von etwa 500 km. Vertikal werden im allgemeinen bis zu 20 Schichten betrachtet. Alle Prozesse mit kleineren Raumskalen müssen mit Hilfe der verfügbaren Parameter "parameterisiert" werden, d.h. ihr Effekt muß pauschal berücksichtigt werden ohne den Prozeß selbst explizit zu beschreiben.

Bei der Modellierung des Klimasystems wirkt erschwerend, daß die einzelnen Subsysteme recht unterschiedliche interne Zeitskalen aufweisen. Die Atmosphäre zeigt die größte Variabilität bei Perioden von einigen Tagen, was der typischen Lebensdauer von Hoch- und Tiefdrucksystemen entspricht. Anomalien in den obersten Schichten des Ozeans und des Meereises haben eine typische Verweilzeit von einigen Monaten. Die Biosphäre besitzt eine Relaxationszeit von einigen Jahren bis einigen Jahrhunderten, während der tiefe Ozean und die großen kontinentalen Eisschilde typische Zeitskalen von Jahrhunderten bis zu Jahrtausenden aufweisen.

Ein vollständiges Klimamodell, welches sowohl die hochfrequenten wie auch die niederfrequenten Schwankungen sowie alle relevanten Raumskalen im Klimasystem explizit auflöst, ist selbst mit den derzeit verfügbaren Großrechenanlagen unmöglich. Die maximalen Integrationszeiten auf heutigen Spitzenrechnern liegen bei etwa maximal 10^5 - 10^6 Rechenzeitschritten für realististische, hochauflösende Modelle ("Zirkulationsmodelle"). Für die schnellste Klimakomponente, die Atmosphäre bedeutet dies bei einem typischen Rechenzeitschritt von einer halben Stunde eine Simulationszeit von einigen wenigen Jahrzehnten. Die Modellierungsstrategie besteht daher in der Entwicklung und Anwendung einer Hierarchie von Modellen. Für Anwendungen, in denen viele Zeitskalen involviert sind, werden daher einfache, für einen relativ kleinen Zeitausschnitt dagegen komplexe Modelle verwendet.

4 Simulationsergebnisse

Wegen der langsamen Einstellzeit der globalen Ozeanzirkulation würde die Berechnung der Reaktion des Klimasystems auf eine geänderte chemische Zusammensetzung der Erdatmosphäre – etwa auf eine Verdopplung des CO_2-Gehalts wie im Falle des Treibhauseffekts – eine Simulation von vielen hundert Jahren erfordern, bis ein neuer Gleichgewichtszustand erreicht ist. Da dies unter Berücksichtigung aller Klimakomponenten wie oben erwähnt nicht möglich ist, wird versucht, durch verschiedene Approximationen oder durch Beschränkung der Simulationsdauer dennoch zu glaubwürdigen Aussagen zu kommen.

4.1 Ungekoppelte Simulationen mit atmosphärischen Modellen

Bis vor wenigen Jahren wurden atmosphärische Modelle unter Einbeziehung der ozeanischen Deckschicht[1] in sog. "Gleichgewichtsexperimenten" dazu verwendet, die Reaktion der Atmosphäre im Gleichgewicht auf eine Verdopplung des CO_2-Gehalts zu untersuchen. Es wurde dabei wegen der Vernachlässigung von möglichen Änderungen in der ozeanischen Zirkulation implizit angenommen, daß sich die Ozeanzirkulation, insbesondere der meridionale Wärmetransport, nicht verändert.

Es wurden jeweils zwei Modellexperimente durchgeführt, eines mit unverändertem und eines mit verdoppeltem CO_2-Gehalt. Durch Differenzbildung der Resultate beider Experimente ($2 \times CO_2$ – $1 \times CO_2$) wird dann die Klimaänderung bestimmt. In der Abbildung 2a ist für den Winter die Temperaturänderung nahe der Erdoberfläche im Falle einer CO_2-Verdopplung dargestellt.

---

1) Die ozeanische Deckschicht ist die oberste Ozeanschicht, die im direkten Austausch mit der Atmosphäre steht. In den Simulationen wurde i.A. eine konstante Deckschichttiefe von ca 50m angenommen.

Gezeigt ist ein Mittelwert für den Nordwinter (DJF) über fünf an verschiedenen Instituten durchgeführten Simulationen. Die Resultate zeigen überall auf der Erde eine Erwärmung, wobei infolge der Eis–Albedo–Rückkopplung die Temperaturänderung in polaren Breiten mit über 10^0 C am größten ist. In äquatorialen Breiten dagegen beträgt die Temperaturänderung typischerweise 3^0 C. Im globalen Mittel ergibt sich im Jahresdurchschnitt eine Erwärmung von ca. 4^0 C, was dem Betrage nach mit dem Temperaturunterschied von der letzten Eiszeit vor 18000 Jahren gegenüber den heutigen Verhältnissen vergleichbar ist.

Die Ergebnisse variieren von Modell zu Modell vor allem in ihrer Stärke (Abbildung 2b). Obwohl die größten Unterschiede mit typischerweise 5^0 C gerade dort zu finden sind, wo die stärksten Erwärmungen simuliert werden, sind sie doch nicht groß genug, um den Effekt der Erwärmung vollständig zu dominieren. Trotz dieser Unterschiede kann daher mit großer Sicherheit davon ausgegangen werden, daß es im Falle einer Verdopplung der atmosphärischen CO_2 -Konzentration zumindest im globalen Mittel zu einer Temperaturerhöhung von mindestens 1.5^0 C kommt.

4.2 Ungekoppelte Simulationen mit ozeanischen Modellen

In den bisher beschriebenen Modellsimulationen wurden mögliche Änderungen in der globalen ozeanischen Zirkulation nicht berücksichtigt. Um die Sensitivität der Ozeanzirkulation gegenüber Änderungen in den Randbedingungen zu untersuchen, wurden die mit den atmosphärischen Modellen im Jahresmittel berechneten Temperaturanomalien als Antrieb für ein ozeanisches Zirkulationsmodell vorgeschrieben. Dabei wurde angenommen, daß das Anomaliemuster der Lufttemperatur in der Zeit konstant ist und sich seine Amplitude allmählich, entsprechend einer Exponentialfunktion mit einer Zeitkonstante von 40 Jahren entwickelt. Nach 50 Jahren hat die globale atmosphärische Temperaturanomalie mit etwa 3^0 C ca. 75% seiner vollen Amplitude erreicht. Die Gesamtdauer des Experiments beträgt 2000 Jahre, damit die Reaktion der ozeanischen Zirkulation im Gleichgewicht noch erfaßt werden kann. Wechselwirkungen mit den großen arktischen und antarktischen Eisschilden wurden im Experiment nicht berücksichtigt.

Von besonderem Interesse ist die Frage nach einem möglichen Anstieg des Meeresspiegels als Folge des Treibhauseffekts. Da zumindest kurzfristig die großen Eisschilde als konstant angenommen werden können, wird der Meeresspiegelanstieg zunächst in erster Linie von der thermischen Ausdehnung des Meerwassers bestimmt. Die Änderung des Meeresspiegels nach 50 Jahren Integrationszeit ist in der Abbildung 3 gezeigt. Bemerkenswert sind die starken regionalen Variationen, welche auf Änderungen in den Stromsystemen zurückzuführen sind. Global gemittelt beträgt der Anstieg etwa 19 cm. Bei Berücksichtigung der Wechselwirkungen mit den anderen Subsystemen könnte sich dieser Wert allerdings signifikant ändern. Einerseits könnte sich der Anstieg des Meeresspiegels noch deutlich erhöhen, falls die Eisschmelze als alleiniger Rückkopplungsmechanismus angenommen wird. Andererseits deuten Untersuchungen des Wasserkreislaufs im System Ozean–Atmosphäre–Land–Eis an, daß durch die zu erwartende Erwärmung mehr Wasser in der Atmosphäre gespeichert und als Schnee auf den Gletschern akkumuliert werden kann, so daß es zumindest kurzfristig zu einem Anwachsen der arktischen und antarktischen Eisschilde kommen kann. Insgesamt ist die Frage der Stabilität der großen Eisschilde aber eine noch offene Frage.

Mit Hilfe dieses relativ einfachen Modellexperiments läßt sich außerdem der Verzögerungseffekt durch den Ozean veranschaulichen. Nach 50 Jahren hat der globale Anstieg des Meeresspiegels erst 38% seines Gleichgewichtswertes von 51 cm erreicht, obwohl die vorgeschriebene atmosphärische Temperaturanomalie zu diesem Zeitpunkt bereits 72% seiner vollen Stärke erreicht hat. Nach 80 Jahren hat der Anstieg des Meeresspiegels etwa 50% und nach 210 Jahren etwa 75% seines Gleichgewichtswertes erreicht. Dies verdeutlicht die Wichtigkeit der langen Zeitskalen bei der Anpassung des Klimasystems auf eine Erwärmung der Atmosphäre.

4.3 Simulationen mit gekoppelten Ozean–Atmosphärenmodellen

In jüngster Zeit ist es wegen der Verfügbarkeit leistungsfähiger Großrechenanlagen möglich geworden, zumindest für Simulationszeiträume von einigen Dekaden ozeanische und atmosphärische Modelle simultan zu rechnen, um die kurzfristigen Auswirkungen des Treibhauseffekts zu berechnen. Eine derartige Simulation für 25 Jahre wurde kürzlich am Deutschen Klima Rechenzentrum von Wissenschaftlern des Max–Planck–Institut für Meteorologie durchgeführt. Ähnlich den ungekoppelten Experimenten (Abschnitt 4.1) wurde zunächst eine Kontrollintegration mit unveränderter CO_2–Konzentration, in einem Anomalieexperiment dann eine Simulation mit verdoppelter CO_2–Konzentration durchgeführt. Die Klimaänderung ergibt sich dann wieder aus der Differenzbildung der Resultate beider Experimente ($2 \times CO_2 - 1 \times CO_2$).

Eine vorläufige Auswertung dieser gekoppelten Simulation ergibt einige interessante Ergebnisse. Wie der Abbildung 2a zu entnehmen ist, werden in Simulationen mit atmosphärischen Modellen allein Anomaliemuster der Temperatur berechnet, die im Vorzeichen homogen sind, d.h. in jedem Punkt einer Erwärmung entsprechen (in der Abbildung 4a sind die Ergebnisse für ein spezielles atmosphärisches Modell zum Vergleich wiedergegeben). Beobachtungen der Lufttemperatur während der letzten hundert Jahre sind jedoch nicht konsistent mit diesem Ergebnis. Betrachtet man beispielsweise die Temperaturdifferenz zwischen den Dekaden 1977–1986 und 1947–1956 (Abbildung 4b) so findet man auch Regionen in denen die Temperatur gefallen ist, obwohl sie im globalen Mittel angestiegen ist. Die Temperaturänderungen in der gekoppelten Simulation (Abbildung 5) sind ebenfalls inhomogen im Vorzeichen, was die Wichtigkeit der ozeanischen Zirkulation im Hinblick auf den Treibhauseffekt verdeutlicht. Die Änderung in der Globaltemperatur nach 25 Jahren Simulationszeit beträgt ca. 1.5^0 C, es sollte aber beachtet werden, daß das Klimasystem infolge der Trägheit des Ozeans noch weit vom Gleichgewichtszustand entfernt ist (siehe Abschnitt 4.2).

5. Schlußfolgerungen

Simulationen des Treibhauseffekts mit dreidimensionalen Klimamodellen verdeutlichen, daß bei weiterhin steigenden Emissionen bestimmter Spurengase, vor allem des Kohlendioxids (CO_2), weltweit weitreichende klimatische Veränderungen zu erwarten sind. Unter alleiniger Berücksichtigung des CO_2–Effekts berechnen die Modelle für den Fall einer Verdopplung des atmosphärischen CO_2–Gehalts einen Anstieg der globalen Mitteltemperatur von etwa 1.5^0 C – 4^0 C. Unter Berücksichtigung der anderen Treibhausgase ist mit einem etwa doppelt so großen Anstieg zu rechnen.

Als Folge des Temperaturanstiegs kann es zu einem Anstieg des Meeresspiegels kommen. Erste Modellrechnungen mit realistischen, dreidimensionalen Ozeanmodellen liefern unter alleiniger Berücksichtigung der thermischen Ausdehnung des Meerwassers bereits einige interesante Ergebnisse. Schreibt man z.B. das von atmosphärischen Modellen für den Fall einer CO_2-Verdopplung berechnete Muster der Temperaturanomalien als Antrieb vor, werden sehr große räumliche Unterschiede im Meeresspiegelanstieg simuliert, die von der gleichen Größenordnung sind wie der global gemittelte Anstieg selbst. Weiterhin dauert es viele hundert Jahre bis sich infolge des Verzögerungseffekts durch den Ozean ein neues Gleichgewicht im Klimasystem einstellt.

Erste Simulationen mit gekoppelten Ozean-Atmosphärenmodellen deuten ebenfalls an, daß die zu erwartenden Klimaänderungen starken regionalen Unterschieden unterworfen sind. Diese sind vor allem auf eine geänderte Ozeanzirkulation zurückzuführen.

In künftigen Studien werden die gekoppelten Modelle eingesetzt, um die Reaktion des Klimasystems auf bestimmte Emissionsszenarien der treibhausrelevanten Spurengase zu bestimmen, um geeignete Handlungsstrategien zur Abwendung des Treibhauseffekts zu entwickeln.

Tabellen:

Tabelle 1:
Die wichtigsten langlebigen Treibhausgase mit einigen ihrer wesentlichen Charakteristika.

Abbildungen

Abbildung 1:
Schematische Darstellung des Klimasystems. Die einfachen Pfeile bezeichnen Strahlungs- oder Bewegungsvorgänge, die nichtausgefüllten Pfeile deuten Wechselwirkungen im Klimasystem an, die ausgefüllten Pfeile stellen Änderungen der Randbedingungen dar und die schraffierten Pfeile zeigen die Auswirkungen menschlicher Aktivitäten auf das Klimasystem. (Aus MPG, 5/88).

Abbildung 2:
    a) Änderung der Lufttemperatur [^{0}C] im Nordwinter (DJF) nahe der Erdoberfläche im Falle einer CO_2-Verdopplung berechnet von atmosphärischen Zirkulationsmodellen unter Einbeziehung der atmosphärischen Deckschicht. Dargestellt ist ein Mittelwert über fünf an verschiedenen Instituten durchgeführten Simulationen.
    b) Streuung der Modellergebnisse [^{0}C] untereinander. Dargestellt ist die Standardabweichung der unter a) gezeigten Mitteltemperaturen. (Aus Santer et al., 1990a)

Abbildung 3:
Änderung des Wasserstands [cm] im Ozeanmodell bei Vorgabe eines zeitlich variablen, speziellen Anomaliemusters der Lufttemperatur. Gezeigt sind die Verhältnisse nach 50 Jahren Simulationszeit. Das volle Signal wird erst nach ca. 500 Jahren erreicht. (Aus Mikolajewicz et al., 1990). In diesem Experiment wurden nur die thermische Expansion des Meerwassers und die Änderungen in der Ozeanzirkulation berücksichtigt.

Abbildung 4:

    a) Im Atmosphärenmodell der Oregon State University (OSU) im Jahresmittel simulierte Anomalie der Lufttemperatur bei Verdopplung der atmosphärischen CO_2-Konzentration.

    b) Beobachtete Temperaturdifferenz in 2m Höhe zwischen den Dekaden 1977–1986 und 1947–1956. (Aus Santer et al., 1990b)

Abbildung 5:

Änderung der oberflächennahen Lufttemperatur [^{0}C] im Januar bei einer CO_2-Verdopplung simuliert mit einem gekoppelten Ozean–Atmosphärenmodell. Dargestellt ist ein Mittelwert über die letzten fünf Jahre einer 25-jährigen Simulation. (Aus Cubasch et al., 1990)

Literatur

U. Cubasch, E. Maier – Reimer, U. Mikolajewicz, B. D. Santer und M. Böttinger, 1990: Simulation of the greenhouse effect with a global coupled ocean–atmosphere general circulation model. In Vorbereitung.

Max Planck Gesellschaft (MPG), 1988: Berichte und Mitteilungen, Max–Planck–Instititut für Meteorologie. Heft 5/88. MPG, Referat für Presse- und Öffentlichkeitsarbeit, Postfach 647, 8000 München 1.

U. Mikolajewicz, B. D. Santer und E. Maier – Reimer, 1990: Ocean response to greenhouse warming. Max–Planck–Institut für Meteorologie, Report No. 48, Max–Planck–Institut für Meteorologie, Bundesstr. 55, 2000 Hamburg 13.

B. D. Santer, T. M. L. Wigley, M. E. Schlesinger und J. F. B. Mitchell, 1990a: Developing climate scenarios from equilibrium GCM results. Max–Planck–Institut für Meteorologie, Report No. 47, Max–Planck–Institut für Meteorologie, Bundesstr. 55, 2000 Hamburg 13.

B. D. Santer, T. M. L. Wigley, P. D. Jones, M. E. Schlesinger und J. F. B. Mitchell, 1990b: An attempt to detect the equilibrium greenhouse-gas signal in observed temperature variations. Eingereicht bei Climate Dynamics.

GAS	ANTHROPOGENE QUELLEN	KONZENTRATION 1750 [ppm]	1988 [ppm]	ZUNAHME [%/Jahr]	RELATIVER TREIBHAUS–ANTEIL 1980 [%]	RELATIVES TREIBHAUS–POTENTIAL [pro Molekül]
KOHLENDIOXID (CO_2)	Verbrennung fossiler Brennstoffe, Brandrodungen, geänderte Landnutzung	280	350	0,5	50	1
METHAN (CH_4)	Nassreisanbau, Grossviehzucht, Verluste bei der Erdgasgewinnung, Verbrennung von Biomasse, Mülldeponien	0,65	1,70	1,0	19	~32
FCKW ($CFCl_3$)	Kühlmittel, Sprühdosen, Lösemittel, Hart– und Weichschäume	0	0,00028	5	5	~14000
FCKW (CF_2Cl_2)	Kühlmittel, Sprühdosen, Lösemittel, Hart– und Weichschäume	0	0,00048	5	10	~17000
LACHGAS (N_2O)	Düngung, Verbrennung fossiler Brennstoffe, geänderte Landnutzung	0,28	0,31	0,3	4	~150

030MOLaa

Tabelle 1

Änderung der atmosphärischen Bestandteile (CO₂, andere Gase, Staub)
Änderung der Sonneneinstrahlung
ATMOSPHÄRE
Infrarot-abstrahlung
Reflektion (Albedo)
Wolken
Wind
Bodenfeuchte
Albedo
Gasaustausch
BIO-SPHÄRE
Abschmelzen
Schneefall
Windschub
Wärme
Verdunstung
Regen
MEEREIS SCHELF-EIS
Wärme
LANDEIS
Heben und Absinken des Kontinents
LAND
Salz
Meeresströmung
geothermischer Wärmefluß
Änderung der Landoberfläche (Rodung, Versteppung, Wüstenbildung)
Kontinentaldrift
OZEAN
Änderung des Ozean-Salzgehaltes

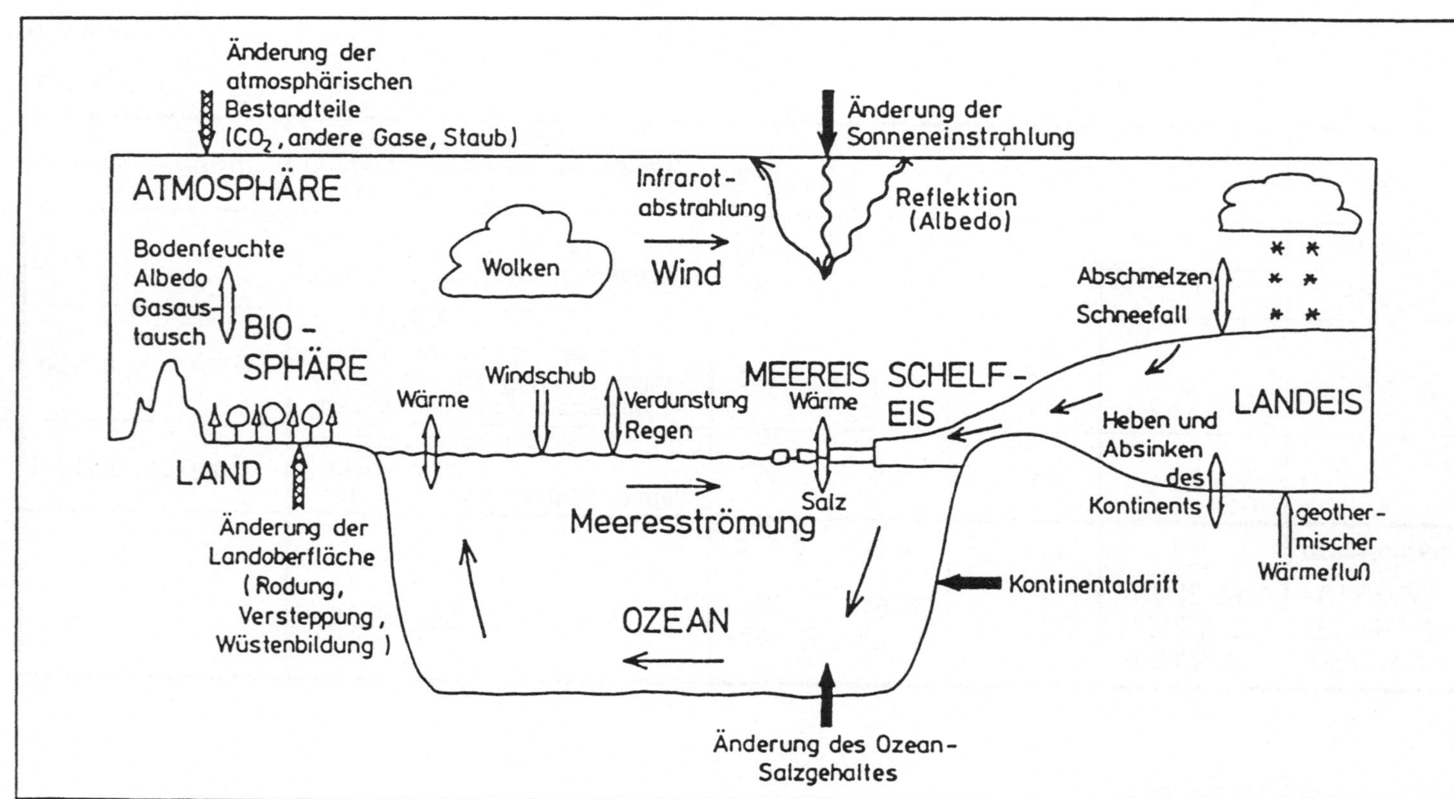

Abbildung 1

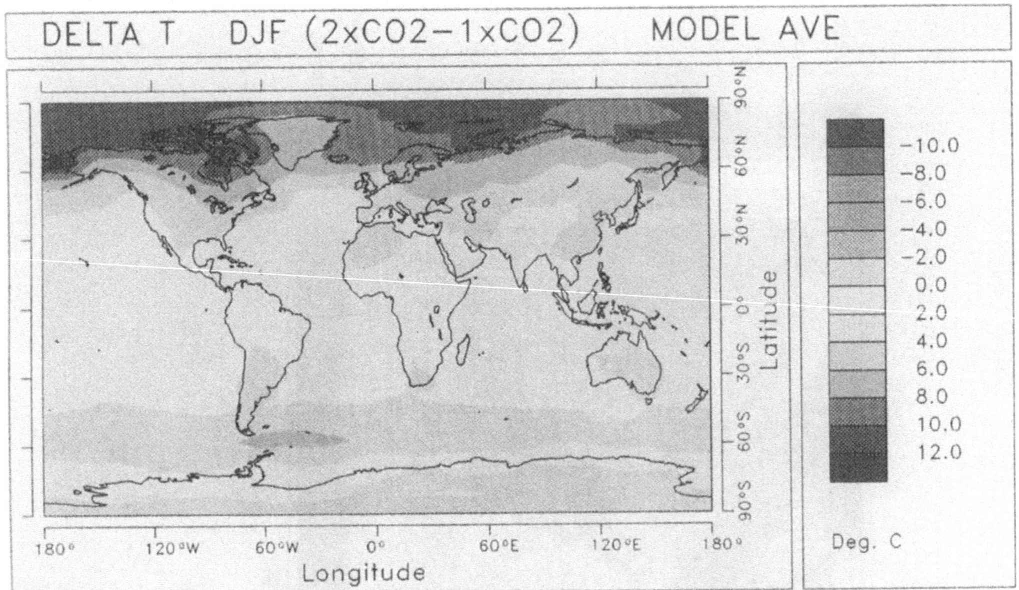

Abbildung 2a

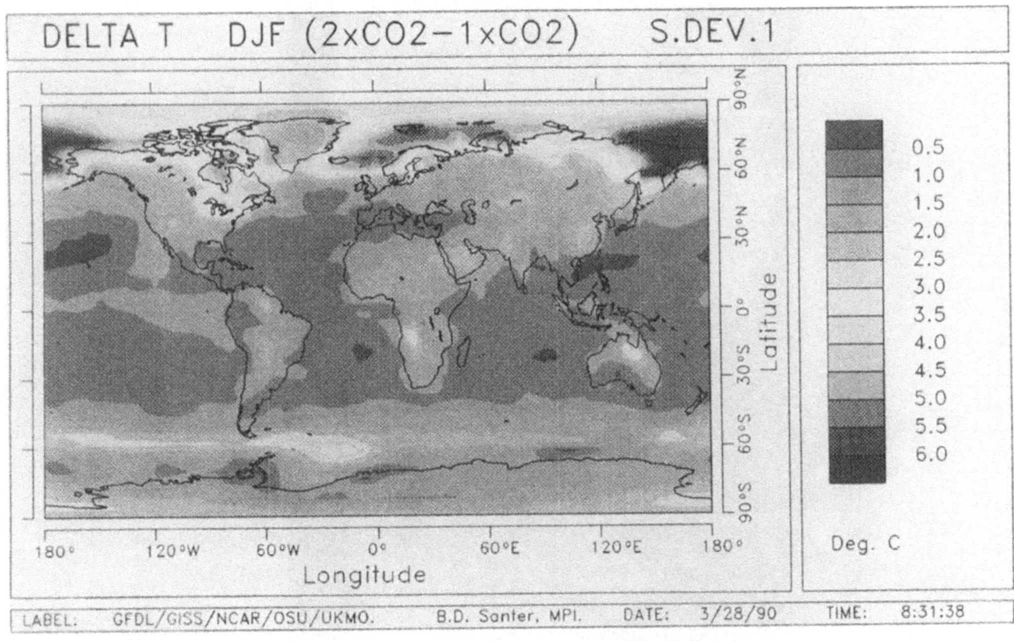

Abbildung 2b

SURFACE ELEVATION [CM]
90
N
60
30
0
30
60
S
90
25E
85E
145E
155W
95W
35W
25E
DIFFERENCE
< -25
< -20
< -15
< -10
< -5
< 0
< 5
< 10
< 15
< 20
< 25
< 30
< 35
> 35
40--50
16/ 2/90 8:11:54
T1: 12/2040
T2: 12/1980

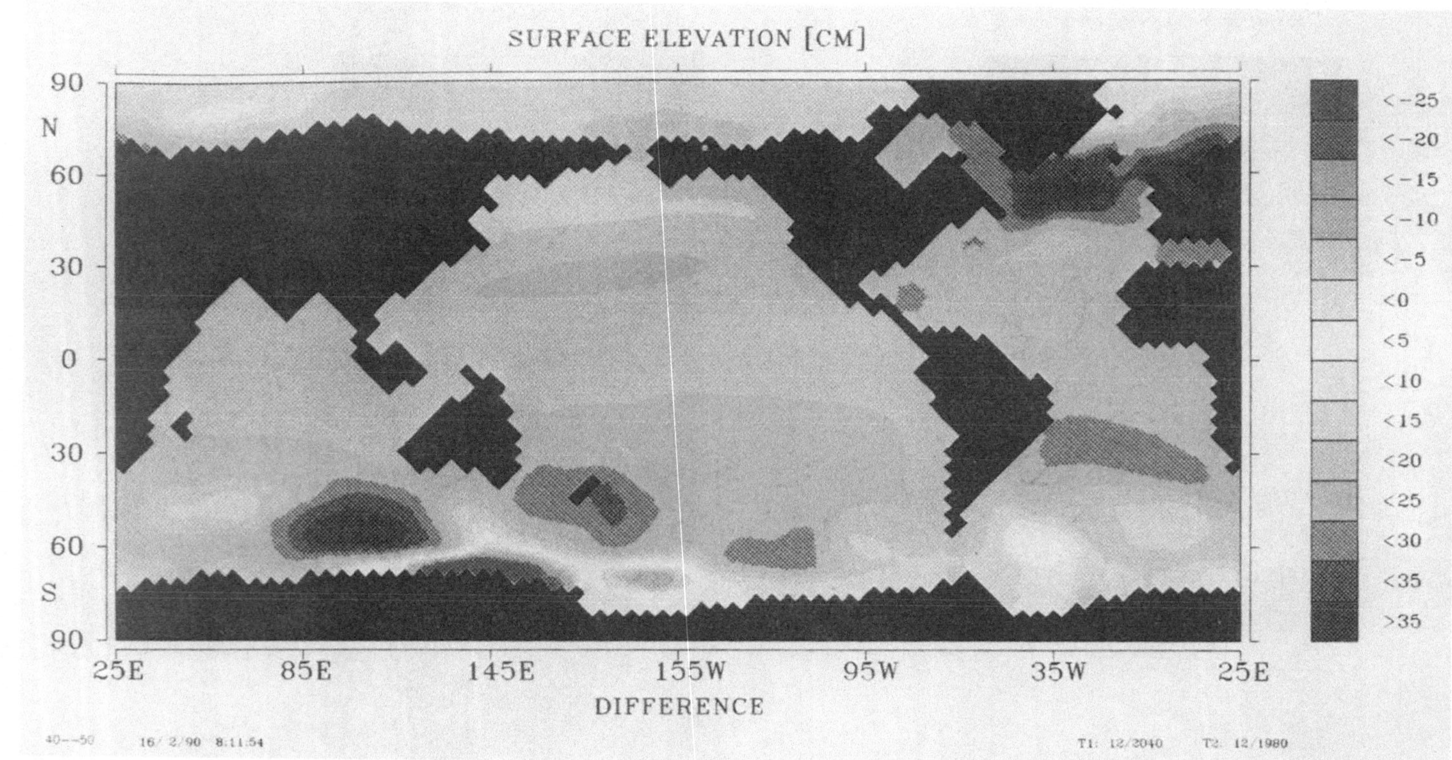

Abbildung 3

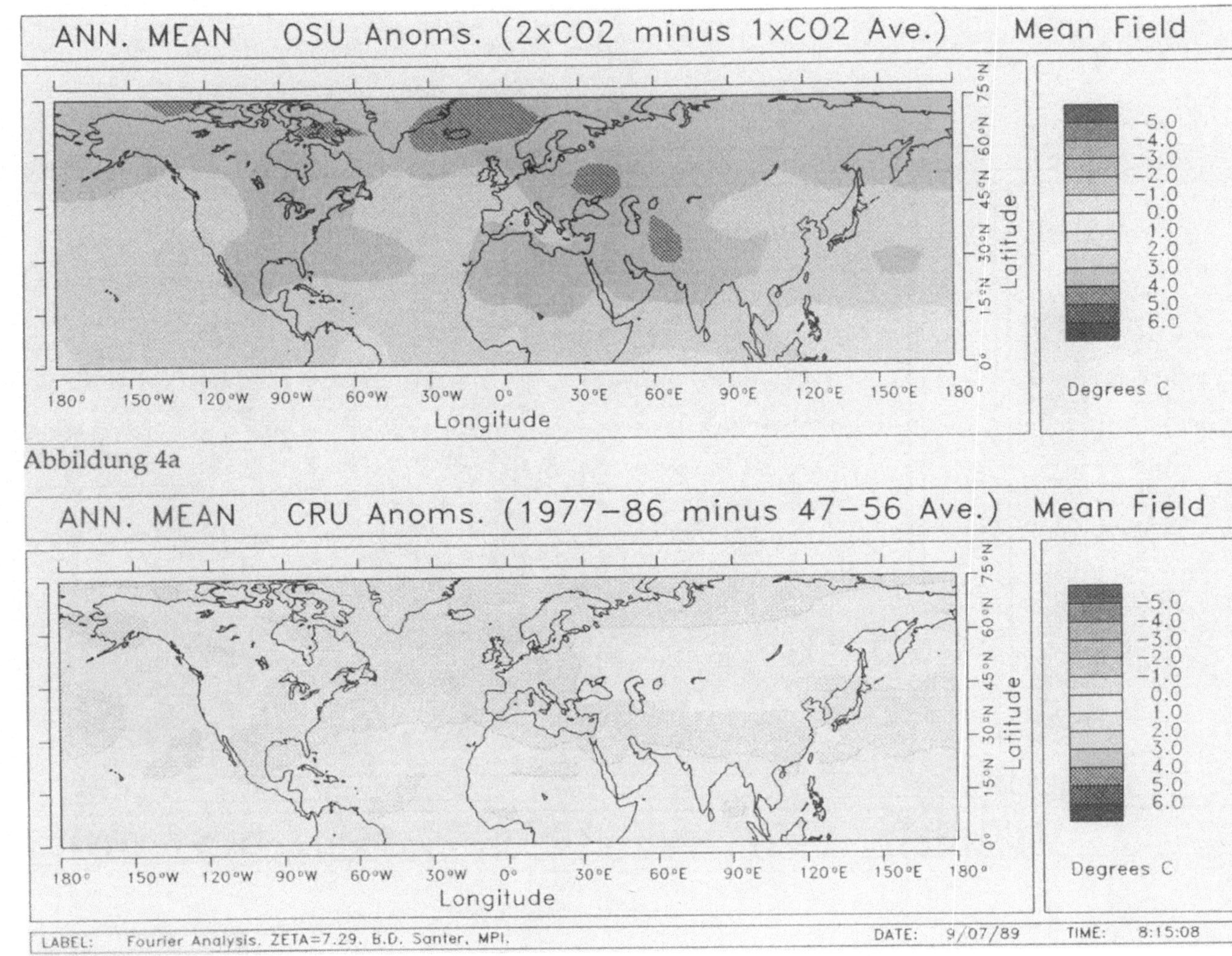

Abbildung 4a

Abbildung 4b

TEM ECHAM AGCM / LSG OGCM: 2xCO2-1xCO2   JAN DIFF
Latitude
Longitude
90°N 60°N 30°N 0° 30°S 60°S 90°S
180° 150°W 120°W 90°W 60°W 30°W 0° 30°E 60°E 90°E 120°E 150°E 180°
-10.0
-8.0
-6.0
-4.0
-2.0
0.0
2.0
4.0
6.0
8.0
10.0
12.0
Degrees C
LABEL: Cubasch/Boettinger/Maier-Reimer/Mikolajewicz/Santer
DATE: 3/29/90
TIME: 12:12:40

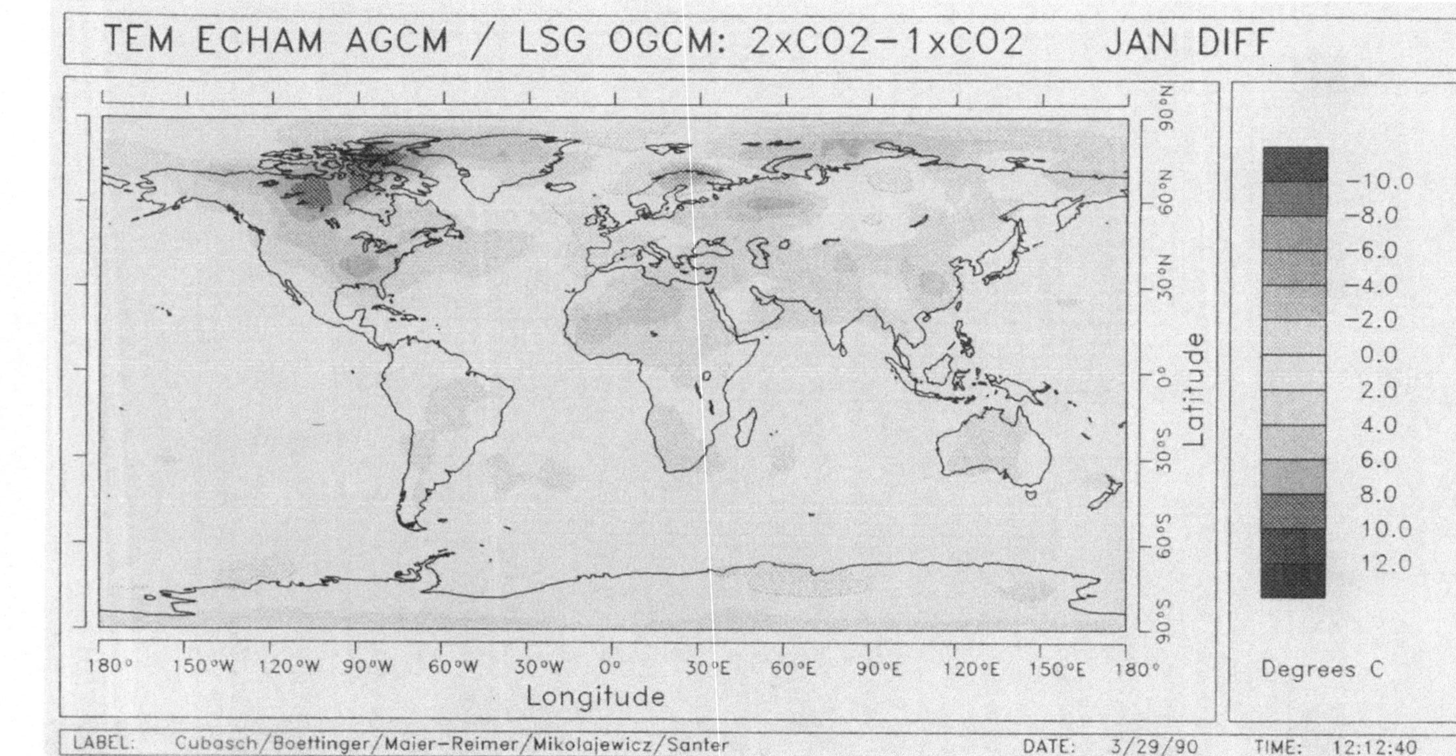

Abbildung 5

Numerical Simulation of Incompressible Fluid Flows

George Anagnostou[1] , Paul F.Fischer[2] , Yvon Maday[3] ,
Einar M. Rønquist[4] , Anthony T. Patera[5]

Abstract

In this paper we discuss temporal, spatial, and architectural aspects of the numerical simulation of time–dependent incompressible fluid flows. In particular, we consider: high–order operator-integration-factor time–splitting methods; sliding–mesh spectral mortar–element spatial discretizations; and data–parallel distributed–memory medium-grained parallel solution techniques. Numerous flow examples are presented.

1   Introduction

Recent advances in numerical algorithms and parallel architectures have rendered many previously intractable problems in incompressible fluid mechanics amenable to meaningful analysis. Unfortunately, a great number of fundamentally and practically important flows remain beyond the reach of current computational procedures, primarily due to the intrinsic complexity of fluid mechanical phenomena. This complexity takes four forms: state complexity; scale complexity; constitutive complexity; and geometric complexity. We briefly describe each category:

1. State complexity refers to the sensitivity of nonlinear problems to initial conditions and other data. A common example of a flow which exhibits state complexity is thermal convection in an enclosure. State complexity creates numerical difficulty by requiring that a large number of calculations be performed in order to fully understand the solution space and associated stability regions.

2. Scale complexity refers to the presence of a broad range of spatial or temporal scales. The most common example of *global* scale complexity is turbulence, in which instability and global nonlinearity give rise to a broad range of dynamically important wavenumbers; an example of *local* scale complexity is the high Prandtl number forced convection boundary layer. Scale complexity creates numerical difficulty by requiring that a large number of degrees-of-freedom be retained in order to resolve the dynamically important flow structures.

---

[1] Ocean Engineering, M.I.T., Cambridge, MA, USA
[2] California Institute of Technology, Pasadena, CA, USA
[3] Laboratoire d'Analyse Numerique, Universite Pierre et Marie Curie, Paris, France
[4] Nektonics, Cambridge, MA, USA
[5] Mechanical Engineering, M.I.T., Cambridge, MA, USA

3. Constitutive complexity refers to the existence of many different physical phenomena in a single flow. Examples of constitutive complexity range from convection–diffusion coupling to surface tension–inertia coupling to multiple–relaxation–frequency rheology in non–Newtonian fluids. Constitutive complexity creates numerical difficulties in two ways: first, by creating state complexity (e.g., multi–parameter bifurcations), or parametric scale complexity (e.g., capillary waves on the ocean surface); second, by introducing "mixed" mathematical forms that preclude the use of special solution strategies.

4. Geometric complexity refers to the complicated geometrical configurations in which flows typically evolve; indeed, many flows evolve in *time–dependent* geometries, either prescribed or free. Complex domains create numerical difficulty in three ways: first, by creating geometrical and topological problems in the mesh generation and discretization process; second, by requiring that many degrees–of–freedom be retained in order to resolve the geometry and geometry–induced flow phenomena; and third, by precluding the use of the many efficient solvers based on symmetry or separability.

We contend that *high–order* methods that are *decoupling* are particularly appropriate for efficient (resource–minimal) solution of fluid flow problems exhibiting these complexities. *High–order* methods ensure that, when required, increased accuracy can be achieved at relatively low marginal cost; that is, the size of the computational problem is determined primarily by the physical problem, and not by numerical convergence properties. *Decoupling* is critical in that it ensures that, in some sense, the computational time required to solve a problem P with several constituent "subproblems" P_k (e.g., spatial or temporal scales, flow regions) is not greater than max T_k, where T_k is the time required to solve the individual subproblem P_k; non–decoupling methods can result in solution times of $\Sigma_k T_k$ or worse. In this paper we describe temporal, spatial, and architectural approaches illustrative of the high–order decoupling theme.

The organization of the paper is as follows. In Section 2 we discuss high–order operator–integration–factor time–splitting methods for convection–Stokes decoupling in the Navier–Stokes equations; in Section 3, we describe minimally constrained sliding–mesh spectral mortar–element spatial discretizations applied to impeller mixer flows; lastly, in Section 4, we describe data–parallel distributed–memory medium–grained parallel solution techniques.

2   Integration–Factor Temporal Decoupling

We consider in this paper the time–dependent incompressible Navier–Stokes equations in a domain Ω,

$$\frac{\delta u}{\delta t} + u \cdot \nabla u = -\frac{1}{\rho} \nabla p + \nu \nabla^2 u + f \quad \text{in } \Omega \tag{1}$$

$$\nabla \cdot u = 0 \quad \text{in } \Omega \tag{2}$$

$$u = 0 \quad \text{on } \delta \Omega \tag{3}$$

where $u(x,t)$ is the velocity, x is position, t is time, $p(x,t)$ is the pressure, ρ is the density, and ν is the kinematic viscosity (or inverse Reynolds number). Dirichlet conditions are assumed on the domain boundary $\delta\Omega$. The incompressible Navier–Stokes equations are general enough to be applicable to a wide range of phenomena, yet specific enough to constitute an efficient solution procedure.

We next assume some stable spatial discretization of (1)–(3) (Girault and Raviart 1986)

$$\frac{d\mathbf{u}_h}{dt} + \underline{C}_h(\underline{U}_h)\mathbf{u}_h = \frac{1}{\rho}\underline{D}_h^T p_h + \nu\underline{L}_h\mathbf{u}_h + \mathbf{f}_h \quad \text{in } \Omega \tag{4}$$

$$\underline{D}_h \cdot \mathbf{u}_h = 0 \quad \text{in } \Omega \tag{5}$$

where $\mathbf{u}_h$ refers to the algebraic (e.g., nodal) representation of a discretization u_h characterized by a "mesh–spacing" parameter h, p_h is the associated pressure, $\underline{C}_h$, $\underline{D}_h$ and $\underline{L}_h$ are the convection, gradient, and Laplacian matrices, respectively, and superscript T denotes transpose. Note that: all essential boundary conditions (3) are absorbed within the matrix definitions; for simplicity of exposition, the mass matrix is assumed to be the identity operator; for purposes of subsequent temporal discretization, we restrict the integration interval of (4) to $t_1 < t < t_2$, and write the quadratically nonlinear convection operator as $\underline{C}_h(\underline{U}_h)\mathbf{u}_h$, where $\underline{U}_h = \mathbf{u}_h$ for the continuous–time case. Equations (4)–(5) can be summarized as

$$\frac{d\mathbf{u}_h}{dt} + \underline{C}_h(\underline{U}_h)\mathbf{u}_h = \underline{S}_h\mathbf{u}_h \quad \text{in } \Omega \tag{6}$$

where $\underline{S}_h$ represents the discrete Stokes operator and associated boundary conditions.

The choice of temporal discretization is dictated by accuracy and stability requirements, as well as by consideration of the work required to invert the implicit spatial operators. As regards the latter, first, we claim that only those parts of an equation which can be solved rapidly (i.e., faster than time–like) should be treated implicitly, with all other operators handled explicitly; second, we claim that, certainly in three space dimensions, *iterative solvers* must be utilized due to the bandwidth and parallelization problems associated with Gaussian elimination. As there are, to date, very few iterative approaches for the solution of non–symmetric problems that offer the robustness or performance of corresponding solvers for symmetric systems (Nachtigaal, Reddy, and Trefethen 1990), many temporal discretizations of (6) are based upon explicit treatment of the convection operator and implicit treatment of the symmetric Stokes problem. One such (second–order) scheme is the following modified Adams–Bashforth/Backward Differentiation method (Gear 1971; Ho and Patera, 1990),

$$\frac{3\mathbf{u}_h^{n+1} - 4\mathbf{u}_h^n + \mathbf{u}_h^{n-1}}{2\Delta t} + \sum_{l=0}^{2} \alpha_l' \underline{C}_h(\mathbf{u}_h^{n-l})\mathbf{u}_h^{n-l} = \underline{S}_h\mathbf{u}_h^{n+1} \tag{7}$$

where $\mathbf{u}_h^n = \mathbf{u}_{h\Delta t}(x,t^n)$, $t^n = n\Delta t$, Δt is the timestep, and α_l' are the modified Adams–Bashforth coeffients. A consistent third–order method is readily derived from the Backward–Differentiation family as well.

The method (7) will be stable as $h \to 0$, $\Delta t \to 0$ only for $\Delta t < C_1 \min_\Omega \{|h|/|u|\}$. This Courant stability condition typically yields timesteps, Δt, that are significantly smaller than required from accuracy considerations, even for time–dependent flows. Furthermore, this relatively small timestep applies to both the convection *and* Stokes operators; given that the Stokes operator is more expensive to *invert* than the convection operator is to *evaluate*, the virtues of semi–implicit time–stepping are at least partially lost due to this strong temporal coupling between the convection and Stokes contributions. It is, therefore, clearly of interest to develop numerical schemes which more effectively decouple the numerical treatment of the convection term and the Stokes problem. We now describe such a (second–order) method.

To begin we take $t_1 = t^{n-1}$, $t_2 = t^{n+1}$, and linearize the convection operator by choosing $\underline{U}_h = \underline{U}_h^{\{n+1\}}$, where $\underline{U}_h^{\{n+1\}}$ is an approximation of $\underline{u}_h(t)$ over the time interval $[t^{n-1},t^{n+1}]$ based on linear extrapolation of $\underline{u}_h^{n-1}$ and $\underline{u}_h^n$. We next introduce $Q_h^{\{n+1\}}(t)$, the operator–integration–factor associated with the linearized convection operator,

$$Q_h^{\{n+1\}}(t^{n+1}) = \underline{I} \tag{8}$$

$$\frac{dQ_h^{\{n+1\}}}{dt'} = \underline{Q}_h^{\{n+1\}}\,\underline{C}_h(\underline{U}_h^{\{n+1\}}(t')) \qquad t < t' < t^{n+1} \tag{9}$$

where $\underline{I}$ is the identity matrix. It can then be shown (Maday, Patera, Rønquist 1990) that $\underline{Q}_h^{\{n+1\}}(t)\underline{u}_h(t) = \widetilde{\underline{u}}_h(t^{n+1})$, where

$$\frac{d\widetilde{\underline{u}}_h}{dt'} = -\underline{C}_h(\underline{U}_h^{\{n+1\}}(t'))\widetilde{\underline{u}}_h \qquad t < t' < t^{n+1} \tag{10}$$

$$\widetilde{\underline{u}}_h(t'=t) = \underline{u}_h(t) . \tag{11}$$

The matrix $\underline{Q}$ can be thought of as the influence or response matrix of the convection system, or, equivalently, as a Floquet matrix; note that it coincides with the usual exponential matrix only if $\underline{U}_h$ is not a function of time. Linearization of (6) is critical for proper consistency; fortunately, for the quadratically nonlinear convection operator a simple linearization is available.

From the above definitions one transforms the linearized form of (6) in the usual integration–factor fashion (e.g., for a scalar equation) to give

$$\frac{d}{dt}\left\{\underline{Q}_h^{\{n+1\}}\underline{u}_h\right\} = \underline{Q}_h^{\{n+1\}}\,\underline{S}_h\underline{u}_h \tag{12}$$

which is then discretized by the second order Backward Differentiation scheme

$$\frac{3\underline{u}_h^{n+1} - 4\underline{Q}_h^{\{n+1\}}(t^n)\underline{u}_h^n + \underline{Q}_h^{\{n+1\}}(t^{n-1})\underline{u}_h^{n-1}}{2\Delta t} = \underline{S}_h\underline{u}_h^{n+1} \tag{13}$$

The $\underline{Q}_h^{\{n+1\}}(t^n)\underline{u}_h^n$, $\underline{Q}_h^{\{n+1\}}(t^{n-1})\underline{u}_h^{n-1}$ are then determined by (at least second order) multistage Runge–Kutta approximation (Gear 1971) of (10)–(11) with a subcycle timestep $\Delta s < \Delta t$, where Δs is determined by the usual Courant condition . A third order scheme is readily derived as well. The essence of the decoupling is that no convection appears in (13), thereby allowing large timesteps for the Stokes problem; no pressure appears in (10)–(11), thereby allowing inexpensive explicit treatment of convection.

We make several comments concerning the operator–integration–factor approach. First, for the convection problem the operator–integration–factor approach is equivalent to a high–order synthesis of previous characteristic (Pironneau 1982) and subcycling approaches (Gresho, Chan, Lee, and Upson 1984), as described in detail in (Maday, Rønquist, and Patera 1990). Second, the operator–integration–factor approach is, in fact, much more general than the convection–Stokes decoupling described here. To yield high–order convergence, however, the operator split apart, say A, must satisfy $Av = 0$ on $\delta\Omega$ for all admissible v; if this condition is not satisfied there will be an initial–condition compatibility problem in the subproblem (10)–(11). Fortunately, this hypothesis holds for the convection operator. Third, we note that there it is a restriction on Δt even in (13), related to the sharpening of gradients in the convection step (10); this condition is, however, much weaker, and much less mesh–dependent, than the usual Courant condition.

We illustrate application of the technique by considering natural convection flow in the annular enclosure shown in Fig. 1 at a Rayleigh number of 10,000. The problem is solved by a third–order scheme similar to (13), with a timestep, Δt, 16 times larger than that required for stability by the semi–implicit scheme (7). The spatial discretization is the $\mathbb{P}_N \times \mathbb{P}_{N-2}$ conforming spectral element approximation (Maday and Patera 1989; Rønquist 1988); the Stokes solver is a Uzawa conjugate–gradient/conjugate–gradient nested iteration (Maday, Meiron, Patera, and Rønquist 1990).

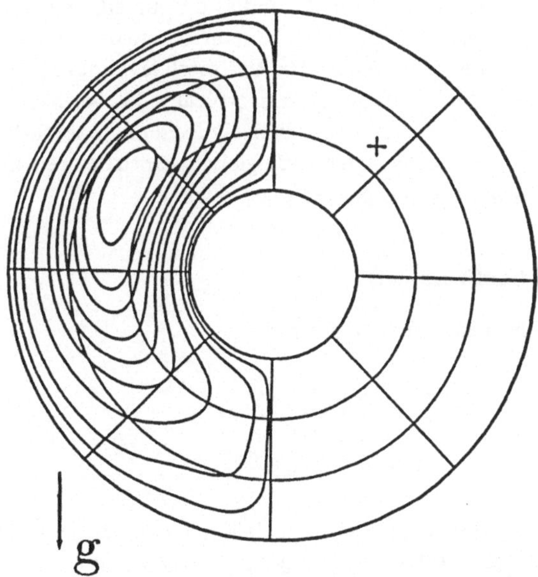

Figure 1:

Streamlines of steady natural convection flow in an annular enclosure at a Rayleigh number of $Ra = g\beta\Delta TD^3/\alpha v = 10,000$, $Pr = v/\alpha = .71$, where g is the acceleration of gravity, β is the thermal expansion coefficient, ΔT is the temperature elevation of the inner cylinder, D is the diameter of the outer cylinder, and v and α are the momentum and thermal diffusivities, respectively. The inner cylinder is of diameter D/3.

Due to the significant reduction in the number of Stokes (pressure) solves required, the operator–integration–factor approach attains the same final time of integration as the semi–implicit scheme (7) at $1/10^{th}$ the computational effort. The fact that the operator–integration–factor approach is high–order in time is critical, in that it ensures that these computational savings – effected by increases in the timestep, Δt – are achieved without compromising the accuracy of the solution. A more detailed discussion of this issue is given in (Maday, Patera, Rønquist 1990; Ho, Maday, Patera, Rønquist 1990).

We close this section by remarking that the operator–integration–factor scheme addresses only one issue of complexity arising from convection–diffusion coupling – namely, the complication of the mathematical operators. Although the method does eliminate the mesh dependence of the diffusion–convection timescale ratio, this ratio remains at $1/\nu$ for closed–stream line or periodic flows. Thus, although giving order–of–magnitude improvements, the operator–integration–factor approach does not obviate the need for better steady–state solvers to eliminate parametric stiffness.

3   Mortar–Method Spatial Decoupling

In order to treat the many forms of spatial heterogenity arising in complex flows, it is critical to develop spatial discretizations that are as local, and as decoupled, as possible. Decoupled discretizations can, for example, effect local refinement in boundary layers without tensor–product mesh propagation, or ease the mesh–generation and mesh–evolution process in time–dependent configurations. Local spatial discretizations are typically low–order, and it thus remains a challenge to construct schemes that are both relatively local *and* exhibit high–order convergence. In this section we describe a locally structured, globally unstructured highly decoupled spatial discretization which achieves spectral convergence rates.

3.1 Time–Independent Configurations

To begin, we consider the heat equation for $u(x,t)$

$$\frac{\delta u}{\delta t} = \nabla^2 u + f \quad \text{in } \Omega \tag{14}$$

$$u = 0 \quad \text{on } \delta\Omega \tag{15}$$

where $\overline{\Omega} = \overline{\Omega}^{(1)} \cup \overline{\Omega}^{(2)}$ is the stationary ($\omega=0$) impeller–in–chamber geometry shown in Fig. 2. The variational statement of (14)–(15) is: Find $u \in H_0^1(\Omega)$ such that

$$(\upsilon, u_t) = -(\nabla\upsilon, \nabla u) + (\upsilon, f) \quad \forall\, \upsilon \in H_0^1(\Omega) \tag{16}$$

where $H_0^1(\Omega) = \{\upsilon \in H^1(\Omega),\ \upsilon|_{\delta\Omega} = 0\}$ and $(.,.)$ is the usual L^2 inner product. By integration by parts the form (16) already requires one less derivative than (14); however, this does not always provide sufficient flexibility, as we now describe.

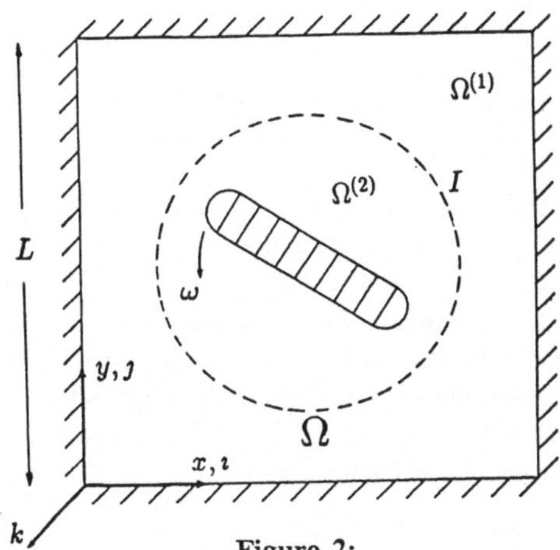

Figure 2:

Geometry of the impeller mixer, comprising a square mixing chamber and a semi–circular-tipped impeller.

If we choose to discretize (14)–(15) by a conforming spectral element method (Patera 1984; Maday and Patera 1989; Rønquist 1988), we first break the domain into (possibly deformed) quadrangles $\overline{\Omega}^{(q)k}$, $\overline{\Omega}^{(q)} = \cup_{k=1}^{K(q)} \overline{\Omega}^{(q)k}$, as shown in Fig. 3.

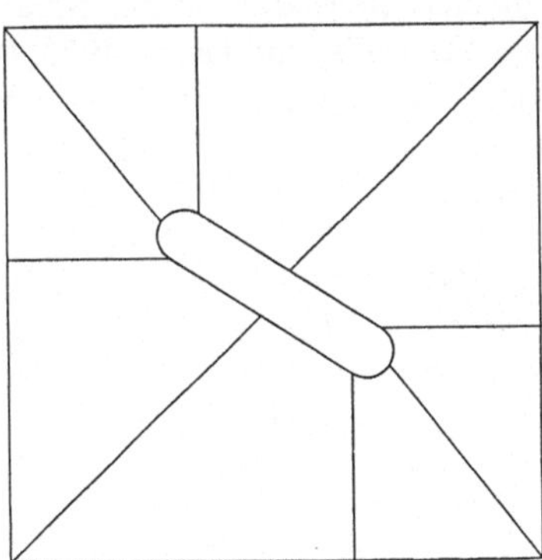

Figure 3:

Conforming spectral element discretization of the impeller mixer.

We next define the spectral element spaces

$$X_h = \left\{ v \big|_{\Omega^{(q)k}} \in \mathbb{P}_N(\Omega^{(q)k}) \right\} \cap H_0^1(\Omega) \quad , \tag{17}$$

where $\mathbb{P}_N(\Omega^{(q)k})$ refers to the space of all polynomials over $\Omega^{(q)k}$ of order $\leq N$ in both local coordinates. The spectral element equations are then: Find $u_h \in X_h$ such that

$$(\upsilon, u_{ht})_h = -(\nabla \upsilon, \nabla u_h)_h + (\upsilon, f)_h \qquad \forall \upsilon \in X_h \tag{18}$$

where $(.,.)_h$ refers to N^{th} order Gauss–Lobatto Legendre tensor–product quadrature of the continuous L^2 inner product. The discrete statement is completed by specification of a tensor product Gauss–Lobatto–Legendre Lagrangian interpolant basis for representation of u_h; the nodal points and associated dependent–variable values will be denoted $\mathbf{x}$ $(=x_p)$ and $u_{h'}$ respectively. The spectral element discretization is locally structured for efficiency, globally unstructured for geometric flexibility, and relatively decoupled between subdomains. Furthermore, the method is high–order, with spectral convergence as $N \to \infty$, and exponential convergence for sufficiently smooth problems (Maday and Patera 1989; Canuto, Hussaini, Quarteroni, and Zang 1988).

It is clear, however, that a preferred decomposition of the mixer domain is as shown in Fig. 4, with each object (impeller and chamber) meshed *independently*, and subsequently brought together. Unfortunately, for this choice of $\Omega^{(q)k}$, $u_h \in X_h$ is equivalent to the requirement that $u_{h|I}$ be a *global* N^{th}–order polynomial over I, where $I = \delta\Omega^{(1)} \cap \delta\Omega^{(2)}$. This restriction greatly increases the coupling of the discrete equations, while simultaneously decreasing the accuracy of the method. In order to exploit the decomposition of Fig. 4 the functional requirements (17) must be relaxed in order to maintain local error estimates and minimal coupling. To this end, we consider the mortar element method (Bernardi, Debit, Maday 1990; Maday, Mavriplis, and Patera 1988; Anagnostou, Maday, Mavriplis, and Patera 1990; Bernardi, Maday, Patera 1990), in which functional glue, or "mortar", is introduced to permit nonconforming discretizations.

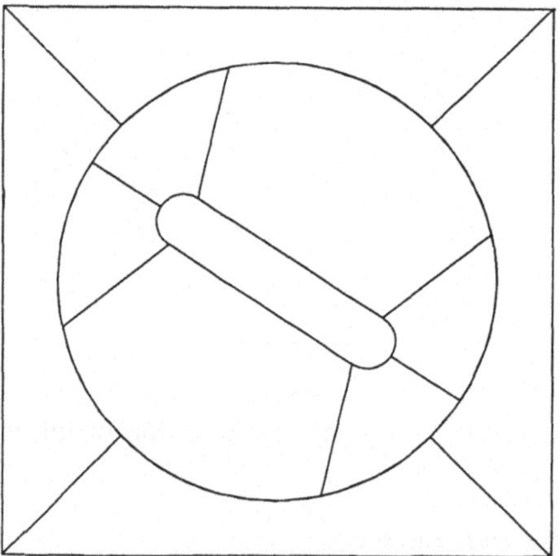

Figure 4:
Nonconforming spectral mortar–element discretization of the impeller mixer; the chamber and impeller flow regions are meshed independently, and subsequently brought together.

To begin, we define the "skeleton" of mortars

$$S = \bigcup_{m=1}^{M} \overline{\gamma}^{\,m} \tag{19}$$

where $S = I$, and each mortar γ^{m} coincides with some (open) edge $\Gamma^{(1)k,j}$, $j=1,\ldots,4$, of some element $k=1,\ldots,K^{(1)}$ in $\Omega^{(1)}$, with $\gamma^{m} \cap \gamma^{n} = \emptyset$. We then define the set $E_I^{(2)}$ of all couples (k,j) such that $\Gamma^{(2)k,j} \cap I$ is non empty, and the set $V_I^{(2)}$ of all couples (k,j) such that some vertex $v^{(2)k,j}$, $j=1,\ldots,4$, of some element $k=1,\ldots,\,K^{(2)}$ lies on I. We then define the nonconforming space as

$$W = \left\{ \phi \in C^0(S),\ \phi\big|_{\gamma^m} \in \mathbb{P}_N(\gamma^{m}) \right\} \tag{20}$$

$$X_h^{\bullet} = \left\{ v \in L^2(\Omega);\ v\big|_{\Omega^{(q)k}} \in \mathbb{P}_N(\Omega^{(q)k})\ ; \right. \tag{21}$$

$$\exists\,\phi \in W\ \text{such that:}$$

$$v^{(1)}\big|_I = \phi\ ;$$

$$\int_{\Gamma^{(2)k,j}} (v^{(2)} - \phi)\psi\,ds = 0 \quad \forall \psi \in \mathbb{P}_{N-2}\ (\Gamma^{(2)k,j}),$$

$$\forall\{k,j\} \in E_I^{(2)}\ ;$$

$$\left. v^{(2)}(v^{(2)k,j}) = \phi(v^{(2)k,j}) \quad \forall\ (k,j) \in V_I^{(2)} \right\}$$

where $v^{(q)} = v\big|_{\Omega^{(q)}}$. The resulting method is given by: Find $u_h \in X_h^{\bullet}$ such that

$$(v, u_{ht})_h = -(\nabla v, \nabla u_h)_h + (v,f)_h \quad \forall\, v \in X_h^{\bullet} \tag{22}$$

The method is optimal as regards stability, approximation, and consistency, and is local not only in approximation error, but also in that, unlike Lagrange–multiplier methods, only degrees–of–freedom in Ω^k, Ω^l such that $\overline{\Omega}^k \cap \overline{\Omega}^l$ is non–empty couple algebraically.

3.2 Time–Dependent Configurations

We now describe the case where the geometry is time–dependent, using as an example the problem of Fig. 2 with the impeller now rotating with nonzero angular velocity ω. It is clear that one (unacceptable) solution to the resulting mesh-generation problem is a complete remeshing of Ω at each time-step. A much preferred solution, both from implementation and efficiency considerations, is a sliding–mesh solution, in which nodal points in $\Omega^{(1)}$ remain fixed, but nodal points $\mathbf{x}_q^{(2)} \in \Omega^{(2)}$ move with the impeller,

$$\frac{d\mathbf{x}_q^{(2)}}{dt} = \omega \mathbf{k} \times (\mathbf{x} - \mathbf{x}_c)\ , \tag{23}$$

where $\mathbf{k}$ is the unit vector $i \times j$, $\mathbf{x} = xi + yj$, and $\mathbf{x}_c$ denotes the center of the impeller. Note that (23) is not a change of reference frame, but rather a change of basis, or mapping. The mortar method is critical in providing the proper matching, (20)–(21), between "decoupled", autonomously evolving meshes.

The final set of equations for the heat equation (14) in the time–dependent rotating impeller configuration are (Anagnostou, Maday, Mavriplis and Patera 1990; Anagnostou 1990): Find $u_h \in \overset{*}{X}_h(t)$ such that

$$(v, u_h)_{ht} - (\phi v \, \omega \mathbf{k} \times (\mathbf{x} - \mathbf{x}_c), \nabla u_h)_h = -(\nabla v, \nabla u_h)_h + (v, f)_h \qquad \forall v \in \overset{*}{X}_h(t) \; , \tag{24}$$

where $\overset{*}{X}_h(t)$ is given by (20)–(21), with the time argument referring to the fact that, $\Omega^{(2)k}$, $E_I^{(2)}$ and $V_I^{(2)}$ are now evolving according to (23). The second term on the left–hand side of (24) is the Lagrangian–Eulerian term resulting from the time–dependent basis: the function ϕ is defined by $\phi \in C^0(\Omega)$, $\phi|_{\Omega^{(1)}} = 0$, $\phi|_{\Omega^{(2)}/I^\epsilon} = 1$, where I^ϵ is an arbitrarily small strip surrounding I. The function ϕ ensures that the mesh convection (23) applies to all interior points in $\Omega^{(2)}$, but that on I, $u^{(2)}|_I$ is determined through projection, (21). In practice, ϕ appears as a nodal mask which is zero except at $\mathbf{x}_q^{(2)} \in \Omega^{(2)}$, at which it is unity.

It can be shown that the method (24) incurs errors no larger than those of the standard nonconforming discretization. Rather than review these results here, we instead demonstrate that the method is sufficiently robust and efficient to perform calculations of physical interest. The following calculations are based on Navier–Stokes extensions of (24) combined with the (semi-implicit) temporal discretizations described in Section 2.

3.3 Impeller Mixing

We consider the problem of Fig. 2 with rotating impeller, for which the non–dimensional equations are

$$\frac{\delta \hat{\mathbf{u}}}{\delta t} + \hat{\mathbf{u}} \cdot \nabla \hat{\mathbf{u}} = -\frac{1}{\rho} \nabla \hat{p} + \frac{1}{R} \nabla^2 \hat{\mathbf{u}} \qquad \text{in } \Omega(t) \tag{25}$$

$$\nabla \cdot \hat{\mathbf{u}} = 0 \qquad \text{in } \Omega(t) \tag{26}$$

$$\hat{\mathbf{u}} = 0 \qquad \text{on } \delta\Omega \cap \delta\Omega^{(1)} \tag{27}$$

$$\hat{\mathbf{u}} = \mathbf{k} \times (\mathbf{x} - \mathbf{x}_c) \qquad \text{on } \delta\Omega \cap \delta\Omega^{(2)} \tag{28}$$

$$\frac{\delta \hat{T}}{\delta t} + \hat{\mathbf{u}} \cdot \nabla \hat{T} = \frac{1}{RPr} \nabla^2 \hat{T} \qquad \text{in } \Omega(t) \tag{29}$$

$$\frac{\delta \hat{T}}{\delta \hat{n}} = 0 \qquad \begin{cases} \text{on } \delta\Omega \cap \delta\Omega^{(2)} \\ \text{vertical } \delta\Omega \cap \delta\Omega^{(1)} \end{cases} \tag{30}$$

$$\hat{T} = \begin{cases} 0 & \text{top} \\ 1 & \text{bottom} \end{cases} \qquad \text{walls of } \delta\Omega \cap \delta\Omega^{(1)} \tag{31}$$

where carat denotes non–dimensional variables. Here $\hat{u} = u/\omega L$, $\hat{x} = x/L$, $\hat{t} = \omega t$, $\hat{T} = (T-T_0)/(T_1-T_0)$, $R = \omega L^2/v$, and $Pr = v/\alpha$, where L is the chamber side length, T_1 and T_0 are the bottom and top wall temperatures, respectively, and v and α are the momentum and thermal diffusivities, respectively. The two quantities of interest are the heat transferrate (Nusselt number) and dissipation (power consumption)

$$Nu = -\int_0^1 \frac{\delta \hat{T}}{\delta \hat{y}} (\hat{x}, \hat{y} = 0)\, d\hat{x} \tag{32}$$

$$\Phi = \frac{1}{2R} \int_\Omega (\nabla \hat{u} + \nabla \hat{u}^T) \cdot (\nabla \hat{u} + \nabla \hat{u}^T)\, d\hat{x} \tag{33}$$

respectively, and their time averages (for the steady–periodic state), $<Nu>$ and $<\Phi>$. Note the impeller is of length L/2 and thickness L/10, with the last L/10 of each tip of the impeller represented by a semi–circle of diameter L/10.

At very low Reynolds numbers, for example, R=1, (Pr=1) the problem reduces to a quasi–steady Stokes/conduction problem, for which we find $<Nu>=.85$, $<\Phi>=.47$; the Nusselt number is less than unity due to the insulating effect of the impeller. The velocity vector field is shown in Fig.5. At higher Reynolds numbers, R = 1000, we notice that, at least for this two–dimensional calculation, the velocity vector field, Fig. 6, is quite similar to the Stokes solution. This might be expected given the relatively small departure from azimuthal symmetry of the square chamber. However, the temperature field, Fig. 7, departs significantly from the conduction solution due to the fact that the temperature boundary conditions (31) break azimuthal symmetry. This results in high heat transfer rates, as is well known from studies of enhancement by "interrupted" boundary layers. We find, at R = 1000, $<\Phi> = .0073$, $<Nu> = 2.7$. Although higher Reynolds numbers, three–dimensional calculations, and perhaps turbulence models are required before comparisons with real impellers (Edwards and Ayazi–Shimlou 1983) can be made, these preliminary calculations already indicate possible avenues of optimization.

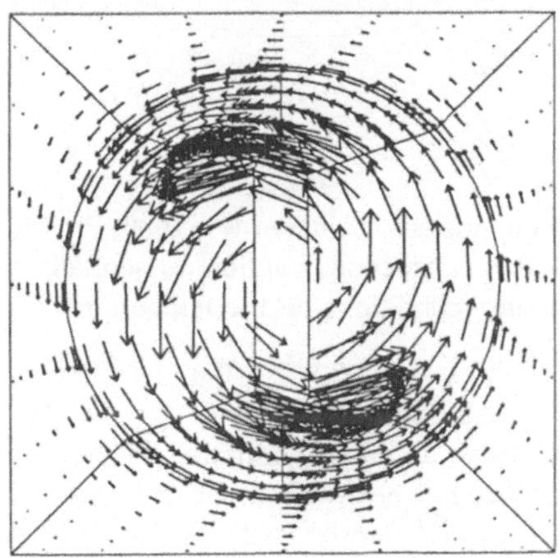

Figure 5:
Velocity vectors at one instant in time (that is, one impeller location) for the steady–periodic solution at R = 1.

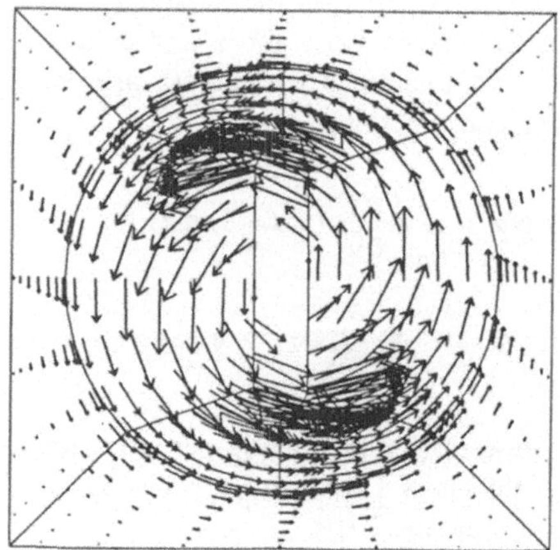

Figure 6:

Velocity vectors at one instant in time for the steady–periodic solution at R = 1000. The solution resembles the Stokes solution due to the near–azimuthal symmetry of the mixing chamber.

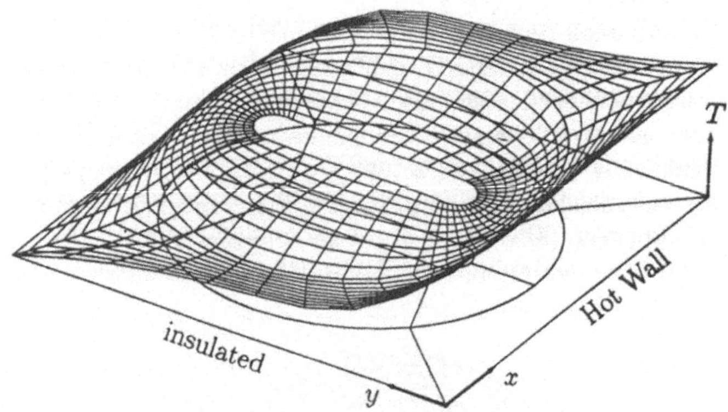

Figure 7:

Temperature distribution at one instant in time at R = 1000, Pr = 1. The temperature distribution deviates appreciably from the conduction solution (essentially $T = 1-\hat{y}$) due to the non-azimuthally symmetric boundary conditions on the temperature.

Other applications of sliding meshes include the study of rotor–stator interactions, the analysis of propellers and propulsion systems, and the free motion of bodies in internal and external flows. Previous work on sliding meshes has been low–order, and has been applied either to structural problems (Hallquist, Goudreau, and Benson 1985), or to fluid flows in which the interface I occurs in an Euler, not Navier–Stokes, region of the flow (Oden et al. 1986; Gundy–Burlet and Rai 1989); high–order Navier–Stokes results, are, to our knowledge, new.

4 Parallel Decoupling

In this section we describe parallel solution of (conforming) spectral element Navier–Stokes discretizations on distributed–memory medium–grained parallel machines. Distributed–memory multi–processors offer significant economic advantages over serial machines: first, M commodity processors each operating at a speed s/M cost significantly less than a single special–purpose processor operating at speed s; second, multiple paths to memory permit relatively slow, inexpensive memory to effect the same aggregate bandwidth as an expensive single shared–memory subsystem. These economic advantages are further enhanced by the consequence that reduced purchase cost permits single–group supercomputers, for which processor time and wall–clock time are synonymous, thus leading to better utilization of human resources.

The availability of fast, cost–efficient machines does not necessarily imply their efficient utlization for solution of partial differential equations. In particular, algorithms must be devised that are sufficiently *concurrent* and *local* to effectively exploit the available resources. We now turn to a discussion of these issues.

4.1 Native Processor

We first describe the performance of the (conforming) spectral element algorithms presented in the previous sections on a "native" data–parallel architecture, that is, an architecture which is ideally matched to our particular algorithmic requirements. To begin, K spectral elements are partitioned amongst M < K independent processor/memory units, P_1, ..., P_M, as shown in Fig. 8. (Our terminology will be two–dimensional, however the methods readily extend to three space dimensions.) We denote the set of all elements E = {1,..., K}, and the set of elements associated with processor P_q as E_q = {...}, with E = $U_q E_q$, and $E_p \cap E_q$ = $\emptyset$ for p $\neq$ q; we assume load balance in the sense that all processors have an equal number of elements. The communication network of the native parallel processor is assumed to satisfy two constraints:

1. a distinct, direct link must exist between two processors P_p and P_q for each distinct pair of elements (m,n) m $\in E_p$, n $\in E_q$ that share an edge;
2. a summation of M values distributed over M processors must be performed in $O(\log M)$ communication steps (or less).

These two requirements relate directly to the two communication constructs central to our algorithms.

We characterize the 'hardware' associated with the processors and sparse communication networks in Fig. 8 by a basic clock cycle for calculation, δ, and the time–per–word required to send m words across a direct link, $\Delta(m)$. It is assumed that data transfer can occur simultaneously over all distinct links. The ratio Δ/δ is denoted $\sigma(m)$; $\sigma(m)$ is assumed to be a decreasing function of m, with $\sigma(1)$ appreciably greater than $\sigma(\infty)$ due to message startup overhead. Messages travelling more than one link (or 'hop') can be penalized in terms of both longer transmission time and potential contention; contention represents network imbalance/ saturation, and arises when more than one potentially parallel communication requires the same link.

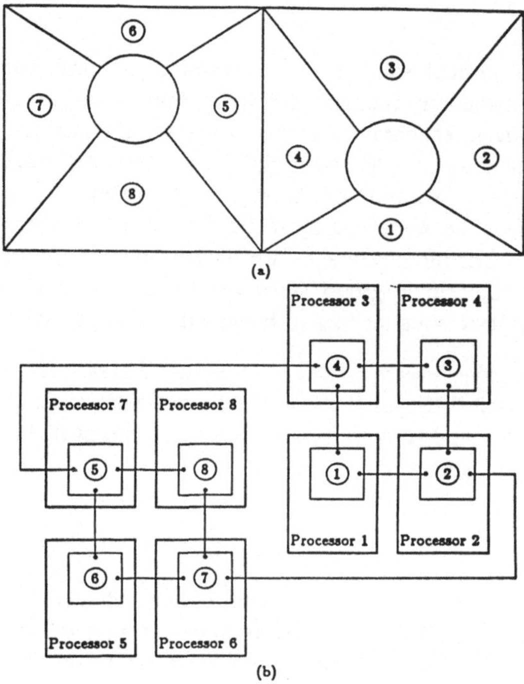

Figure 8:
(a) Spectral element decomposition for a multiply connected domain, with elements numbers in
○. (b) Associated "native" parallel processor.

4.2 Parallel Algorithms

The spectral element iterative algorithms comprise, to leading order, three essential operations:

1. evaluation of residuals within an element, with computational work (number of operations) W_R per spectral element;
2. summation of residuals between elements sharing edges, with W_S data per edge;
3. vector reduction, or inner product calculations (e.g., to determine new search directions), with order–unity data per processor.

The resulting "wall–clock" time for solution on M processors, τ_M, can then be written

$$\tau_M = c_4 \{c_1 \, \delta \frac{K}{M} \, W_R + c_2 \, \Delta(W_S)W_S + c_3 \, \Delta(1)\log_2 M\} \tag{34}$$

where c_1, c_2 and c_3 are order unity, and c_4 represents number of iterations and/or timesteps. This equation is, in fact, generally valid for a large class of substructure discretizations and iterative solution strategies; for the particular case of conjugate gradient iterative solution of elliptic (Poisson) spectral element spatial discretizations $W_R \sim O(N^{d+1})$, $W_S \sim O(N^{d-1})$, and $c_4 \sim O(K_1 N)$ in $\mathbb{R}^d$, where K_1 is the number of spectral elements in one spatial direction. A key feature of the algorithms presented earlier in this paper, for example the convection–Stokes splitting of Section 2, is that they improve performance while remaining intrinsically parallelizable. An in–depth analys is of (34), with empirical fits to actual machine data, is given in (Fischer and Patera 1990a); in this paper we restrict ourselves to several essential features.

First, the dominant term in (34) scales as $1/M$ due to the concurrency and locality intrinsic to our parallel algorithms; this concurrency and locality derive first, from the use of iterative solvers, and second, from the natural (numerical) granularity afforded by a single spectral element. The ratio $W_R/W_S \gg 1$ reflects the fact that most data required by processor P_q are, in fact, resident on processor P_q; furthermore, any data transfer that is required is local in physical, if not processor, space, leading to highly parallel communication. The hierarchy $W_R \gg W_S \gg 1$ ensures that, even in the presence of realistic $\sigma \gg 1$, reasonable parallel efficiencies can be obtained. Here parallel speedup and efficiency are defined in the usual fashion, $S_M = \tau_1/\tau_M$ and $\eta = S_M/M$, respectively.

Second, we note that the balance between the $1/M$ and $\log M$ terms in (34) yields the speedup–optimal number of processors for a particular problem, M_{opt}. It is immediately apparent that M_{opt} scales with K (problem size), confirming that our algorithm is, indeed, medium–grained; that is, as the problem size grows, M increases, but the number of degrees–of–freedom per processor remains large – N^d for spectral elements in $\mathbb{R}^d$, with N, the polynomial order, $O(10)$ in most applications. It follows that roughly constant computer time τ can be achieved for all problems by scaling M with K; this, not arbitrarily large speedup for a fixed problem, is a realizable goal of parallel processing (Gustafson, Montry, and Benner 1988). Note that the use of Jacobi iteration, rather than conjugate gradient iteration, eliminates the majority of the $\log_2 M$ operations in (34). However, c_4 for Jacobi iteration is roughly the square of that for conjugate gradient iteration, illustrating a typical compromise between parallel efficiency and overall performance.

4.3 Intel Vector Hypercube Implementation

We have implemented our parallel spectral element iterative Navier–Stokes solvers on $M=2^D$–node Intel vector hypercubes, the iPSC/1–VX/dD and its successor, the iPSC/2–VX/dD. The iPSC/1–VX is a 286–based system with store–and–forward message–passing; the iPSC/2–VX is a 386–based system with pipelined communication routing. In both cases the same vector hardware is used, capable of a peak speed of 10 MFLOPS/board. The two machines differ primarily in scalar speed and communication speed and robustness, with the iPSC/2 representing a significant improvement in both capabilities due to advances in technology and architecture. These MIMD Intel message–passing hypercubes are clearly similar to our model system of Fig.8, and therefore represent a relatively simple port, in "single–program–multiple–data" fashion, of the virtual–parallel–processor code which embodies the native system described in Sec. 4.1. Although hypercube networks do honor our $\log M$ communication requirement, they may not honor the nearest–neighbor requirement; mapping issues are discussed in detail in (Fischer and Patera 1990, Anagnostou, Dewey, and Patera 1989).

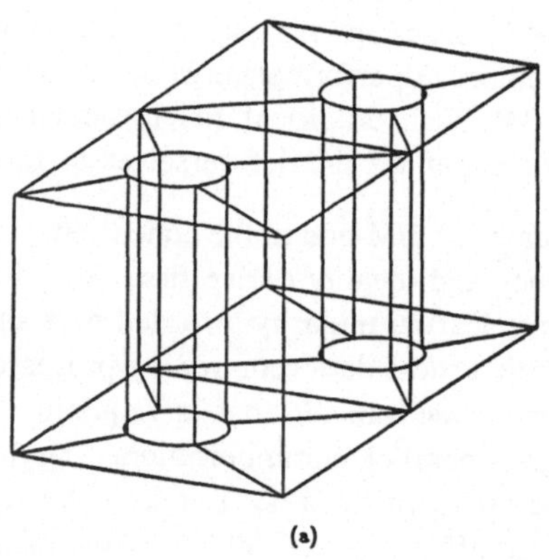

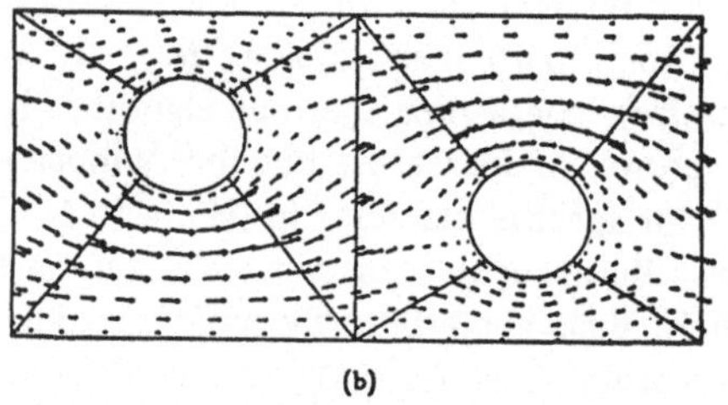

Figure 9:
(a) Computational domain comprising K = 32 spectral elements (only 8 are shown for clarity) for the steady Stokes problem of flow past two cylinders in a duct. (b) Velocity vectors at the midplane of the domain.

To illustrate the performance of the spectral element–hyper–cube algorithm–archictecture coupling we consider solution of the three–dimensional steady Stokes problem in the complex duct geometry shown in Fig. 9a. The flow is periodic in the flow direction, with no–slip boundary conditions imposed on all solid walls. The discretization parameter is taken to be h=(K=32, N=10), corresponding to 80,000 degress–of–freedom. The problem is solved on M=16 processors using the Uzawa conjugate gradient/conjugate gradient nested iteration procedure described in the context of the Navier–Stokes equations in Section 2. The results of the calculation are shown in Fig. 9b in terms of the velocity field at the midplane of the channel. We note that the duct cylinder problem does not correspond to a Cartesian or regular mesh, and, inasmuch exercises the full generality of our parallel constructs (Fischer and Patera 1990a, Fischer 1989).

The iPSC/2–VX/d4 obtains the solution to the problem of Fig. 9 in approximately 130 seconds, with a parallel efficiency of η=.75. The nonvector iPSC/2–/d4 obtains the solution in 5760 seconds, but with a parallel efficiency of η=.99. From this comparison we draw two conclusions. First, vectorization (or pipelining) internal to the hypercube nodes is critical to performance; the nested parallel/vector unstructured/structured hierarchy of the spectral element discretization is ideally suited for the task. Second, parallel efficiency is not a reliable measure by which to compare different machines (or, for that matter, algorithms); the nonvector machine achieves high efficiency due to a decrease in σ brought about by an increase in δ, not a decrease in Δ. We note that the iPSC/1–VX/d4 obtains the solution in 360 seconds with an efficiency of $\eta=0.25$; the improvement in efficiency of the iPSC/2–VX/d4 with respect to the iPSC/1–VX/d4 is "real" in the sense that it is brought about by an effective decrease in Δ, and thus results in a decrease in computation time.

We can avoid some of the inconsistencies and ambiguities associated with parallel efficiency comparisons of algorithm–architecture couplings by turning to a more rational (s,e) characterization; here s is speed measured in MFLOPS (millions of floating point operations/second), and $e=s/fC$, where C is the cost of the machine, and f is the fraction of the machine requisitioned. An increase in s represents a decrease in computation time, whereas an increase in e represents a decrease in direct computer costs. For the calculation of Fig. 9 the iPSC/2– VX/d4 achieves ($s=44$ MFLOPS, $e=12 \cdot 10^{-5}$ MFLOPS/\$), whereas the nonvector iPSC/2–/d4 achieves a very uninteresting ($s= 1$ MFLOPS, $e =.5 \cdot 10^{-5}$ MFLOPS/\$). Most importantly, the same calculation on the CRAY X–MP/12 achieves approximately ($s=66$ MFLOPS, $e = 1.3 \cdot 10^{-5}$ MFLOPS/\$); this result indicates that properly designed numerical algorithms can solve real problems on parallel processors at serial–supercomputer speeds, using only a fraction of serial–supercomputer resources.

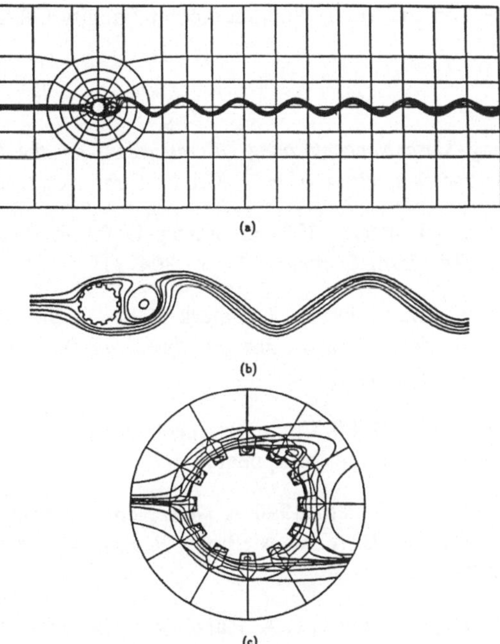

Figure 10:
Flow past a grooved ("roughened" cylinder) at $Re_D = 200$: (a) vortex street and spectral element discretization; (b) and (c) enlarged views revealing broad range of scales present in the flow. Nonconforming approximations will provide a more efficient discretization for this multiscale flow.

More detailed descriptions and analyses of our parallel algorithms are given in (Fischer and Patera 1990a; Fischer and Patera 1990b; Fischer et al. 1988; Fischer 1989). Numerous Intel vector hypercube Navier–Stokes calculations, such as that shown in Fig. 10, are described in Fischer and Patera (1990b) and Fischer (1989). Our current parallel work is focussed on two areas. First, we are embarking on parallel implementation of the nonconforming discretizations described in Section 3; although (34) still holds in the nonconforming case, generalized parallel constructs are required to effect the edge–mortar transfers. Second, we are implementing our algorithms on the new i860–based Intel hypercube. Scaling predictions – based on (34) and i860 data indicating fivefold decreases in δ and $\Delta(1)$ over the iPSC/2-VX – suggest expected 32–node i860 performance on Navier–Stokes calculations of close to 400 MFLOPS, at a resource efficiency of $e = 6 \cdot 10^{-4}$ MFLOPS/$.

Acknowledgements

We would like to thank Professors Gilbert Strang and Robert Brown of M.I.T. for helpful suggestions and comments. This work was supported by the ONR and DARPA under Contract N000 14-89-J-1610, by the ONR under Contract N00014-88-K-0188, by the NSF under Grant ASC-8806925, and by Intel Scientific Computers. The nonconforming sliding–mesh impeller calculations were performed on the M.I.T. Supercomputer Facility CRAY-2.

References

G. Anagnostou 1990 *Sliding–Mesh Nonconforming Discretizations for the Navier–Stokes Equations; Application to Mixing Processes,* Ph.D. Thesis, M.I.T., Cambridge, in progress.

G. Anagnostou, D. Dewey, A. T. Patera 1989 Geometry–Defining Processors for Engineering Design and Analysis, *The Visual Computer,* 5, pp. 304–315.

G. Anagnostou, Y. Maday, C. Mavriplis, A. T. Patera 1990 On the Mortar Element Method; Generalizations and Implementation, in *3rd Int. Symp. on Domain Decomposition Methods,* ed. R. Glowinski, SIAM, to appear.

C. Bernardi, N. Debit, Y. Maday 1990 Coupling Spectral and Finite Element Methods for Laplace Equation, *Math. Comp.,* 54, to appear.

C. Bernardi, Y. Maday, and A. T. Patera 1990 A New Nonconforming Approach to Domain Decomposition; The Mortar Element Method, *Publications du Laboratoire D'Analyse Numerique,* No. R 89027 .

C. Canuto, M. Y Hussaini, A. Quarteron i, T. A. Zang 1988 *Spectral Methods in Fluid Dynamics,* Springer-Verlag, Berlin.

M. F. Edwards, P. Ayazi–Shamlou 1983 Heat Transfer in Agitated Vessels at Low Reynolds Numbers, in *Low Reynolds Number Flow Heat Exchangers,* eds. S. Kakac, R. K. Shah, and A. E. Bergles, Hemisphere Publishers, pp. 795–812.

P. F. Fischer 1989 *Spectral Element Solution of Navier–Stokes Equations on High–Performance Distributed–Memory Parallel Processors*, Ph.D. Thesis, M.I.T., Cambridge.

P. F. Fischer, L.-W. Ho, G. E. Karniadakis, E. M Rønquist, and A. T. Patera 1988 Recent Advances in Parallel Spectral Element Simulation of Unsteady Incompressible Flows, *Comp. Structures*, 30, pp. 217–231.

P. F. Fischer, A. T. Patera 1990a Parallel Spectral Element Solution of the Stokes Problem, *J. Comp. Phys.*, to appear.

P. F . Fischer, A. T. Patera 1990b Parallel Spectral Element Methods for the Incompressible Navier–Stokes Equations, in *Solution of Super–Large Problems in Computational Mechanics*, eds. J. H. Kane and A. D. Carlson, Plenum Publishers, to appear.

C. W. Gear 1971 *Numerical Initial Value Problems for Ordinary Differential Equations*, Prentice–Hall, Englewood Cliffs, New Jersey.

V. Girault, P. A. Raviart 1986 *Finite Element Approximation of the Navier–Stokes Equations*, Springer–Verlag, Berlin.

P. M. Gresho, S. T. Chan, R. L. Lee, C. D. Upson 1984 A Modified Finite Element Method for Solving the Time–Dependent Incompressible Navier–Stokes Equations, Part 1 : Theory, *Int. J. Num. Meth. Fluids*, 4, pp. 557–598.

K. L. Gundy–Burlet, M. M. Rai 1989 Two–Dimensional Computations of Multi–Stage Compressor Flows Using a Zonal Approach, AIAA Paper 89-2452.

J. L. Gustafson, G. R. Montry, R. E. Benner 1988 Development of Parallel Methods for 1024–Processor Hypercube, *Siam J. Sci. and Stat. Comp.*, 9, pp. 609–638.

J. O. Hallquist, G. L. Goudreau, D. J. Benson 1985 Sliding Interfaces with Contact Impact in Large–Scale Lagrangian Calculations, *Comp. Meth. Appl. Mech. Eng.*, 51, pp. 107–137.

L.-W. Ho, Y. Maday, A. T. Patera, E. M. Rønquist 1990 A High–Order Lagrangian–Decoupling Method for the Incompressible Navier–Stokes Equations, *Comp. Meth. Appl. Mech. Eng.*, to appear.

L.-W. Ho, A. T. Patera 1990 A Legendre Spectral Element Method for Simulation of Unsteady Incompressible Viscous Free Surface Flows, *Comp. Meth. Appl. Mech. Eng.*, to appear.

Y. Maday, D. I. Meiron, A. T. Patera, E. M. Rønquist 1990 Analysis of Iterative Methods for the Steady and Unsteady Stokes Problem: Application to Spectral Element Discretizations, *SIAM J. Sci. Stat. Comp.*, submitted.

Y. Maday, and A. T. Patera 1989 Spectral Element Methods for the Incompressible Navier–Stokes Equations, in *State of the Art Surveys in Computation Mechanics*, ed. A.K. Noor, ASME, New York, pp. 71–143.

Y. Maday, A. T. Patera, E. M. Rønquist 1990 An Operator–Integration–Factor Splitting Method for Time–Dependent Problems; Application to Incompressible Fluid Flow, *J. Scient. Comp.*, to appear.

Y. Maday, C. Mavriplis, A. T. Patera 1988 Nonconforming Mortar Element Methods: Application to Spectral Discretizations, in *2nd Int. Symp. on Domain Decomposition Methods,* ed. T. Chan, SIAM , pp. 392–418.

N. M. Nachtigaal, S. C. Reddy, L. N. Trefethen 1990 How Fast are Non–Symmetric Matrix Iterations, *SIAM J. Sci. and Stat. Comp.*, submitted.

J. T. Oden, S. J. Robertson, T. Strouboulis, P. Devloo, L. W. Spradley, H. B. McConnaughey 1986 Adaptive and Moving Mesh Finite Element Methods for Flow Interaction Problems, in *6th Int. Symp. on Finite Element Methods in Flow Problems,* ed. M.O. Bristeau, pp. 339–343.

A. T. Patera 1984 A Spectral Element Method for Fluid Dynamics; Laminar Flow in a Channel Expansion, *J. Comp. Phys.*, 54, pp. 468–488.

O. Pironneau 1982 On the Transport–Diffusion Algorithm and its Application to the Navier–Stokes Equations, *Numer. Math.*, 38, pp. 309–332.

E. M. Rønquist 1988 *Optimal Spectral Element Methods for Unsteady Three–Dimensional Incompressible Navier–Stokes Equations,* Ph.D. thesis, M.I.T. , Cambridge.

Computersimulation in der Astrophysik

H. Ruder, T. Ertl, F. Geyer, H. Herold, U. Kraus,
H.-P. Nollert, A. Rebetzky, C. Zahn

Universität Tübingen
Theoretische Astrophysik
Auf der Morgenstelle 10
7400 Tübingen 1

1   Zusammenfassung und Einleitung

Unser Wissen über die Struktur des Kosmos und die darin enthaltenen Objekte stammt aus der sorgfältigen Analyse der einfallenden elektromagnetischen Strahlung, verbunden mit einer theoretischen Modellierung im Rahmen der von uns erforschten Naturgesetze. Die Beobachtungen erstrecken sich dabei heute vom Radiowellenbereich über den Infrarot-, den optischen, den Röntgenbereich bis hin zum Höchstenergie–Gamma–Bereich, also über mehr als 20 Dekaden des elektromagnetischen Spektrums. Eine realistische Modellierung der Systeme im Rahmen einer beobachtungsnahen Theorie erfordert vor allem bei Systemparameterstudien im allgemeinen den Einsatz der größten verfügbaren Rechenleistungen.

1.1 Simulationsmethoden

Die theoretische Modellierung selbst überdeckt ein breites Spektrum an astrophysikalischen Fragestellungen, wie z.B. die Dynamik des Planetensystems, die Entstehung protoplanetarischer Scheiben und Magnetosphären, Sternentwicklung, Supernovaexplosionen, Sternkollisionen, Akkretionsscheiben, Akkretionssäulen, Galaxienentwicklung, Jets usw. Sie führt auf die gekoppelten Differentialgleichungssysteme der Hydrodynamik, der Magnetohydrodynamik, des Strahlungstransports und der komplexen Vielteilchensysteme. Diese wiederum werden mit Codes für elliptische und hyperbolische Gleichungen, mit Teilchensimulations- und Monte-Carlo-Codes, sowie mit Verfahren zur hochgenauen Integration numerisch gelöst. Eine exemplarische, keineswegs vollständige Zusammenstellung verschiedener astrophysikalischer Objekte und der zu ihrer Simulation angewandten Methoden findet sich in Tab. 1.

1.2 Visualisierung

Ein Punkt, der zunehmend an Bedeutung gewinnt, ist der Einsatz neuer graphischer Methoden, um die bei diesen Simulationsrechnungen anfallenden riesigen Datenmengen aufzubereiten. Die Entwicklung solcher Verfahren bildet inzwischen eine eigenständige Disziplin, genannt *ViSC = Visualization in Scientific Computing*. Zu den großen diagnostischen Vorteilen dieser Methoden kommt in der Astrophysik noch ein weiterer Aspekt hinzu. Bis auf wenige Ausnahmen sind die kosmischen Objekte so unvorstellbar weit entfernt, daß man sie nur als punktförmige Quellen beobachten kann. Wollte man sie als ausgedehntes Objekt erkennen, müßte man entweder hinfliegen, ein – mit Prä–Perry–Rhodan–Raumfahrt–Technologie – völlig aussichtsloses Unter-

Numerische Lösung der Bewegungsgleichungen von Vielteilchensystemen	Teilchensimulation (Particle–In–Cell)	Hydrodynamische und magnetohydrodynamische Simulationen	Monte–Carlo–Methoden
Dynamik des Planetensystems	Protoplanetare Scheiben	Akkretionsphänomene	Kosmische Strahlung
Dynamik von Sternhaufen	Akkretionsscheiben	Überschallströmungen, Jets	Gamma–Ray–Burster
Galaxienentwicklung	Magnetosphären	Scheiben	Photonenausbreitung
Galaxienkollisionen	Sternwinde	Interstellares Medium	

Tabelle 1:

Beispiele für Simulationsmethoden und ihre Anwendung auf astrophysikalische Objekte

fangen, oder man bräuchte optisch perfekte Teleskope mit Durchmessern von einer Million Kilometern und mehr. In der Tab. 2 sind für einige typische kosmische Entfernungen die Fernrohröffnungen zusammengestellt, die notwendig wären, um bei optimaler Abbildung ein 10 km großes Objekt räumlich aufzulösen. Die Zusammenstellung zeigt deutlich, daß es in absehbarer Zukunft keine Möglichkeiten geben wird, von den meisten astrophysikalischen Objekten außerhalb unseres Sonnensystems räumlich aufgelöste Bilder zu erhalten.

	Entfernung	Fernrohröffnung
20 000 km	Australien	1 mm
400 000 km	Erde – Mond	20 mm
80 Millionen km	Erde – Mars	4 m
4 Milliarden km	Erde – Neptun	200 m
4×10^{13} km = 4 Lj.	nächster Fixstern	2 000 km
400 Lichtjahre	kosmische Umgebung	200 000 km
12 000 Lichtjahre	Röntgenpulsar Her X–1	6 Millionen km

Tabelle 2:

Bedeutung von ViSC für die Astrophysik am Beispiel der räumlichen Auflösung: Notwendige Fernrohröffnungen für die beugungsbegrenzte Auflösung eines 10 km großen Objekts für einige typische Entfernungen

Durch Auswertung der durch multispektrale Beobachtungen gewonnenen Informationen zusammen mit den Computersimulationen lassen sich aber in vielen Fällen sehr detaillierte Vorstellungen von den räumlichen Strukturen und den physikalischen Vorgängen in den verschiedenen Systemen gewinnen. Hat man nun diese Vorstellungen entwickelt, dann kann man heutzutage dank der modernen Supercomputer und mit Hilfe von hochauflösenden Graphik-Workstations im Rahmen der bekannten physikalischen Gesetze dreidimensionale Bilder berechnen und sich – einen Raumflug simulierend – die Sternsysteme sowohl von allen Seiten, als auch in ihrer zeitlichen Entwicklung anschauen. Diese, zugegebenermaßen sehr rechenintensive, Methode liefert jedoch nicht nur schöne und faszinierende Bilder und Filme, sondern auch ein sehr anschauliches und zugleich tiefes Verständnis der ablaufenden physikalischen Prozesse. Zur Visualisierung der zeitlichen Abläufe der Vorgänge eignen sich natürlich besonders gut animierte Filmsequenzen. Hierzu muß eine große Anzahl von Einzelbildern berechnet und bearbeitet werden. Mit solchen Verfahren kann der theoretische Astrophysiker den jeweils größten zur Verfügung stehenden Computer ganztägig beschäftigen – ein im Vergleich zu einem tatsächlichen Raumflug in die Tiefen unseres Universums immer noch winziger Zeit- und Kostenaufwand.

Anhand eines ausgewählten Beispiels soll nun demonstriert werden, zu welch detaillierten Aussagen über die physikalischen Bedingungen bei kosmischen Objekten, die Tausende von Lichtjahren entfernt sind, die moderne Astrophysik auf diesem Wege gelangen kann.

2   Ein typisches Beispiel: Röntgenpulsare

Im Jahre 1971 wurden von dem mit hoher zeitlicher Auflösung beobachtenden Röntgensatelliten UHURU periodische Röntgenpulse registriert. Aus den Pulsperioden, die im Sekundenbereich liegen und ungeheuer konstant sind, folgt zwingend, daß es sich bei diesen kosmischen Röntgenquellen nur um rotierende Neutronensterne handeln kann. Seit ihrer Entdeckung sind diese *Röntgenpulsare* Gegenstand intensiver astrophysikalischer Forschungen, sowohl die Beobachtung als auch ihr theoretisches Verständnis betreffend. Auch unsere Gruppe beschäftigt sich seit Jahren mit einer immer detaillierteren Modellierung dieser interessanten Systeme, die ein Studium des Verhaltens von Materie unter den extremsten physikalischen Bedingungen erlauben.

2.1 Das astrophysikalische Szenarium

Die Röntgenpulsare sind die stärksten Röntgenquellen unserer Milchstraße. Die Abstrahlung eines typischen Röntgenpulsars beträgt 10^{30} Watt, er emittiert damit allein im Röntgenbereich das zweitausendfache der gesamten Strahlungsleistung unserer Sonne. Der Röntgenpulsar selbst ist ein stark magnetisierter rasch rotierender Neutronenstern, der zusammen mit einem normalen Stern ein enges Doppelsternsystem bildet (Abb. 1a). Durch seinen kleinen Radius von nur etwa 10 km und seiner im Vergleich dazu großen Masse von ungefähr einer Sonnenmasse ist ein Neutronenstern ein äußerst kompaktes Objekt mit einer Dichte von 1 Milliarde Tonnen pro Kubikzentimeter, also dem Mehrfachen der Dichte von Atomkernen. Aufgrund seiner starken Gravitationswirkung wird Masse aus dem normalen Begleitstern herausgezogen, die auf den Neutronenstern zuströmt und um ihn herum eine dünne Scheibe bildet, die sogenannte Akkretionsscheibe (Abb. 1b), von deren innerem Rand die Materie dann endgültig auf die Neutronensternoberfläche stürzt. Die ionisierte Materie, die aus der Scheibe in das Magnetfeld des Neutronensterns eintritt, wird von diesem Feld zu den Magnetpolen hin gebündelt (Abb. 1d). An der Sternoberfläche treten Magnetfeldstärken von $10^8 - 10^9$ Tesla auf, diese Felder sind damit 10 Millionen mal stärker als die stärksten in irdischen Labors herstellbaren Felder. Ein Kubikzentimeter Feld enthält dabei soviel Energie, daß seine Erzeugung bei den heutigen Energiepreisen etwa zehn Milliarden Mark kosten würde. Bei den beiden Magnetpolen treffen dann auf eine Fläche von nur wenigen Quadratkilometern 100 Milliarden Tonnen Materie pro

Sekunde mit einer Geschwindigkeit von ca. 160 000 km/s, also mit mehr als halber Lichtgeschwindigkeit, auf. Dabei wird die Oberfläche durch die bei der Abbremsung freigesetzte kinetische Energie auf Temperaturen von ca. 100 Millionen Grad aufgeheizt, was zur Emission der Röntgenstrahlung führt.

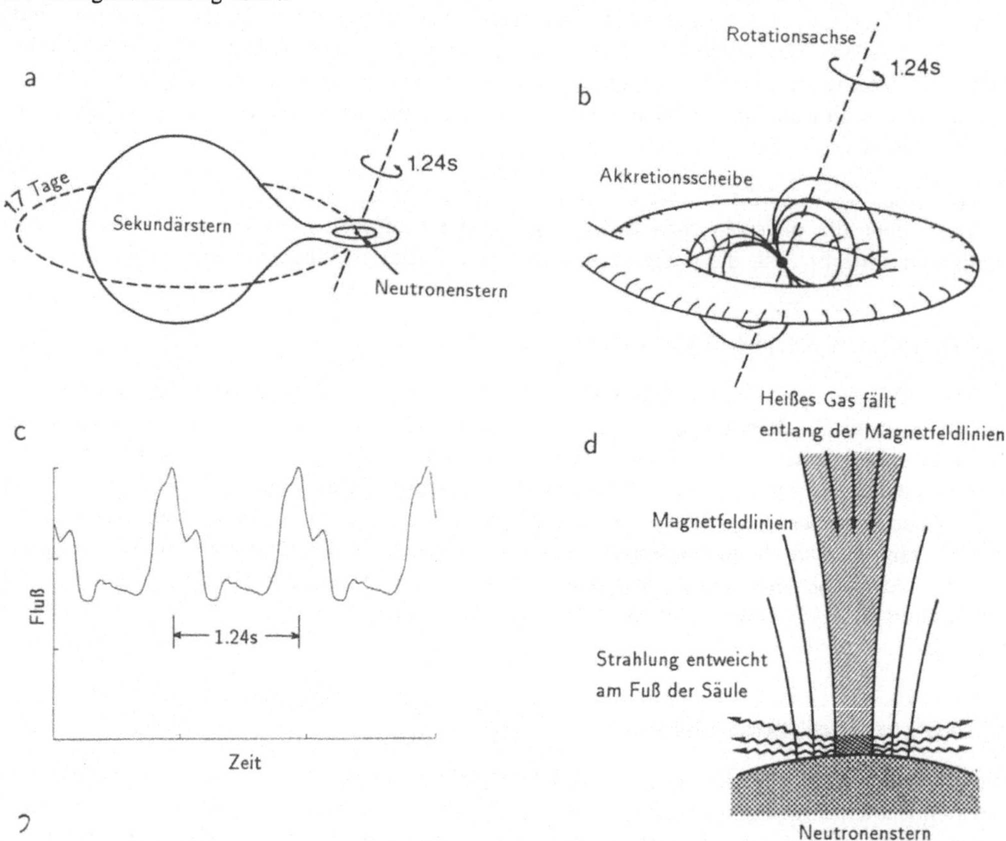

Abbildung 1:

Schematische Darstellung des engen Röntgen–Doppelsternsystems Her X–1 im Sternbild Herkules (a). Die Materie strömt vom Sekundärstern zum Neutronenstern und bildet dabei eine Scheibe (b). Durch die schnelle Rotation des Neutronensterns sieht man die an den magnetischen Polen (d) entstehende Röntgenstrahlung gepulst (c).

Diese "kosmische Röntgenröhre" ist so intensiv, daß man damit einen Menschen noch in einer Entfernung von einer Billion Kilometern in Sekundenbruchteilen durchleuchten könnte. Ein winziger Ausschnitt von 1/1000 mm × 1/1000 mm aus der aufgeheizten Fläche strahlt eine Leistung ab, die genügen würde, den Primärenergiebedarf der Bundesrepublik zu decken. Die Abstrahlung des Röntgenlichts ist auf eine oder mehrere Vorzugsrichtungen konzentriert. Da die Achse durch die magnetischen Pole im allgemeinen nicht mit der Rotationsachse zusammenfällt, sehen wir somit – wie bei einem Leuchtturm – die Röntgenstrahlung mit der Rotationsperiode gepulst (Abb. 1c).

2.2 Die theoretische Modellierung

Es wäre natürlich ein völlig aussichtsloses Unterfangen, zu versuchen, das gesamte Doppelsternsystem mit allen Einzelheiten bis hin zur spektral aufgelösten Röntgenemission in einem Stück zu simulieren. Der einzig gangbare Weg ist die Zerlegung in Untersysteme mit wohldefinierten Schnittstellen und Wechselwirkungen. In unserem Beispiel sieht diese natürlich durch die physikalischen Gegebenheiten vorgegebene Zerlegung wie folgt aus:

- Modellierung des Sekundärsterns unter Berücksichtigung der Röntgenstrahlung und der Gezeitenwirkung des Neutronensterns,
- Berechnung der Materieüberströmrate am inneren Lagrange–Punkt,
- Simulation der sich um den Neutronenstern bildenden Akkretionsscheibe in Abhängigkeit von der Überströmrate,
- Stabilitätsanalysen für diese Scheiben, Berechnung ihrer Emission,
- Untersuchung der Wechselwirkungsprozesse am inneren Rand der Scheibe mit der Magnetosphäre des Neutronensterns,
- selbstkonsistente Modellierung der Akkretionssäule auf dem Neutronenstern bei vorgegebener Akkretionsrate und Magnetfeld,
- selbstkonsistente Modellierung der Abbremsregion (Hot Spot) am Fuße der Akkretionssäule auf der Neutronensternoberfläche,
- spektral und zeitlich aufgelöste Berechnung des Strahlungsflusses zum Beobachter unter Berücksichtigung der Lichtablenkung im starken Gravitationsfeld des Neutronensterns.

Zur Simulation dieser verschiedenen Teilsysteme sind jeweils ganz unterschiedliche Verfahren erforderlich. Jeder einzelne Punkt ist bereits ein sehr aufwendiges numerisches Problem. Wir wollen hier einige Ergebnisse unserer Simulationsrechnungen zur Entstehung von Akkretionsscheiben, zur Modellierung des Emissionsgebiets auf dem Neutronenstern und zum Einfluß relativistischer Effekte bei der Lichtausbreitung vorstellen.

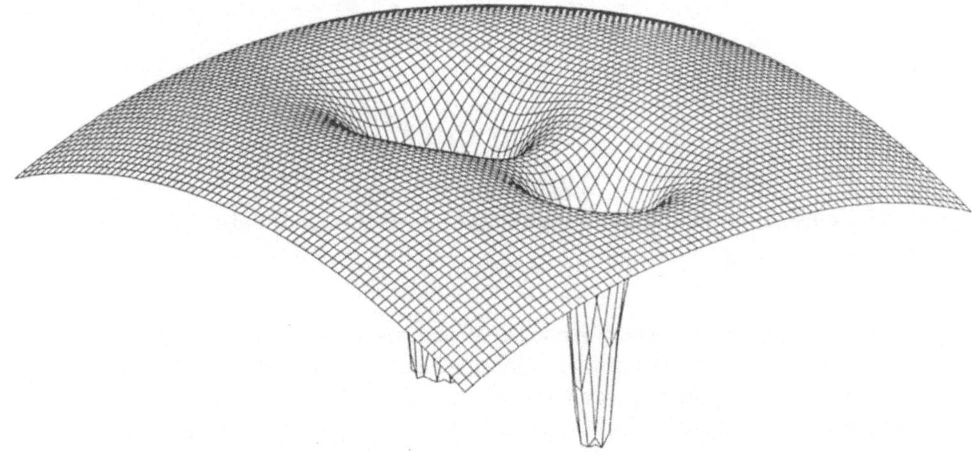

Abbildung 2:
Das Roche–Potential für ein Massenverhältnis 1:2.

2.3 Akkretionsscheiben

Zur Modellierung von Akkretionsscheiben sind Teilchensimulationsmethoden besonders gut geeignet. Ein "Teilchen" repräsentiert dabei ein kleines, aber makroskopisches Volumenelement gefüllt mit Akkretionsscheibenmaterial. Die Bewegung dieser Pseudoteilchen wird durch die Newtonsche Bewegungsgleichung bestimmt. Sie enthält die Gravitationswirkung der beiden Sterne, die Zentrifugal- und die Corioliskraft. Die zwei Komponenten des Systems werden als Massenpunkte angenommen, die auf Kreisbahnen um den gemeinsamen Schwerpunkt umlaufen. Im mitrotierenden System erhält man dann das in Abb. 2 für ein Massenverhältnis von 1:2 dargestellte Roche-Potential.

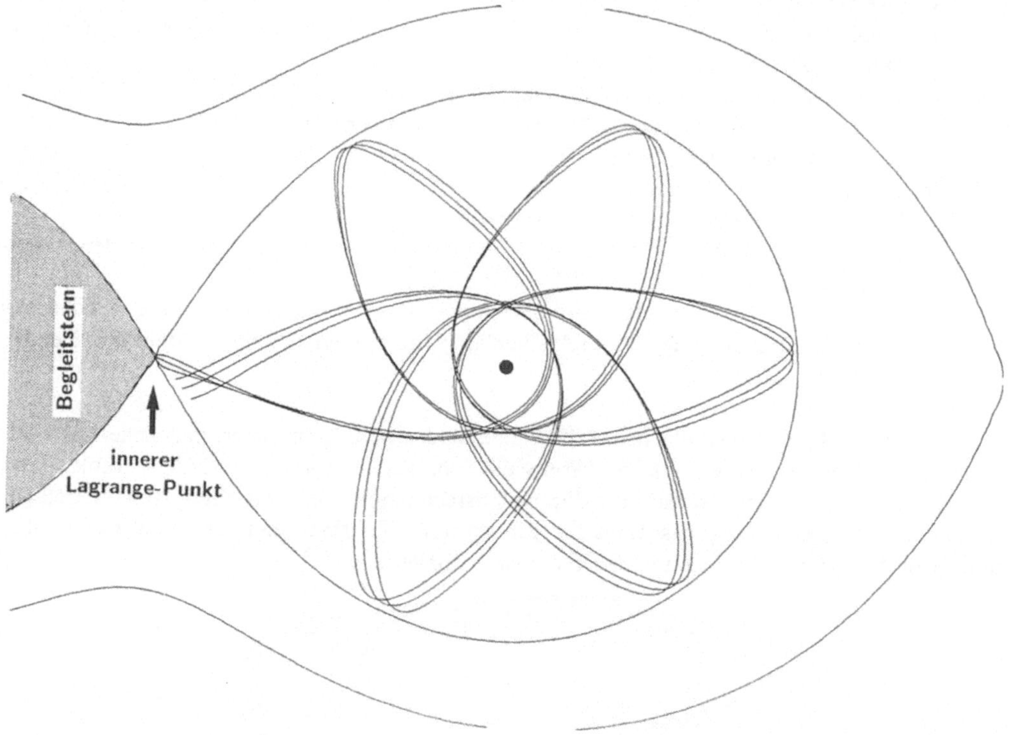

Abbildung 3:

Einteilchenbahnen im Roche–Potential mit etwas unterschiedlichen Anfangsbedingungen am inneren Lagrange–Punkt.

In einem ersten Schritt wird mit einem schnellen Verfahren die Bewegungsgleichung numerisch integriert. Die Abb. 3 zeigt drei Bahnen von Einzelteilchen in diesem Roche–Potential, die unter leicht verschiedenen Anfangsbedingungen am inneren Lagrange-Punkt gestartet sind. Für eine realistische Simulation müssen zusätzlich der Druckgradient und die Viskosität berücksichtigt werden. Diese makroskopischen Größen müssen auf eine effektive Wechselwirkung zwischen den Gaszellen umgerechnet werden. Die viskose Wechselwirkung verursacht lokal eine Geschwindigkeitsangleichung der einzelnen Teilchen, wodurch ihre Bahnen näherungsweise kreisförmig verlaufen und führt auf einen nach innen gerichteten Massentransport. In Abb. 4 ist eine Momentaufnahme einer Scheibe mit 20 455 Teilchen dargestellt. Die eingezeichneten Konturen sind Linien gleicher Dichte.

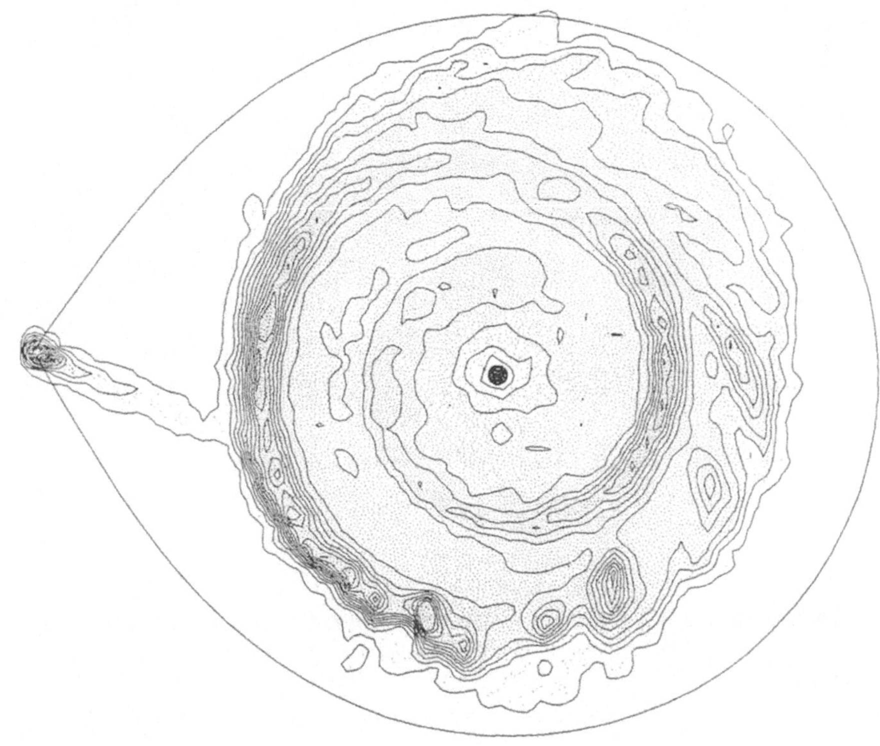

Abbildung 4:

Momentaufnahme einer computersimulierten Akkretionsscheibe mit 20 455 Teilchen. Die eingezeichneten Konturen sind Linien gleicher Dichte. Dieser Zustand hat sich nach 37 Bahnperioden eingestellt.

Mit den Beobachtungen direkt vergleichbar sind nur Lichtkurven und Spektren. Um aus den simulierten Scheiben realistische Lichtkurven zu erhalten, muß man den Strahlungstransport in der Scheibe berücksichtigen, d.h. man muß berechnen, wie die durch die viskose Wechselwirkung lokal in der Scheibe erzeugte Energie abgestrahlt wird. Außerdem hängt die Lichtkurve natürlich sehr empfindlich davon ab, unter welchem Winkel das System beobachtet wird. Beispielsweise ergeben sich große Unterschiede, je nachdem ob der Neutronenstern und die Akkretionsscheibe während einer Bahnperiode vom Begleitstern verdeckt werden oder nicht. Die Abb. 5 zeigt eine typische Lichtkurve für die Bedeckung einer Akkretionsscheibe. Zur Veranschaulichung ist auch noch die jeweilige Stellung des Systems relativ zum Beobachter gezeichnet.

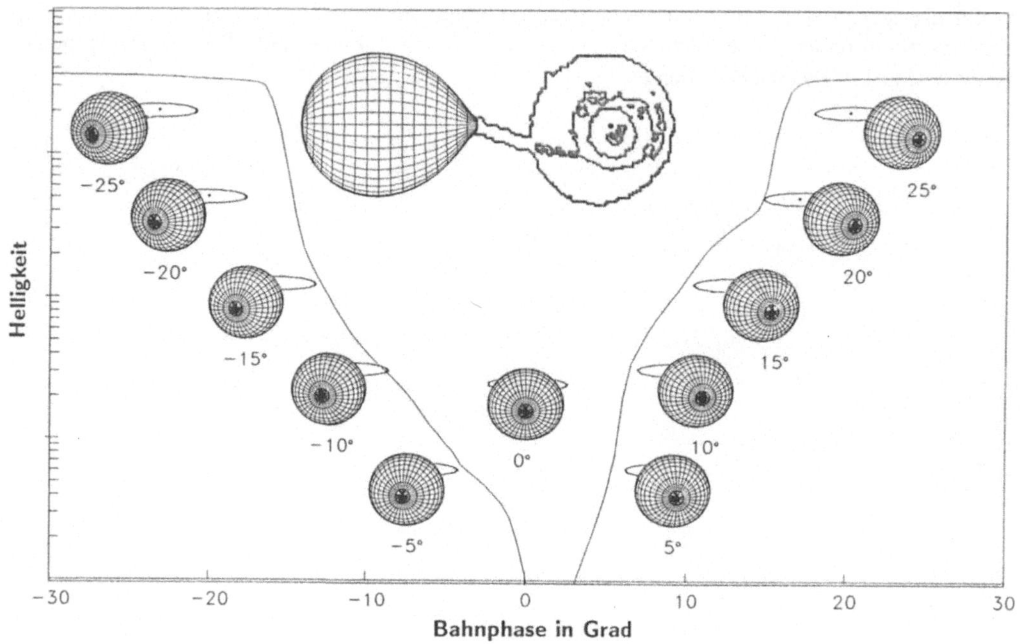

Abbildung 5:

Beispiel einer Lichtkurve für die Bedeckung einer Akkretionsscheibe. Die jeweilige Stellung des Systems relativ zum Beobachter ist in Schritten von 5 Grad eingezeichnet. Die Draufsicht zeigt die räumliche Struktur der Scheibe.

Als besonders wichtig für unsere Untersuchungen von Akkretionsscheiben hat sich eine gute Diagnostik erwiesen. Eine Rechnung, beginnend mit der Bildung der Scheibe bis hin zu einem stationären Zustand mit etwa 20 000 Teilchen, wie er in Abb. 4 dargestellt ist, benötigt viele Cray 2 CPU–Stunden und erzeugt einige 100 MByte an Daten. Um die Vorgänge bei der Scheibenbildung, die Entstehung von Spiralstrukturen, die Ausbildung von Instabilitäten usw. verfolgen zu können, müssen diese Daten als Filmsequenzen aufbereitet werden.Abb. 6 zeigt eine Zeitserie für die Entwicklung einer Scheibe. Wir beginnen die Rechnungen ohne Scheibe und lassen kontinuierlich Materie vom normalen Stern auf den kompakten Stern überströmen. Nach vielen Umlaufperioden (typisch mehrere Stunden) hat die Scheibe ihren endgültigen Zustand erreicht. Dann strömt vom inneren Rand genau soviel Materie auf den kompakten Stern wie der Scheibe vom Begleitstern zugeführt wird. Ist durch Strahlungstransportrechnungen die lokale Abstrahlung der Scheibe in ihrer spektral– und winkelabhängigen Charakteristik bestimmt, dann lassen sich realistische Bilder erzeugen. Abb. 7 zeigt das Ergebnis einer derartigen Visualisierung.

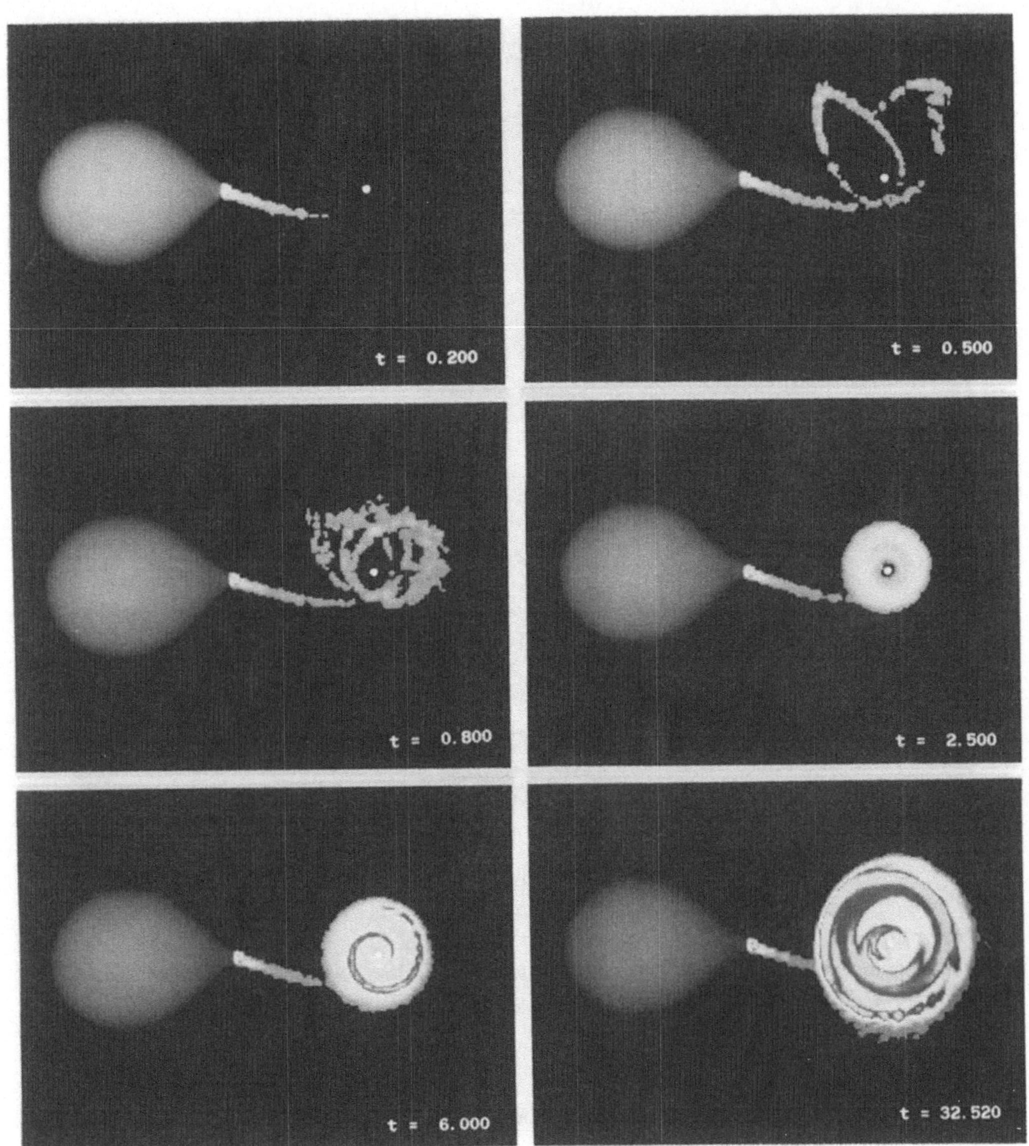

Abbildung 6:

Zeitserie der Entwicklung einer Akkretionsscheibe. Die Materie strömt vom normalen Stern durch die Gravitationswirkung auf den kompakten Stern und bildet dabei eine dünne Scheibe. Die Helligkeit nimmt mit wachsender Flächendichte zu. Die Zeit wird als Vielfaches der Umlaufszeit der beiden Sterne angegeben.

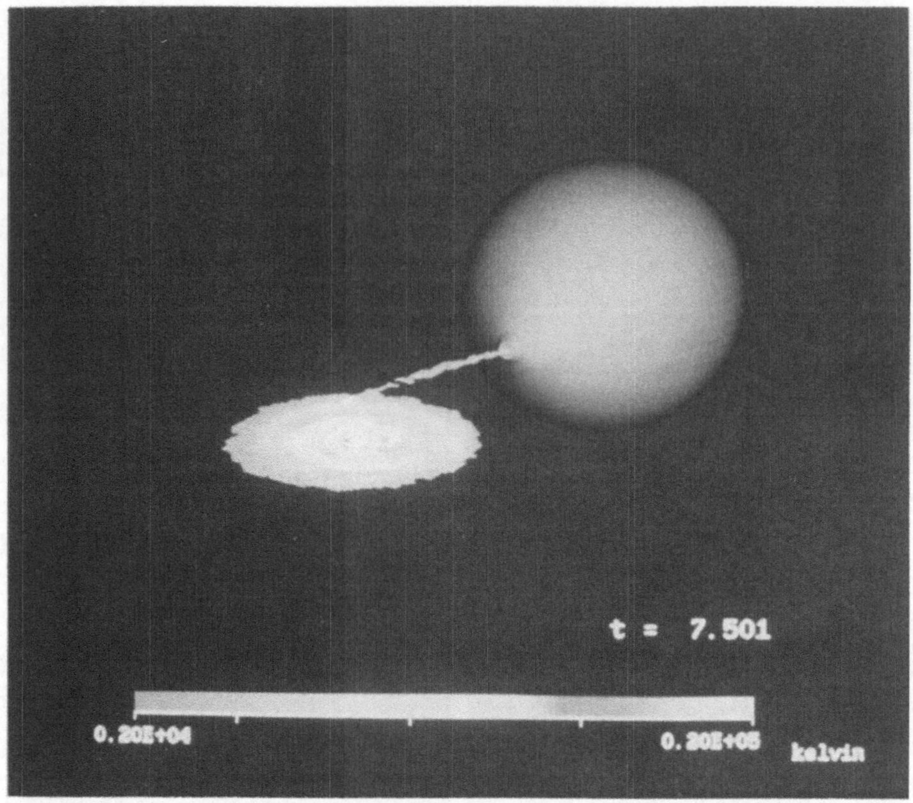

Abbildung 7:

3D–Darstellung eines realistischen Doppelsternsystems mit einer Akkretionsscheibe. Gebiete mit höherer Temperatur strahlen mehr ab und erscheinen daher heller. Es sind deutlich zwei heiße Bereiche zu erkennen: einmal der Ort, wo die Materie vom Begleitstern auf die Scheibe trifft, und zum anderen der innnere Rand der Scheibe, wo die Materie durch innere Reibung stark aufgeheizt wird.

2.4 Akkretionssäulen und relativistische Lichtablenkung

Der größte Teil der Röntgenstrahlung entsteht in der Abbremsregion an der Neutronenstern-oberfläche, wo die Materie mit hoher Geschwindigkeit auftrifft. Die Abbremsung erfolgt innerhalb weniger Zentimeter. Die Strahlung muß dann durch den einfallenden Plasmastrom hindurch entweichen, bevor sie zum Beobachter gelangt. Die genaue Berechnung der Photonenausbreitung in diesem heißen, relativistisch schnell strömenden, stark magnetisierten Plasma ist ein außerordentlich schwieriges Problem. Die Plasmaströmung bewirkt eine Mitführung der Röntgenquanten, was zur Folge hat, daß diese die Säule bevorzugt in Richtung auf den Stern verlassen und so ringförmig um die Akkretionssäule auf die Neutronenstern-oberfläche auftreffen. Dort werden sie durch mehrfache Streuprozesse reflektiert, wodurch sich am Fuße der Säule ein im Röntgenlicht leuchtender Ring bildet (Abb. 8).

Abbildung 8:

Computergraphik des unteren Endes einer Akkretionssäule auf dem magnetischen Pol eines Neutronensterns. Man erkennt die durch das riesige Magnetfeld zu einer Säule gebündelte herabstürzende nur schwach strahlende Materie, den heißen Fleck auf der Oberfläche sowie einen durch die Röntgenstrahlung aufgeheizten Ring.

Ein Phänomen, dessen Bedeutung für die korrekte Modellierung von Röntgenpulsaren erst seit kurzem voll erkannt wurde, ist die Lichtablenkung in den starken Gravitationsfeldern, wie sie in der Umgebung von Neutronensternen vorliegen. Die an der Oberfläche des Neutronensterns entstehenden Röntgenquanten werden, genauso wie jede andere elektromagnetische Strahlung auch, durch die gewaltige Gravitation – etwa 500 Milliarden mal größer als auf der Erdoberfläche – "angezogen"; ihre Bahn weicht von der geradlinigen Bahn ab. Während dieser Effekt bei der Sonne nur sehr gering ist (1.75 Bogensekunden am Sonnenrand), beträgt er in der Nähe eines Neutronensterns mehr als 45 Grad. Die Abb. 9 zeigt einige Photonenbahnen in der Schwarzschild–Metrik. Als eine Folge dieser Ablenkung kann auch Licht von Teilen der Rückseite des Sterns den Beobachter erreichen, man kann also teilweise um den Stern herumschauen, und es wird somit ein größerer Teil der Sternoberfläche sichtbar. Noch drastischer sind die Effekte für Strahlung, die etwas (einige 100 Meter) oberhalb der Stern-oberfläche entsteht. Diese Strahlung kann selbst dann zum Beobachter gelangen (s. Abb. 9), wenn das Emissionsgebiet genau hinter dem Stern liegt. Diese Effekte wirken sich natürlich sehr stark auf die Beobachtung aus.

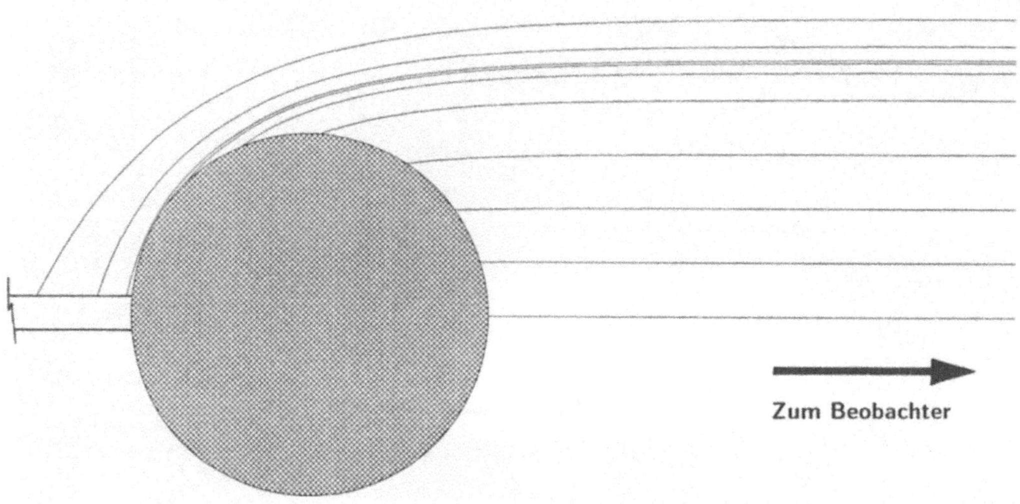

Abbildung 9:
Lichtablenkung bei einem Neutronenstern. Gezeichnet sind einige Bahnen von Photonen, die zu einem weit entfernten Beobachter gelangen.

Zur Verdeutlichung der Lichtablenkung und der dadurch bewirkten Effekte haben wir berechnet, wie ein Neutronenstern für einen entfernten Beobachter aussehen würde (Abb. 10). Das dazu erforderliche Ray-Tracing in der Schwarzschild-Metrik ist relativ aufwendig, da die Bahn jedes einzelnen Photons durch numerische Integration bestimmt werden muß. Ein Bild mit einer Auflösung von 4800 × 4800 Punkten benötigt auf einer Cray 2 etwa 10 Minuten CPU-Zeit. Die hohe Auflösung ist zumindest lokal notwendig, da die Emission auf sehr kleinen Längen stark variieren kann.

Anhand der Abb. 10 erkennt man deutlich, daß durch die relativistische Lichtablenkung die beiden sich gegenüberliegenden Emissionsgebiete gleichzeitig sichtbar sein können und insgesamt während einer Rotation viel länger zu sehen sind. Das obere Emissionsgebiet beispielsweise verschwindet überhaupt nicht hinter dem Horizont, sondern ist in jeder Rotationsphase zu sehen. Ohne Lichtablenkung dagegen ist immer nur eines der beiden Emissionsgebiete sichtbar. Wie schon erwähnt, sind die Modifikationen noch größer, wenn der abstrahlende Bereich etwas oberhalb der Neutronensternoberfläche liegt, dann wirkt das Gravitationsfeld sogar wie eine Sammellinse (s. Abb. 9). Wie stark sich dadurch die Lichtkurven, die ja letztendlich als beobachtbare Größe das Ziel der Simulationsrechnungen sind, ändern, ist für zwei Beispiele in Abb. 11 demonstriert.

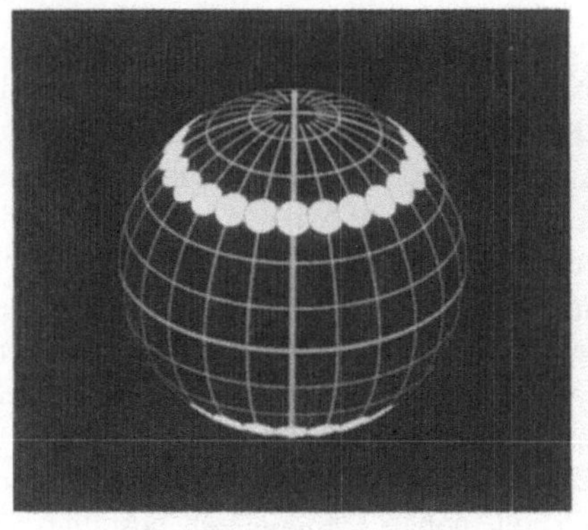
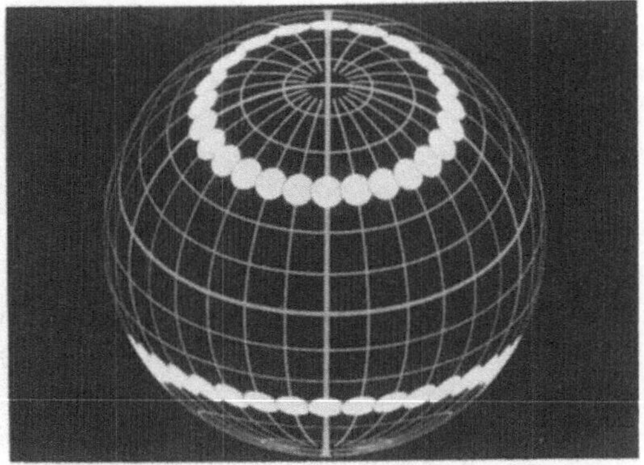

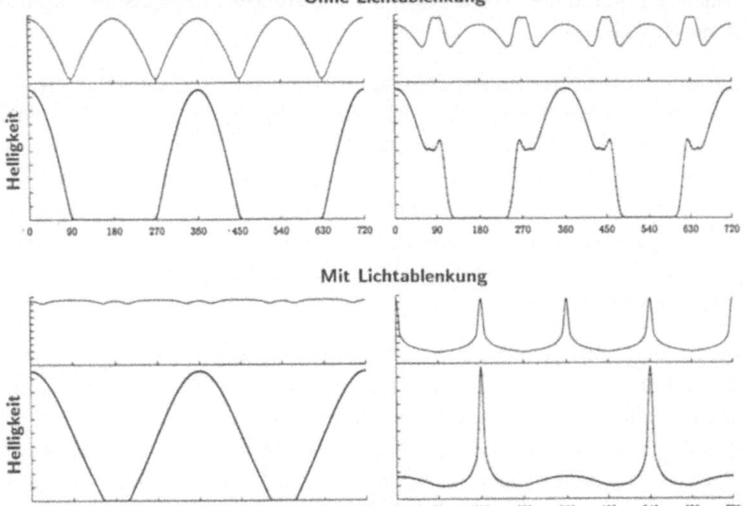

Abbildung 10:

Verdeutlichung der Lichtablenkung an einem Neutronenstern. Dazu wurde der Neutronenstern mit einem Netz von Längen– und Breitenkreisen überzogen und mit zwei einander gegenüberliegenden kreisförmigen Emissionsgebieten versehen. Diese werden in verschiedenen Stellungen während der Rotation gezeigt. Das linke Bild entstand ohne Berücksichtigung der Lichtablenkung, im rechten Bild führt die Lichtablenkung im starken Gravitationsfeld dazu, daß der Stern größer erscheint und ein Teil der Rückseite sichtbar ist.

Abbildung 11:

Beispiele für den Einfluß der relativistischen Lichtablenkung auf die Lichtkurven eines rotierenden Neutronensterns mit einem Emissionsgebiet (untere Kurven) bzw. zwei gegenüberliegenden Emissionsgebieten (obere Kurven). Die Lichtkurven in den oberen Bildern sind ohne, die in den unteren mit relativistischer Lichtablenkung gerechnet. Die linke Abbildung gehört zu einem heißen Fleck auf der Sternoberfläche, die rechte zu einer Akkretionssäule, die auch oberhalb der Sternoberfläche emittiert. Die relativistische Lichtablenkung erzeugt ein scharfes Maximum in der Lichtkurve der Akkretionssäule, da das Gravitationsfeld bei einer bestimmten Position der Säule als Sammellinse wirkt.

2.5 Computational Science Fiction

Seit Albert Einstein vor 85 Jahren seine spezielle und vor 74 Jahren seine allgemeine Relativitätstheorie aufgestellt hat, gibt es ungezählte Geschichten und Filme, die versuchen, die diesen physikalischen Theorien zugrundeliegenden Raumzeitvorstellungen zu veranschaulichen. Da wir nicht täglich mit 99% der Lichtgeschwindigkeit zu unserem Arbeitsplatz in der Nähe eines Schwarzen Loches fliegen, widerspricht die Raum–Zeit–Struktur der Relativitätstheorie vollkommen der unserer tagtäglichen Erfahrung. Wir leben in unserer Vorstellung in einem dreidimensionalen euklidischen Raum, Geschwindigkeiten addieren sich einfach, es gibt keine Grenzgeschwindigkeit, die Lichtgeschwindigkeit ist praktisch unendlich, Lichtlaufzeiteffekte spielen demzufolge keine Rolle, und das Licht breitet sich geradlinig aus. Daß dies bei Geschwindigkeiten, die nahe an der Lichtgeschwindigkeit liegen, nicht so ist, wird in der Relativitätstheorie beschrieben und ist experimentell mit hoher Genauigkeit bestätigt. Die dadurch auftretenden Erscheinungen – aus unserer Erfahrungswelt heraus als Paradoxa beurteilt – sind physikalische Realität.

Dank der Rechenleistung moderner Supercomputer eröffnet sich hier ein reizvolles, weniger der Forschung sondern mehr dem Verständnis dienendes Gebiet der Visualisierung der vierdimensionalen Raum–Zeit–Struktur der Relativitätstheorie. Die Grundidee ist einfach: man gibt sich physikalisch realistische Objekte vor, modelliert lokal ihr Emissionsverhalten, wie beispielsweise leuchtende Oberflächen, emittierende und absorbierende Volumina, und berechnet dann für einen ruhenden oder auf einer bestimmten Bahn fliegenden Beobachter mit Hilfe der Sehstrahlverfolgung in der gekrümmten Raumzeit Einzelbilder, aus denen sich dann Filmsequenzen aufbauen lassen.

Bewegt sich auch der Beobachter mit einer der Lichtgeschwindigkeit vergleichbaren Geschwindigkeit, sind überdies noch Lichtlaufzeiteffekte zu berücksichtigen, d.h. man muß rückwärts den Ort berechnen, an dem die Photonen emittiert wurden, die gleichzeitig ins Auge des Beobachters gelangen. Zusätzlich kann man diese Sequenzen für zwei Augenpositionen berechnen und so versuchen, sogar dreidimensionale Vorstellungen zu gewinnen. Bei Geschwindigkeiten zu nahe an der Lichtgeschwindigkeit und bei zu starken Gravitationsfeldern ist die Raum–Zeit–Struktur vermutlich derartig verzerrt, daß unser Gehirn keinen dreidimensionalen Eindruck mehr erzeugen kann; dies wird zur Zeit untersucht. Eins ist jedoch schon sicher: Die Beschleunigung auf Warp-Geschwindigkeiten beim Raumschiff Enterprise oder im Krieg der Sterne sind zwar sehr phantasievoll gemacht, sie sind aber – ebenso wie der Flug durch das Schwarze Loch in dem gleichnamigen Film – physikalisch falsch, so sähe es nicht aus!

Um einen kleinen Eindruck zu vermitteln, wie komplex die Raum–Zeit–Struktur bereits in der Umgebung eines Neutronenstern ist, haben wir in Abb. 12 einen karierten Neutronenstern mit zwei gegenüberliegenden selbstleuchtenden Säulen einmal mit und einmal ohne Lichtablenkung in drei Positionen dargestellt.

Abbildung 12:

Raum–Zeit–Struktur in der Umgebung eines Neutronensterns. Die Bilder zeigen einen zur besseren Veranschaulichung mit einem Karomuster überzogenen Neutronenstern mit zwei gegenüberliegenden selbstleuchtenden Säulen in drei verschiedenen Orientierungen einmal mit (rechts) und einmal ohne (links) Lichtablenkung berechnet.

3 Ausblick

Exemplarisch für viele weitere Problemstellungen in der Astrophysik haben wir am Beispiel des Röntgenpulsars versucht zu demonstrieren, wie erfolgreich moderne Supercomputer und graphische Methoden bei der Simulation einiger Teilaspekte eingesetzt werden können. Das endgültige Ziel unserer Modellrechnungen für Röntgenpulsare sind spektral aufgelöste Lichtkurven und zeitaufgelöste Spektren in Abhängigkeit von den wesentlichen Systemparametern, die unmittelbar mit den Messungen verglichen werden können. Auf dem Weg dahin benötigen wir jedoch noch tieferes physikalisches Verständnis, bessere numerische Verfahren, schnellere Algorithmen und noch viel mehr Rechenleistung.

Computer–Animation

Hans–Günther Kruse

Universität Mannheim
Rechenzentrum
L 15,16
6800 Mannheim 1

Zusammenfassung und Einleitung

Man konnte es schon nicht mehr hören oder lesen – kein Vortrag zu Beginn der 80er Jahre, kein Paper in Proceedings und Zeitschriften, kein Handbuch und kein noch so bescheidenes Informationsblättchen für geplagte Rechenzentrumbenutzer verzichtete beim Thema Computer-Grafik auf den Satz "ein Bild ist besser als 1000 Worte". Geschichtskundige fügten noch bei, daß Konfuzius diese Weisheit von sich gegeben hatte, mehr technisch orientierte Autoren gingen gleich auf's Ganze und begannen mit der Diskussion von Weltkoordinaten und Viewports, der Rest der Angelegenheit war eigentlich nur noch jenen verständlich, die FORTRAN flüssig sprachen.

Von ihrem eigentlichen Anliegen, nämlich der Vermittlung von Techniken zur Produktion von Grafiken mit Hilfe von Programmen, Plottern und Bildschirmen, blieb über dem Verlieren in mehr oder weniger wichtigen Details eigentlich nicht viel übrig – eine Faszination konnte von den paar armseligen Funktionsplots, den Drahtmodellen dreidimensionaler Objekte und einigen ornamentalen Spielereien schwerlich ausgehen.

Trumpf und Schwerpunkt waren die Beherrschung von Schnittstellen zwischen Anwender-programmen und Grafik-Bibliotheken sowie die Kunst, möglichst effiziente Gerätedriver zu konzipieren, die Vielfalt der Entwicklungen war ab einem bestimmten Zeitpunkt kaum noch für einen Einzelnen überblick- und abschätzbar.

Abhilfe versprach die am Horizont sich schwach abzeichnende Normung. Ihre Propagandisten malten zwar nicht das Blaue, und über ästhetische Bilder redeten sie eigentlich auch nicht – aber sie versprachen Ordnung, Portabilität und Transparenz, CORE, PHIGS und GKS waren die Schlagworte. Über Bewegung (Animation) rechnererzeugter Bilder redete kaum jemand, vielleicht waren viele der Meinung, damit in die Nähe von Mickey-Mouse und Co-Produkten gerückt zu werden, welche Konfuzius mit seinem weisen Spruch kaum gemeint haben konnte. Nur einige wenige, die frühen Ornamentalisten etwa oder speziell der Grafik-Pionier I.E. Sutherland, sahen in der Computer-Grafik mehr als ein technisches Handwerkzeug in der Hand des seriös-kreativen Ingenieurs. Sutherland bemühte statt Konfuzius Alice's Wunderland und andere selbst erdachte und dem Science-Fiction-Genre nahestehenden Welten, er war vielleicht der erste, und sicherlich damit auch hier ein Pionier, der von der Faszination und Schönheit rechnerproduzierter Bilder sprach und vor allen Dingen das Bewegungselement ins Spiel brachte.

Inzwischen ist die Normungswelle ziemlich ausgelaufen und die Standard (Grafik)-Landschaft doch etwas bereinigt. Parallel dazu und nicht davon berührt hat die Entwicklung der Raster-Grafik einen gewaltigen Sprung nach vorne gemacht, sie ist zum de-facto-Standard in der Computergrafik geworden.

Das Vektor-Verfahren, wegen seines geringen Speicherbedarfs, seiner Hardware und seiner Bildqualitat lange Zeit geschätzt, ist deutlich auf dem Rückzug – für die Darstellung von Flächen und die Bewegung von Objekten war es sowieso nicht geeignet, wir können es daher in der Diskussion weglassen.

Insgesamt werden wir folgendermaßen vorgehen: Nach einem kurzen Abriß der Geschichte der Computer-Animation vermitteln wir die wesentlichen Techniken des Rasterverfahrens. Es folgt die Modellierung zwei- und dreidimensionaler Objekte sowie die Einbeziehung optischer Verfahren. Der nächste Abschnitt behandelt neuere Ansätze zum Thema "Bewegte Objekte", gefolgt von einer Skizze zum Aufbau und Ablauf von Bildsequenzen.

Selbstverständlich darf in diesem Rahmen nicht der Aufwand an Rechnern bzw. Rechner-systemen aus den Augen verloren werden, das Kapitel "Verteilte Verarbeitung" beschäftigt sich mit den entsprechenden Aspekten. Abschließend wollen wir die wesentlichen Punkte noch einmal deutlich herausstellen.

1 Historisches

Ein Rückblick auf die noch junge Vergangenheit der Computer-Grafik und speziell der Computer-Animation spiegelt im wesentlichen die Erfolge der rasanten Hardwareentwicklung in den letzten 20 Jahren wider.

Nach der ersten rein technisch orientierten Phase von Liniengrafiken – ein Meilenstein war sicher das System Sketchpad, 1963 von Sutherland konzipiert und eingesetzt – wurden die von Henri Gouraud entwickelten Schattierungstechniken zur Verbesserung der Bildqualität erstmals an der Universität in Salt Lake City vorgestellt. Zur gleichen Zeit, etwa 1969/70, entstanden mit CAFE (J. Nolan und L. Yarbrough) sowie GENESYS (R. Baecker) die ersten primitiven und geometrisch orientierten Computer-Animations-Systeme. Zu einem Schwerpunkt der Compu-ter-Animations-Aktivitäten wurde die Ohio State University. Tom DeFanti entwickelte hier GRASS (Graphics Symbiosis Systems, 1972), Charles Csuri ANIMA (1975). Um die Mitte der 70er Jahre hatte Phong Bui Tuang durch sein Verfahren die Darstellungsmöglichkeiten von Oberflächen erheblich verbessert, von Blim wurde die Texturabbildung eingeführt. Parallel dazu entstanden eine große Zahl von Systemen für die industrielle Praxis, berühmt in PAINT von A.R. Smith (1976, N.Y.). Die ersten turn-key-Systeme zur Animation tauchen auf, Scanimate existierte noch bis weit in die 80er Jahre und Picture Maker war das am weitesten verbreitete System auf diesem Gebiet überhaupt, Render Man setzte einen Industriestandard für die 3D-Szenenbeschreibung auf fotorealistischer Basis.

Anfang des letzten Jahrzehnts waren Speicherkapazität und Rechnerleistung stark angewachsen und erlaubten die Implementierung aufwendiger Algorithmen nach dem Ray-Tracing-Verfahren. Von Craig Reynolds wurde 1982 ASAS, ein Actor/Scriptor-System zur Animation vorgestellt, 1983 folgte Tom DeFanti mit ZGRASS, einer weitaus verbesserten Version von GRASS zum

Einsatz auf Mikro-Rechnern. BBOP war ein 3D-System von G.Stern (1983, N.Y.), MuTAN (Multiple Track Animator) von D.Fortin ebenfalls.

Fest etabliert hatten sich Firmen wie MAGI (Mathematical Application Group Inc) mit dem Synthavision Computer Animation System, Abel Image oder Digital Production. Am Ende der 80er Jahre existierte von ihnen keine mehr. Rückblickende Analysen lassen vermuten, daß die hohe Fluktuation auf diesem Marktsegment maßgeblich durch den raschen Alterungsprozeß (ca. 2 Jahre) von modernen DV-Systemen verursacht wurde. Dies sollte jedoch kein Anlaß zur Resignation sein, vorausgesetzt man schenkt neueren Publikationen Glauben.

Danach gibt es weltweit über 4000 Produktions- und Beratungsfirmen, sie alle prosperieren von einem Gebiet, welches nicht länger Spezialisten vorbehalten ist, sondern Computer-Animation als unverzichtbares, leicht handhabbares Werkzeug betrachtet und benutzt. Sicher ist jedoch auch, daß gerade neu entwickelte Techniken wie der "radiosity-Ansatz", welche erhebliche Ressourcen an Speicherkapazität und Rechnergeschwindigkeit verbrauchen, bald in verfügbaren Produkten integriert sein werden und somit diesen Markt sicherlich heilsam in Bewegung halten.

2   Basistechniken

Bei der lange bevorzugten Vektor-Grafik wird der Weg des Elektronenstrahls in der Kathoden-röhre durch die Vektoren des zu zeichnenden Bildmusters bestimmt. Anders die Raster-Technik, ähnlich dem Fernsehverfahren durchläuft der Kathodenstrahl ein regelmäßiges, den Schirm überdeckendes Gitter. Die mögliche Kontrolle erstreckt sich einmal auf die Intensität und zum anderen auf die Farbmischung eines jeden Gitterpunktes, des sogenannten Pixels. Klarerweise benötigt man für jedes Pixel ein eigenes Speicherelement, seine Tiefe hängt vom Umfang der zu kodierenden Information ab. Geräte mit hoher Auflösung haben viele Pixel und damit einen Bedarf an großen Bildspeichern, die fortschreitende Integrationsdichte der Chips und der Preisverfall haben kostengünstige und leistungsfähige Angebote auf dem Markt erscheinen lassen.

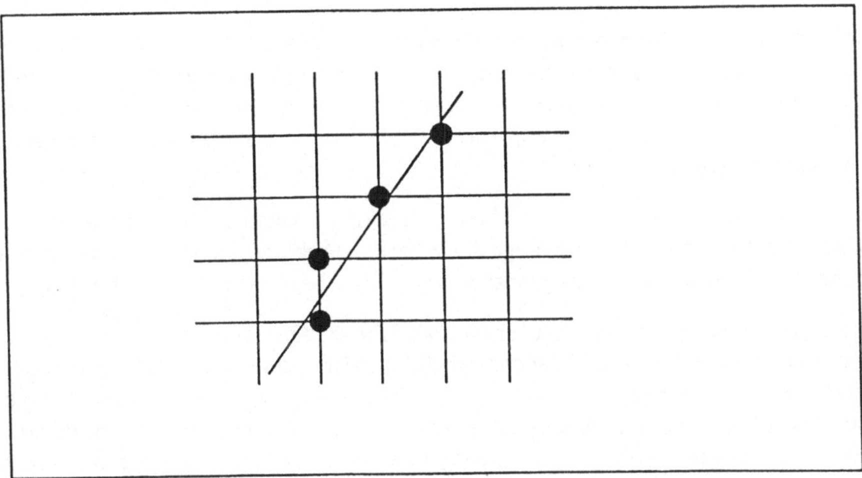

Abbildung 1

Allerdings sind mit der Pixel-Technik eine Reihe von Problemen verknüpft, welche erst nach und nach zufriedenstellend gelöst werden konnten. Zunächst ist klar, daß eine Gerade über mehrere Gitterebenen hinweg Schwierigkeiten macht, die hellgesteuerten Pixels geben den wahren Verlauf nur sehr schlecht wieder – prinzipiell gilt dies für alle Objekte, welche nicht durch exakt vertikale oder horizontale Linienzüge dargestellt werden können.

Das Phänomen ist unter dem Namen **Aliasing** hinreichend bekannt, das erste und primitivste Verfahren heißt **Anti-Aliasing**. Man verändert dabei die Pixelintensität am Rande von Kanten so, daß sie verschwommen erscheinen:

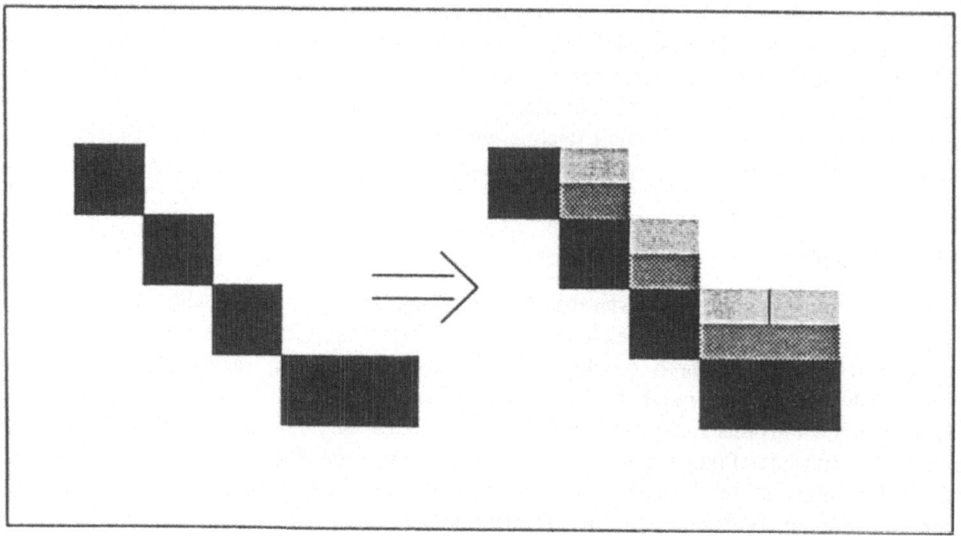

Abbildung 2

Die Nachteile zu stark verwaschener Konturen werden zum großen Teil durch die Methode des Pixel-Phasings beseitigt. Dabei löst man sich von der ursprünglich festen Position eines Pixels und billigt ihm eine gewisse Beweglichkeit/Verschiebbarkeit um seinen Fixpunkt zu – gleichzeitig läßt sich auch noch seine Größe verändern. Das Ausfüllen von Zwischenräumen wird somit zum Beispiel erheblich erleichtert.

Grundsätzlich wird heute bei allen Verfahren mit einer wesentlich höheren Auflösung als notwendig gerechnet – diese selbst beseitigt das Aliasing-Problem natürlich nicht – und in der Endabbildung über benachbarte Pixel gemittelt, ein Faktor 5–10 erbringt gute Resultate.

Hat man einen Polygonzug erzeugt, welcher eine zu füllende/färbende Fläche abgrenzt, so wird einfach die Helligkeit aller umschlossenen Pixel deutlich gesteigert – der Eindruck einer gleichmäßigen Fläche entsteht. Die ganze Vorgehensweise erinnert an die Technik impressionistischer Maler und ist in diesem Zusammenhang unter dem Namen Pointillismus bekannt. Interessanterweise existiert dazu eine ganze Reihe von Systemen, welche direkt, rein flächig orientiert, mit Pixeln oder Pixelgruppen arbeiten und nicht darauf angewiesen sind, in geometrischen Dimensionen zu denken. Ihr Einsatz in der Industriegrafik und Animation ist weit verbreitet, den genormten Softwareprodukten wie GKS, CORE usw. stehen sie allerdings nicht sehr nahe. Dies liegt natürlich einmal an der Hardwareabhängigkeit, hat aber auch Ursachen in den sehr langen Entstehungsprozessen von Normen, welche immer Gefahr laufen, durch technologische Entwicklungen überholt zu werden. CORE und GKS können zwar mit Pixelfeldern umgehen, aber eben nur im Rahmen ihrer geometrisch ausgerichteten Denkweise.

Durch diese Festlegung haben sie praktisch keinerlei Berührungspunkte mit kreativen und faszinierenden Produkten im Animationsbereich. Der Idee nach sind sie Systeme, welche zwischen Programmierer/Modellierer/Bildkonstrukteur und Ein-/Ausgabegeraten stehen. Sie haben die Aufgabe einer synthetischen Kamera, welche man unbelastet von ihren hervorragenden technischen Details nach einer Minimalgebrauchsanweisung bedienen kann.

Inkompatible Gerätetypen und entsprechende Softwarepakete scheinen nicht mehr zu existieren, vorausgesetzt man hält sich an die Schnittstellen der herstellerunabhängigen Normen. Natürlich ist so eine Vorgehensweise mit gewaltigen Verlusten verbunden, denn Normen sind nun einmal ein Minimalkonsens über das, was alle können. Fähigkeiten technologisch weit entwickelter Hard- und Software wie bei der Rastergrafik werden praktisch nicht unterstützt. Dies gilt auch für die Modellierung und fotorealistische Abbildung dreidimensionaler Objekte.

Besonders erwähnenswert sind in diesem Rahmen zwei Techniken. Beginnen wir mit der Fraktalen Geometrie, wie sie von B. Mandelbrot im Zusammenhang mit mathematischen Untersuchungen entdeckt wurde (1980). Das beste und eindrucksvollste Beispiel ist immer noch das Bild eines Berges:

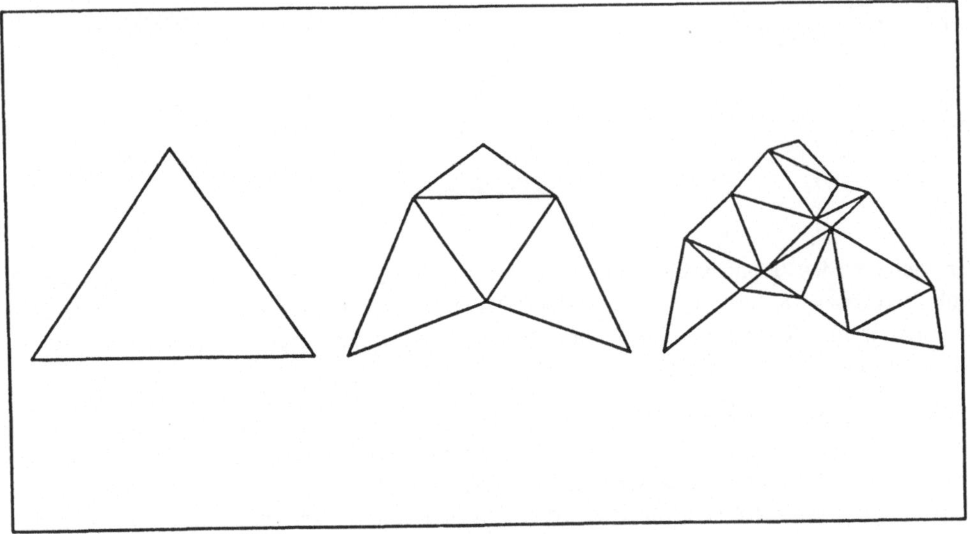

Abbildung 3

Von einem Dreieck werden die Seitenmitten bestimmt und proportional zur Seitenlänge, aber durch einen Zufallsprozeß gesteuert, ausgelenkt. Diese neu entstandenen Ecken werden verbunden, so daß vier neue Dreiecke entstehen, an jedem einzelnen wird der Prozeß wiederholt.

Man beachte, daß die Lage der ursprünglichen Dreieckspunkte nicht verändert wird, für den praktischen Einsatz ist der beschriebene Algorithmus wegen seines rekursiven Charakters allerdings nicht brauchbar.

Die zweite herausragende Technik ist das Ray-Tracing bzw. Strahlverfolgungsverfahren. Man nimmt dabei jedes Pixel eines Bildes her und bezieht es auf einen Augenpunkt mit einem Strahl, durch die Beschränkung auf die Pixel-Gitterebene wird das Problem, wieviel Strahlen berücksichtigt werden müssen, vermieden. Anschließend verfolgt man den Strahl-rückwärts vom Augenpunkt durch das Pixel hindurch, bis ein Objekt getroffen wird.

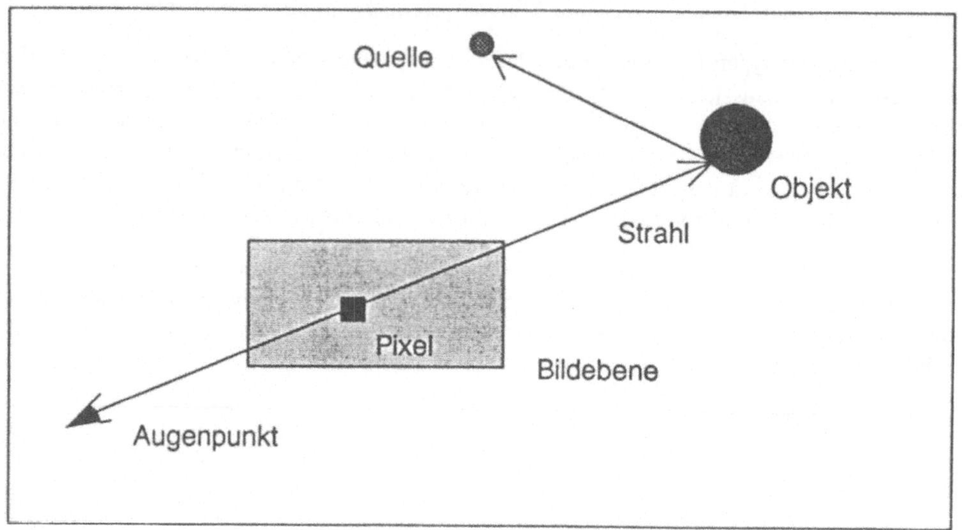

Abbildung 4

Der "Schnitt" des "Lichtstrahls" mit dem Objekt wird nach den üblichen Gesetzen der Strahlenoptik berechnet, Reflexion für spiegelnde Flächen und Beugung mit der Verfolgung des Sekundärstrahls für durchsichtige Oberflächen, aus ihnen ergibt sich letztlich auch die Pixelintensität.

Insgesamt ist diese Methode als extrem rechenaufwendig und damit als notorisch langsam verschrien. Erst der Einsatz moderner Hochleistungsrechner macht die Darstellung nicht-trivialer, komplexer und realistischer Bilder möglich – Animationen in Verbindung mit dieser Technik sind noch nicht sehr lange aus dem Dunstkreis des Laborstadiums hinausgelangt.

Letzteres gilt auch für eine dritte, aber hier nicht weiter ausgeführte Technik, die der diffusen Interreflektionen (Schlagwort: radiosity), welche versucht, Geometrie- und Materialeigenschaften zur Berechnung der Beleuchtung (in jedem beliebigen Punkt eines Bildes) zu berücksichtigen. Letztlich geht es darum, nicht nur strahlenoptische, sondern auch elektromagnetische Vorgänge bei der Lichtreflexion und -beugung in die "Betrachtung" mit einzubeziehen.

3 Bewegte Objekte

Neben dem im vorangegangenen Abschnitt skizzierten Hauptproblem der Computer-Animation, dem "Ausmalen" von Bildern, gibt es noch ein weiteres, die Bewegung/Animation. Besonders komplex ist der dreidimensionale Fall mit den Aspekten

- Modellieren von Objekten – Spezifikation von Bewegungen
- Wechselwirkungen von bewegten Objekten nach physikalischen Gesetzen

Sie sollen im folgenden kurz diskutiert werden.

Für massive dreidimensionale Objekte stehen im wesentlichen zwei Modellierungstechniken zur Verfügung. Einmal der **prozedurale** Typ, formuliert durch Funktionsaufrufe mit spezifizierten Parametern. Dazu gehört auch der Aufbau aus "Primitivelementen" wie Kegel, Quader, Zylinder und Kugel sowie durch Koordinatentransformationen. Letzteres bedeutet z.B. die Erzeugung rotationssymmetrischer Objekte durch Drehung von Kurven um festgelegte Achsen oder von Objekten durch Verschieben von Flächen längs definierter Raumkurven.

Die alternative Möglichkeit ist der sogenannte **indirekte** Typ, bei dem die Objekte mit Hilfe von polygonalen Flächenstücken oder durch Näherungspolynome in zwei Raumvariablen modelliert werden. Besonders häufig wird diese Freiform-/Freiflächen-Technik im Fahrzeug-/Flugzeugbau sowie im Design eingesetzt.

Der nächste Schritt im Modellierungsverfahren ist wesentlich komplexer und grafischer und besteht in der Entfernung verdeckter Flächen. Hierzu gibt es eine große Anzahl von Algorithmen. So ist etwa "z-buffer" der simpelste Ansatz, es besteht aus einer Abbildung des Pixel-Schirms auf eine Matrix, welche die z-Koordinaten der aktuellen Oberflächen und somit die Tiefeninformation enthält. Leider ist er sehr speicherplatzaufwendig – ein Nachteil, den z.B. "scan-line" zu vermeiden sucht. Der "painter"-Algorithmus beginnt den Bildaufbau vom Hintergrund her und trägt nach und nach die verschiedenen Bildebenen auf. Allen gemeinsam sind auf einer abstrakten Ebene Sortier-Algorithmen, welche sich extrem zeitkritisch verhalten können. So ist zwar von der Idee her der Maler(painter)-Algorithmus einleuchtend, aber leider von der programmtechnischen Implementierung her sehr aufwendig, da die Flächen nicht unabhängig voneinander behandelt werden können.

Interessanterweise gibt es jedoch Untersuchungen zu dieser Thematik, welche zeigen, daß nicht nur die Sortier-Algorithmen, sondern auch die Eigenschaften der Grafikszenen, die CPU-Zeit-Ressourcen drastisch beeinflussen können.

Im Prinzip gehören auch Techniken zur Schattenbildung in diese Problemklasse. Oberflächen liegen nicht im Schatten, wenn sie von Augenpunkt und Lichtquelle "gesehen" werden können – bei mehreren Lichtquellen muß man Schattenübergänge (Kern-Halbschatten usw.) berechnen. Dies darf nicht mit dem Schattierungsverfahren verwechselt werden, welches man einsetzt, um aus Polygonen erzeugte Oberflächen "glatter" erscheinen zu lassen:

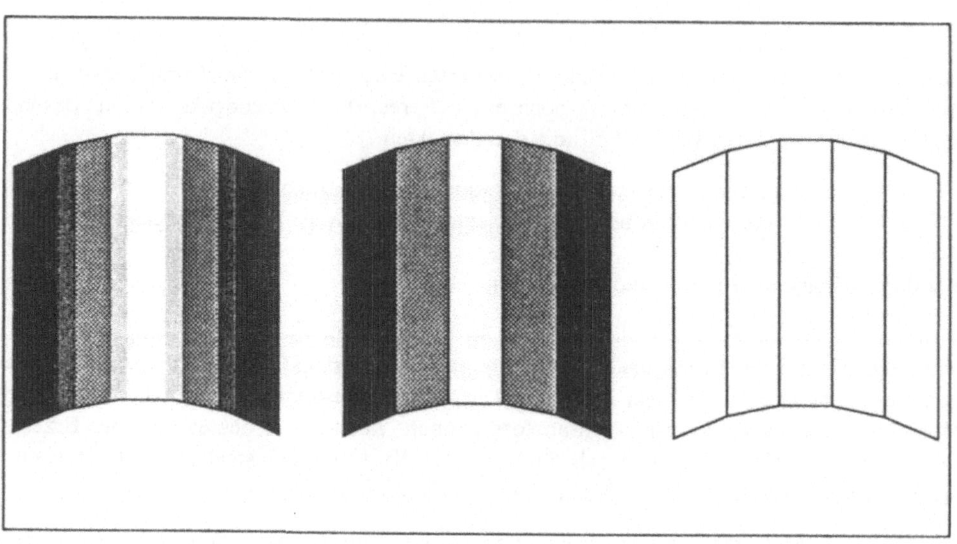

Abbildung 5

Das Problem liegt darin, daß beim Zusammenstoß von hellen und dunklen Flächen (Abb. 5: mittleres Bild) die helle Fläche noch heller und die dunkle Fläche noch kräftiger erscheint. Die von H. Gouraud vorgeschlagene Methode variiert die Intensität über die Polygonflächen und erzwingt eine minimale Differenz an den Kanten (Abb. 5: rechtes Bild).

Zur Darstellung von sogenannten natürlichen Objekten (Wolken, Wasser, Feuer, Pflanzen mit Blättern usw.) sind die bereits diskutierten Techniken wenig geeignet – hauptsächlich liegt dies an den schwer zu beschreibenden Oberflächen. Im rein statischen Fall kommt man manchmal mit den Hilfsmitteln der Fraktalen Geometrie weiter (siehe Abschnitt 2), bei Einbeziehung einer dynamischen Komponente muß man nach neuen Möglichkeiten suchen, etwa den Partikel-Systemen, welche Objekte als Volumen definieren.

Die Beschreibung der Dynamik, also des zeitabhängigen Verhaltens, ist nun der zentrale Punkt der ganzen Computer-Animation. Sie steht in enger Nachbarschaft zur Robotik, und in der Tat hat man gerade in letzter Zeit versucht, Ergebnisse aus diesem Bereich (Inverse Kinematik) auf die Animation zu übertragen. Jüngste Arbeiten auf diesem Gebiet versuchen die Einbeziehung physikalischer Gesetze einmal auf den Bewegungsablauf selbst und zum anderen auf Form-veränderungen durch Deformationskräfte.

Jene spielen schon bei einem so einfachen Problem, wie dem Auftreffen eines elastischen Balls auf eine feste Oberfläche, eine wichtige Rolle (Abb. 6).

Lösungen auf der Basis von ”Finiten Elementen” oder der ”Inversen Dynamik” wurden vorgeschlagen, letztere scheinen sich besonders gut zur Animationskontrolle zu eignen. Weitere neue Ansätze konzentrieren sich in ähnlicher Weise darauf, Algorithmen zur Wechselwirkung von einfachen Festkörpern (etwa Holzklötzchen) abzuleiten.

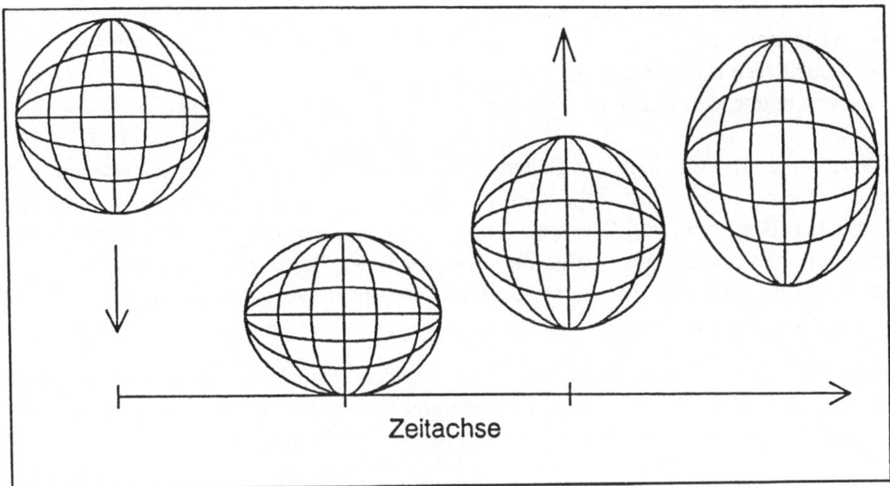

Abbildung 6

Dies gilt auch für die Bewegung von Figuren, insbesondere für das menschliche Laufen/ Gehen/Joggen. Hierbei werden häufig zwei Kontrollebenen unterschieden:

- zielgerichtete Regeln im Sinne einer Wissensbasis für die motorische Bewegung
- dynamische Bewegungsgleichungen

Sie erlauben die Steuerung durch einige wenige Parameter nach physikalischen Gesetzen – im Gegensatz zur traditionellen Animation, welche völlig vom Einfallsreichtum des Animators/ Regisseurs abhängt.

In diesem Umfeld sind auch Konzepte zu sehen, welche mit formalen Sprachen zur Behandlung der Animations-Thematik operieren.

Prozedurale Sprachtypen erlauben z.B. die einmalige Definition eines bewegten Objektes, eines "actors", welcher für alle Instanzierungen seiner beschreibenden Parameter und Variablen (Geometrie und Bewegung) steht. Manche Implementierungen lassen sich in bereits bestehende Animationssoftware einbetten, so daß ihre Anwendung einen eleganten und komfortablen Zugang zu bewährten Tools ermöglicht, ohne mit deren technischen Finessen besonders vertraut zu sein.

4 Aufbau und Ablauf, Beispiele

Im Prinzip können wir zwei Typen von Animationen unterscheiden. Einmal die Echtzeit-Animation, welche hauptsächlich bei der Simulation und bei der Visualisierung wissenschaftlicher Untersuchungen eingesetzt wird, und zum anderen die Animation durch Reihung von Einzelbildern, wie man sie hauptsächlich in der Werbung oder bei Unterhaltungsfilmen findet. Beide benötigen zur Darstellung eines gleichförmigen bzw. stetigen Bewegungsablaufs eine Rate von 25–30 Bildern pro Sekunde, bei beiden lassen sich Aufbau und Ablauf in die folgenden Basiskomponenten zerlegen:

- Festlegen des Drehbuches (script)
- Szenenentwurf
- Modellieren der Szenen
- Berechnung der Bilder

Eine Szene wird in den meisten Fällen prozedural beschrieben (siehe Abschnitt 3), die Ausführung ergibt einen entsprechenden Pixelfile, also ein Einzelbild. Den Eindruck einer kontinuierlichen Bewegung von Objekten erhält man nur durch eine Reihung wenig differierender Einzelbilder. Es macht daher wenig Sinn, mit separaten Beschreibungen zu arbeiten, sondern die Bildfolgen müssen durch die Werte von Variablen spezifiziert werden, welche man entweder analytisch erzeugt oder aus einem File liest.

Eine andere Methode besteht darin, die Objektbewegung durch sogenannte ”key–frames” zu realisieren, d.h. durch Vorgabe von Etappenpunkten, welche man durch Approximations-Polynome zu stetigen Kurven/Bewegungen verbindet (Abbildung 7):

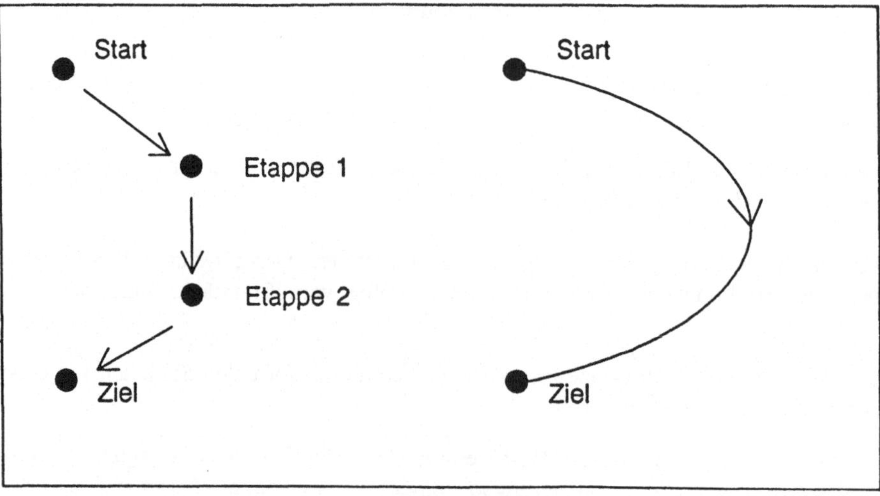

Abbildung 7

Ist die notwendige Folge der Einzelbilder berechnet, müssen Lichtquellen und die Oberflächen-eigenschaften der Objekte festgelegt werden, im Prinzip für jedes Bild. Eine Reduzierung des enormen Aufwandes erhält man durch die Auswahl einiger relevanter Szenen, die Bestimmung der günstigsten optischen Parameterwerte und die simple Übertragung auf eine möglichst große Bildfolgenumgebung.

Anschließend erfolgt das ”Rendern” der Bilder, d.h. die Umsetzung von Geometrie- und Farbdaten, von Texturen und optischen Daten sowie von Schattierungen und Anti–Aliasing in farbige Pixels. Die resultierenden Bilder können entweder als Dateien gespeichert oder auf Video bzw. Film ausgegeben werden.

Ein Problem dabei ist die konventionelle, am Fernsehstandard orientierte Videotechnik auf analoger Basis, welche nicht direkt auf RGB-Farbbasis operiert, die entsprechenden Schwachstellen (Farbschwankungen) sind durch den Einsatz moderner Digitaltechnik weitgehendst vermeidbar.

Eine sehr schöne Darstellung des Aufwandes für die Erstellung von Filmen des Computer-Animations-Genre's findet man bei Th. Zauner sowie bei den entsprechenden Produkten von TV-ONE. Interessanterweise werden hier auch Hardware-Ressourcen sowie die 'Verteilte Verarbeitung' auf Grafikworkstation und Minisupercomputern diskutiert, mit Hilfe der angegebenen Großenverhältnisse für die Zahl der Bilder und der Rechenzeit pro Bild kann man sich gut einen Eindruck von der benötigten Rechenleistung verschaffen.

Faszinierend auf eine völlig andere Art als die kommerziell orientierten Produkte von TV-ONE ist die fünfminütige Animation 'occursus cum novo' einer Gruppe an der Universität Karlsruhe unter der Leitung von Prof. Dr. Alfred Schmitt. Mit Szenen, welche wechseln zwischen einer Kunstwelt aus scharfen, harten Gegenständen und einer anderen Kunstwelt mit weichen Konturen sowie diffusen Lichteffekten wird man nicht mehr daran erinnert, rechnererzeugte und -gesteuerte Universen zu betrachten. Die eingesetzten Mittel werden so meisterhaft gehandhabt, daß auch der geübte Beobachter nur sehr schwer den "künstlichen" Ursprung dieses Werkes erkennt – es ist eine Verschmelzung moderner, surrealer Malerei – und Filmtechniken. Für den Laien ist der Aufwand zur Darstellung von Spiegeleffekten, sich bewegender Objekte (Windmühlen) auf gekräuseltem Wasser, dem Aufbau und Zerstören von massiven Körpern (berühmte Statuen) aus glänzenden, reflektierenden Kugeln sowie der Darstellung und Bewegung von belaubten Bäumen, kaum abschätzbar – vor allem dann nicht, wenn er auf dem Ray-Tracing-Verfahren basiert. Bei einer Dauer von 24.000 Stunden wurde die gesamte Produktion auf einem Netz von Unix-Rechnern mit NFS organisiert – das Ergebnis waren 7.550 Einzelbilder (davon ca. 4.000 echt gerechnet) mit einem Datenumfang von drei Gigabyte.

Eine der interessantesten Produktionen, welche versucht, die Schwierigkeiten in der Animation menschlicher Körper zu überwinden, ist "Bragger Boppin in Bean Town", von einer Arbeitsgruppe an der Universität von Ohio (Supercomputer Center) erstellt. Das Konzept der unterschiedlichen Steuerungsschichten versucht die parametergesteuerte, prozedurale Bewegungskontrolle, auf der Grundlage eines ganzheitlichen Modells (Kinematik, Skelettaufbau, Haut- und Muskeln) weitgehend zu überwinden.

Unter den Begriff Animation fällt häufig auch die Visualisierung von Resultaten wissenschaftlich-technischer Analyse und Modellierung. So gehört die Darstellung von Lösungen partieller Differentialgleichungen oder die Sichtbarmachung von Strömungsfeldern in/um massive(n) Körper(n) heute bereits zum alltaglichen Handwerkszeug. Die häufig verwaschenen Farbeffekte von Verteilungen (Energie, Kräfte usw.) erinnern viele mehr an Kunst als an die technisch-wissenschaftliche Realität. So verstärkt sich auch bei schon wenig befangenen Beobachtern leicht der Eindruck des "l'art pour l'art", vor allem, wenn es sich um so schöne Motive und Ornamente wie bei der Erforschung des Chaos und seiner Umgebung handelt. Etwas realitätsnaher sind Anwendungen in Chemie und Molekularbiologie. Der Einbau von Atomen und Molekülen in andere Strukturen ähnlicher Dimension unter Einbeziehung dynamischer Eigenbewegungen mag von der Animationsgestaltung her wenig aufwendig sein, zur Transparenz des Modellgeschehens trägt diese Vorgehensweise jedoch ganz wesentlich bei.

5 Verteilte Bearbeitung

Die im letzten Abschnitt diskutierten Filmbeispiele, insbesondere "occursus cum novo", zeigen deutlich den enormen Rechenzeitbedarf qualitativ hochwertiger Computer-Grafiken und -Animationen. Allein schon vom Umfang her bietet sich der Einsatz von Höchstleistungs-rechnern an, aber auch, weil viele Algorithmen der fotorealistischen Bildsynthese eine vektor-bzw. parallel-organisierte Verarbeitung nahelegen, und dies entspricht den Daten- und Ver-arbeitungsstrukturen solcher Rechner.

So kann man etwa beim Ray-Tracing durch kubische Gitteraufteilung von 3D-Szenen Bündel von Strahlen definieren, welche parallel verfolgt und bearbeitet werden können. Beim "Radiosity"-Ansatz, in welchem die Berücksichtigung von Oberflächeneffekten detailliert möglich ist, spielt die Berechnung der Formfaktoren (sie stehen für den Energieaustausch zwischen zwei Flächenstücken) eine zentrale Rolle. Sie hängen nur relativ schwach von der Bildauflösung und der Zahl der Lichtquellen – im Gegensatz zum Ray-Tracing – ab, und ihre Bestimmung beinhaltet die Lösung größerer linearer Gleichungssysteme – bekannterweise wiederum eine ideale Aufgabe für moderne Supercomputer.

Als effektiv haben sich dabei Produktionen auf der Grundlage der "Verteilten Bearbeitung" herausgestellt, insbesondere zwischen Workstations und Supercomputern.

Im Einsatz sind zwei Modelle – einmal ein traditioneller Ansatz, bei dem Datenfiles von der Workstation zum Supercomputer geschickt und die Ergebnisse lokal (grafisch) aufbereitet werden. Als nachteilig ist bei dieser doch stark batch-orientierten Arbeitsweise das Handling zweier Systeme mit "remote login" und "file-transfer" zu vermerken.

Die andere Möglichkeit besteht darin, von der Workstation aus über ein Netz mit einer modernen Technologie einen möglichst **transparenten** Zugang zum Supercomputer mit seinen Ressourcen an Speicherkapazität und CPU-Leistung zu schaffen. Transparent heißt in diesem Fall, daß die "Anwendungsoberfläche" der Workstation nichts von der verteilten Bearbeitung weiß. Natürlich gilt es dabei, das Ziel nicht aus den Augen zu verlieren, eine möglichst ausgewogene Lastverteilung zwischen interaktiven und rechenintensiven Programmteilen anzustreben sowie den Datenaustausch zwischen Workstation und Supercomputer minimal zu halten.

Es existiert eine ganze Reihe von Lösungen zum Problem des transparenten Zugangs. Wichtig ist einmal der "message-pathing"-Ansatz, basierend auf asynchron weitergereichten Nachrichten zwischen Prozessen auf verschiedenen Maschinen sowie der Zugang über den "remote procedure call" (rpc). Letzterer wird vor allem wegen seiner Vorteile, die Netzwerk-Kommunikation auf einer relativ hoch angesiedelten Benutzerebene anzusiedeln und Teil des weitverbreiteten TCP/IP zu sein, bevorzugt.

Im Prinzip ist rpc eine Erweiterung des Prozedur/Subroutinenaufrufs in höheren Programmier-sprachen. Die Funktionsaufrufe werden vom "client" über das Netz zum Server übertragen und dort ausgeführt, den Rücktransport zum "client" erledigt der Server ebenfalls (Abb. 8).

Die Anpassung der diversen Formate geschieht mittels spezieller sprachabhängiger Konvertierungsroutinen, den sogenannten "Stubs" (External Data Representation XDR, ISO-Schicht 6).

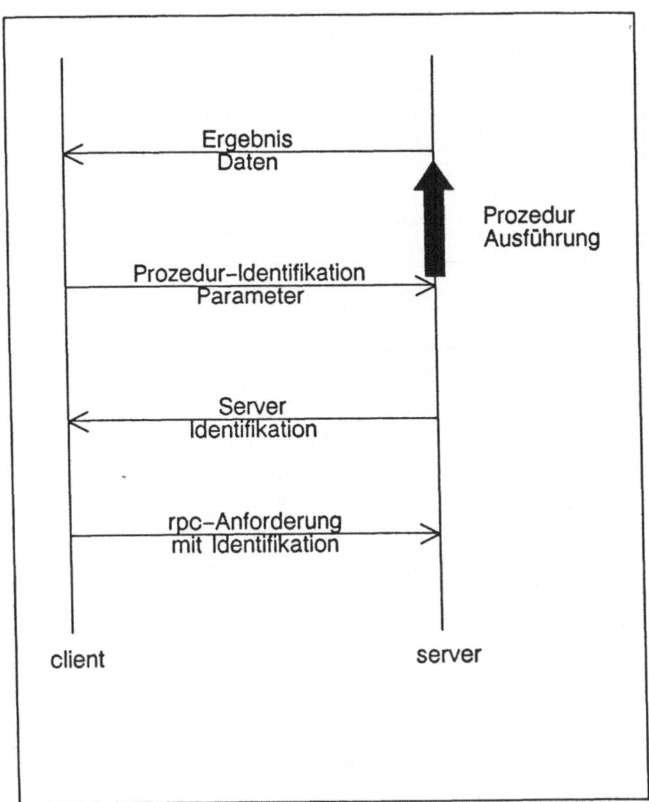

Abbildung 8

Üblicherweise bekommt jede Anwendungsprozedur/-routine eine Identifikation, welche anwendungs-neutral zusammen mit dem Aufbau der Parameterliste, dem "rpc-master" mitgeteilt wird – der "rpc-slave" inklusive der entsprechenden "Stubs" transformiert anschließend wieder auf die Schnittstelle des Anwendermoduls (auf dem anderen Rechner) (Abb. 9).

Der gesamte Transfer ist so konzipiert, daß die Datenverschlüsselung und das Transportprotokoll für das Anwenderprogramm mit seinen Prozeduren/Subroutinen nicht sichtbar sind.

Vom angebotenen Leistungsumfang her ist rpc ein komplexes und aufwendiges Produkt. Es hält den Datentransfer möglichst klein – im Gegensatz zur Methode, umfangreiche komplette Pixelfiles zu übertragen – und kommt somit praktisch überhaupt nicht in den Netzüberlastbereich.

Natürlich bedeutet der Einsatz des rpc längere Anlaufzeiten für eine Prozedur/Subroutine als der klassische lokale Aufruf. Dazu kommen noch Kodierungs- und Dekodierungszeiten sowie die Übertragungszeit. Demgegenüber steht der enorme Zeitgewinn bei Nutzung des Vektor- bzw. Parallelrechners. Faktoren in der Größenordnung 50–100 sind nicht unrealistisch.

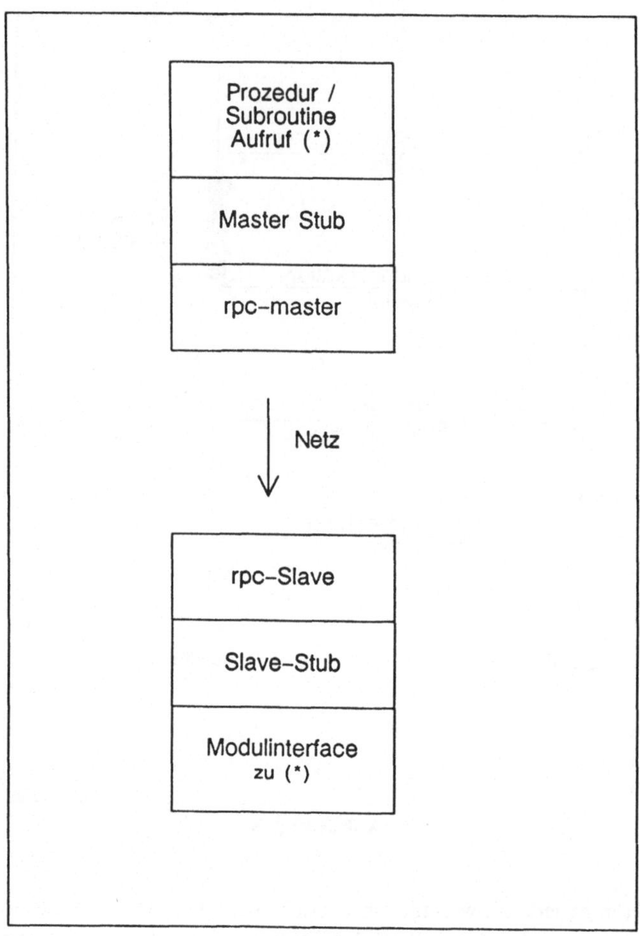

Abbildung 9

Wie anfangs erwähnt, ist die Verwendung des rpc zwischen grafischer Workstation und Höchleistungsrechner nicht die einzige Möglichkeit, den enormen Rechenzeitbedarf qualitativ hochwertiger Animationen zu erfüllen. Andere sehr interessante Ansätze arbeiten mit Netzen von Arbeitsplatzrechnern ('occursus cum novo'-Projekt), wobei aber Netztopologie und Kontrollstrategie stark variieren, so daß eine Diskussion in diesem Rahmen leider nicht möglich ist.

6 Zusammenfassung

Dank der modernen Hardware–Technologie verzeichnet die klassische Datenverarbeitung bzw. Informationstechnik immer neue Erfolge in der Erschließung und Verbesserung von Anwendungen – leider sind es häufig aber auch nur diese Erfolge, welche sich einer gewissen Publizität erfreuen.

Andere Gebiete, wie etwa die Computer-Animation, welche zwar ein wenig außerhalb der traditionellen Denkweisen und Schemata liegen, aber nicht weniger spektakuläre Erfolge aufweisen können, kommen nur selten in den Genuß einer "Hofberichterstattung". Tiefgründige Erklärungen dafür gibt es sicherlich viele, vielleicht liegt es aber einfach nur daran, daß hier eine solche Vielfalt von Methoden und Techniken, Hard- und Software sowie künstlerischem Einfühlungsvermögen zum Einsatz kommt, die einer simplen eindimensional-orientierten Betrachtungsweise nicht zugänglich ist.

Es wurde ja in der vorangegangenen Diskussion gezeigt, wie weit der Rahmen gesteckt werden muß – klassische Computergrafik, Schattierungs- und Glättungstechniken, die Berücksichtigung strahlenoptischer Gesetze und diffuser Interreflektionen aufgrund von Oberflächeneigenschaften sowie die Einbeziehung wissensbasierter Techniken und der Einsatz modernster Computersysteme sind notwendig, um wirklich qualitativ ansehliche Animationen zu erstellen.

Höchleistungsrechner sind beim heutigen Stand ein fast unverzichtbares Hilfsmittel und werden es bei zukünftigen Konzeptionen wie "virtual movies and stories", bei denen der Zuschauer in eine sich dynamisch verändernde Handlungswelt mit einbezogen wird, noch mehr sein.

Es bleibt die Frage, ob Computer-Animation nur als ein Konsument all der technologischen Fortschritte anzusehen ist, oder ob von ihr auch eigene Impulse ausgegangen sind. Ein Querschnitt der aktuellen Techniken bezüglich Rastergrafik oder Modellierung und Bewegung von Objekten laßt keinen Zweifel an der Antwort – ebenso hinsichtlich des Beitrags zur Visualisierung im wissenschaftlichen Bereich.

Sie hat darüber hinaus die eigentliche Computergrafik um viele künstlerische Elemente bereichert und damit die besten Voraussetzungen für eine ähnliche Nutzung wie in der Architektur geschaffen. Grafik hat dort eine lange, solide und geregelte Tradition (Norm). Sie wird aber auch ebenso selbstverständlich vom Ingenieur und Architekten genutzt, um mit ungewöhnlichen Perspektiven, Farben und Lichteffekten gewisse Aspekte seines kreativen Denkens zu unterstreichen – eine Vorgehensweise, die auch in anderen Bereichen möglich und sinnvoll wäre. Die Impulse, welche von der Computer-Animation ausgehen, bieten die Chance dazu.

Eine Beurteilung sollte man jedoch nicht allzusehr dem gesprochenen oder geschriebenen Wort überlassen, sondern der Auseinandersetzung mit den Produkten selbst – ihrer Faszination wird man sich kaum entziehen können.

Literatur

[1] J. Encarnacao, W. Strasser: Computer Graphics,
     Oldenburg-Verlag 1986

[2] N. Magnenat-Thalmann, D. Thalmann: Computer-Animation, Theory and Practice,
     Springer-Verlag, Tokyo 1985

[3] St. Harrington: Computer Graphics,
     McGraw-Hill, Singapore 1987

[4] D. Pöppe: Rezension zu 'Graphik mit GKS', Praxis der Informationsverarbeitung und
     Kommunikation, PIK 10 (1987), S. 140–141, Carl–Hanser–Verlag

[5] J.R. Wallace et al.: A Ray Tracing Algorithm for Progressive Radiosity,
     Computer Graphics Vol. 23, No. 3, p. 315–324

[6] H. Müller: Computer–Grafik auf Vektorrechnern, Praxis der Informationsverarbeitung
     und Kommunikation, PIK 10 (1987), S. 288–295, Carl–Hanser–Verlag

[7] R. Roncarelli: The Computer Animation Dictionary,
     Springer–Verlag 1989

[8] A. van Dam: Software fur Computer–Grafik, Computer–Anwendungen,
     Verlag Spektrum der Wissenschaft 1989, S. 72–84

[9] A. Schmitt: Schnelle Algorithmen für die graphische Datenverarbeitung,
     Fridericiana–Zeitschrift der Universität Karlsruhe 1982, S. 5–19

[10] G. Marnio et al.: NEM – A Language for Animation of Actors and Subactors,
     EUROGRAPHIC'85-Proceedings, North Holland, p. 129–140,

[11] N. Magenat-Thalmann, D. Thalmann: Subactor Data Types as Hierarchical Procedural
     Models for Computer Animation,
     EUROGRAPHIC'85-Proceedings, p. 121–127

[12] Th. Zauner: Computeranimation,
     Supercomputer-Proceedings '88, Carl Hanser-Verlag, München, S. 67–82,

[13] W. Leister et al.: Occursus cum Novo – Realistic Movies Rendered in an UNIX-
     Environment, EKKG Spring '89,Brussels, p. 71–80

[14] J. Encarnacao et al.: Distributed Supercomputing for Graphics Applications – A Case
     Study on an Implementation of the Radiosity Approach,
     Informatik-FB Supercomputer '89, Springer–Verlag 1989, p. 11–24,

[15] R. Rabenseifner: Verteilte Anwendungen zwischen Workstation und Supercomputer,
     Proceedings 'Kommunikation in Verteilten Systemen', 89-Stuttgart, S. 338–351

[16] Sun Micro-Systems, Remote Procedure Call Specification, 1985

[17] A. Bruderlin, Th. Calvert: Goal-Directed, Dynamic Animation of Human Walking,
Computer Graphics, Vol. 23, No. 3, 1989, p. 233–242,

[18] J.E. Chadwick et al.: Layered Construction for Deformable Animated Characters – Bragger
Boppin in Bean Town,
Computer Graphics, Vol. 23, No. 3, 1989, p. 243–252,

[19] S. Surhai: Computational Methods in Cancer Research,
Interdisciplinary Science Reviews, Vol. 14, No. 3, 1989, p. 225–232,

[20] H. Gietl: Bilder aus dem Vektorrechner,
Siemens–Zeitschrift, 63. Jg., Heft 1, Jan.–Feb. 1989

[21] H.O. Peitgen, P.H. Richter: The Beauty of Fractals,
Springer–Verlag 1987

Architektur und Anwendungsprofil der SuperCluster–Serie hochparalleler Transputerrechner

Falk–D. Kübler

Parsytec GmbH
Jülicher Straße 338
5100 Aachen

Zusammenfassung

1985 wurde erstmalig von dem englischen Halbleiterhersteller Inmos mit dem Transputer ein Standard–Prozessorbaustein vorgestellt, der ausschließlich für die Entwicklung und den Bau von Parallelrechnern konzipiert ist. Durch die Integration der für Parallelrechner relevanten Strukturmerkmale bereits auf der Chip–Ebene läßt sich die kritische Balance zwischen Computation und Communication sicherstellen sowie die für skalierbare Parallelrechner wichtige Eigenschaft des virtuellen Multiprocessing erreichen, die in sequentiellen Hochleistungssystemen keine Rolle spielt. Weiterhin erlauben der hohe Standardisierungsgrad und die Integration wesentlicher Systemfunktionen im Chip einen deutlichen Fortschritt in Bezug auf das Preis/Leistungsverhältnis aus Systemebene.

Der dank der Universalität der Transputertechnik gleichfalls einfach erreichbare Bau von physikalisch verteilten, aber logisch homogenen Parallelrechnern führte zunächst zu einem Schwerpunkt im Bereich industrieller Realtime–Anwendungen mit hohem Leistungsbedarf (z.B. Mustererkennung). Aufgrund der dortigen Anwendungserfahrungen und der sich erweiternden Softwarebasis etablierte sich ab 1987 zunehmend auch die Anwendung im Bereich des wissenschaftlichen "Number Crunching", wo heute der Schwerpunkt liegt. Die Architektur der 1988 vorgestellten SuperCluster–Serie reflektiert speziell die Anwendungserfordernisse dieses Bereichs, wobei sowohl der Multiuser–Betrieb als auch die Verwendung mit dynamisch wechselnden Prozessortopologien durch besondere Hardware unterstützt werden. Um den in einem rechenzentrumsartigen Einsatz wechselnden Erfordernissen verschiedener Benutzergruppen Rechnung zu tragen, wird der Multiuser–Betrieb nicht mehr nur durch ein Betriebssystem unterstützt, sondern bereits eine Ebene tiefer durch Hardware zur dynamischen Partitionierung des Prozessor–Pools, sodaß wie bei einem VM (Virtual Machine) System zum gleichen Zeitpunkt aktive Benutzer verschiedene Betriebssysteme fahren können.

Um sowohl die Homogenität paralleler Anwendungsalgorithmen bestmöglich zu unterstützen und dabei keine Trade–Offs zwischen Vektorisierung und Parallelisierung zu erzwingen, als auch um eine gute Computation/Communication–Balance zu erreichen, sind die SuperCluster–Systeme auf hohe skalare Performance ausgelegt. Obwohl die nominale MFLOPS–Rate deshalb niedriger erscheint als bei konventionellen Vektorrechnern, lassen sich sehr hohe Anwendungsleistungen erzielen. Eine von Shell nach einem neuartigen Verfahren auf Basis zellularer Automaten entwickelte Anwendung der Strömungsdynamik etwa erreicht mit dem 400–Prozessor/ 600–Skalar–MFLOPS SuperCluster ca. die 50–fache Anwendungsleistung einer IBM 3090.

Einleitung

Aufbauend auf dem theoretischen Modell von CSP (Communicating Sequential Processes) [1] wurde Anfang der 80er Jahre eine Programmiersprache entworfen, die die Behandlung von Parallelität mittels eines Computerprogramms originär in der Sprache berücksichtigt. Die so entstandene Programmiersprache OCCAM [2] mit ihren inhärenten Parallelitätsparadigmen wurde als Modell für die Entwicklung eines Prozessorbausteins für Parallelrechner ausgewählt. Der IMS T414B wurde 1985 [3] zu dem ersten Vertreter einer sehr erfolgreichen Familie von Prozessoren. Die Erweiterungen werden in zwei Richtungen vorangetrieben: für den industriellen Realtime-Bereich (T225, T400) und in den Number-Crunching-Bereich (T800, T801). Der nächste Schritt ist Ende dieses Jahres mit der nächsten Generation von Transputern (Codename: H1) zu erwarten. In den relevanten Bereichen (Computation/Communication) kann von einer Erhöhung der Leistungsfähigkeit um den Faktor 8 bis 10 ausgegangen werden. Zudem sind erweiterte Funktionen für Message-Passing und Memory-Management angekündigt.

Die auf der Basis dieser Prozessoren entwickelten Computersysteme wurden zunächst benutzt, um sich mit den praktischen Seiten der Parallelverarbeitung (Evaluation) vertraut zu machen. Solche Systeme waren gekennzeichnet durch eine geringe Anzahl von Prozessoren (etwa 1..8) und durch eine wählbare Kommunikationstopologie, die jedoch aufwendig durch Steckverbindungen von Hand zu erstellen war. Diese Systeme erwiesen sich für den traditionell parallel denkenden Ingenieur im Realtime-Bereich (Interrupts, Multitasking) als optimal nutzbar zur Lösung der anstehenden Aufgaben.

Im wissenschaftlichen Bereich entbrannte dagegen schnell ein Streit über die Benutzbarkeit der Systeme in Bezug auf Programmierung, Programmiersprachen, Programmierumgebung, Topologien und die Problematik des gewählten theoretischen Ansatzes. Hier brachte erst die nächste Generation von Transputersystemen den Durchbruch. Kennzeichnend sind Prozessorzahlen von 16 bis 64, softwaregesteuerte, dynamische Umkonfigurierbarkeit einer eingestellten Topologie, Multiuser-Fähigkeit und die Verfügbarkeit der ersten echt verteilten Multiprozessor-Betriebssysteme. Diese Systeme wurden seit 1988 vielfach installiert.

Die heutigen Systeme zeigen einen deutlichen Trend zu Großinstallationen (etwa 128..400 Prozessoren). Sie werden im Gegensatz zu den vorher erwähnten Systemen bevorzugt zentral in Rechenzentren eingesetzt. Dazu trägt im wesentlichen die konsequente Unterstützung von allgemein anerkannten Standards wie etwa POSIX, Ethernet-TCP/IP, XWindows und die Verfügbarkeit eines breiten Spektrums von gebräuchlichen Programmiersprachen in einem Parallel-Tools-Environment bei. Damit werden klassische Rechenzentrumsanwendungen, z.B. in FORTRAN, mit geringem Aufwand portierbar/parallelisierbar. Der im nächsten Jahr zu erwartende Leistungsschub in Verbindung mit der sich gerade signifikant verbreiternden Softwarebasis (parallele numerische Bibliotheken, neue Algorithmen, etc.) wird den gerade aufgezeigten Trend verstärken, sodaß Parallelrechner zunehmend zu ernsthafter Konkurrenz für Superrechner werden.

Entwurfskriterien für Parallelrechner

Der Einsatz von Parallelrechnern in Applikationen kann sowohl von großem praktischem Nutzen als auch sehr praktikabel sein, wenn ihre Entwicklung bestimmten Gesichtspunkten gefolgt ist. Diese sollen anhand der SuperCluster-Serie dargestellt werden.

Das Auffinden geeigneter, relevanter Gesichtspunkte erscheint zunächst problematisch. Der Begriff Parallelverarbeitung umreißt ein derart weites Feld, daß sich unter seinem Mantel eine geradezu unüberschaubare Vielfalt von Ansätzen und Verfahren findet (und für jeden dieser Ansätze überzeugte und kompetente Verfechter). Gleichzeitig gibt es noch kaum formalisierbare Verfahren zur Bestimmung eines "besten" Konzeptes, insbesondere weil die geringe praktische Erfahrung wenig an Bewertungsgrundlagen dafür geliefert hat, welche Aspekte "relevant" sind und welche nicht.

Wie gesagt, sind theoretische Betrachtungen mit den unterschiedlichsten Ergebnissen bereits ausgiebig angestellt worden. Dies soll hier nicht wiederholt werden. Anstelle dessen sei noch einmal zurückgegangen auf die wichtigsten Motive zur Parallelverarbeitung. Hieraus lassen sich nämlich recht präzise Leitlinien für die Auswahl von Verfahren der Parallelverarbeitung und die konkrete Rechner-Implementierung finden.

Warum wollen wir Parallelverarbeitung? Die wesentlichen Motive in der Reihenfolge ihrer Bedeutung sind:

1) *Einfachheit*
2) *Fehlertoleranz*
3) *Leistung*

Dies mag manche überraschen, nicht nur wegen der Motive selbst, sondern auch wegen ihrer Gewichtung.

Einfachheit:

Die Welt ist hochgradig parallel. Die meisten Aufgabenstellungen der Informationsverarbeitung leiten sich aus Problemstellungen der realen Welt ab und sind in ihrer Grundstruktur deshalb ebenfalls parallel. Geeignete Methoden der Parallelverarbeitung erlauben eine Abbildung zwischen Problemstruktur und rechnerseitiger Implementierung. Oft ermöglicht diese Abbildung auch in natürlicher Weise die Gliederung komplexer Systeme und durch hierarchische Lokalität ihre Beherrschbarkeit.

Einfachheit hat noch einen zweiten Aspekt: Nicht erst seit Erfindung des Computers, sondern seitdem es überhaupt Zivilisation gibt, haben Menschen organisierte Informationsverarbeitung betrieben. Diese Informationsverarbeitung haben sie immer parallel organisiert (MIMD-Prinzip mit nicht-globalen Speichern und Message-Passing). Hierdurch gibt es eine starke intuitive Verankerung der verwendeten Verfahren. Wer diesem Potential an Erfahrung und Intuition mit den geeigneten Parallelrechnern entgegenkommt, ermöglicht einen sehr natürlichen Umgang mit der Materie. Man mag zur Kenntnis nehmen, daß gerade in großen Produktionsunternehmen ein profundes Wissen über theoretische Konzepte und praktische Organisation (z.B. Optimierung von Kommunikations- und Transportwegen) für die parallele Bewältigung von komplexen Vorgängen existiert. Dieses Wissen wird seit Jahrzehnten kultiviert und dokumentiert einen natürlichen Umgang mit der Parallelität. Erst dieser natürliche Umgang führt dazu, daß schnell immer mehr Anwendungen von neuer Rechnertechnik praktisch profitieren, und erzeugt damit die notwendige technologische Schubkraft.

In der Summe betrachtet ist deshalb Einfachheit das beherrschende Motiv für Parallelverarbeitung und stellt dabei gleichzeitig die größten Anforderungen an die verwendeten Grundverfahren.

Fehlertoleranz:

Je größer Informationssysteme werden, umso notwendiger wird Fehlertoleranz. Dies erfordert zwingend Parallelverarbeitung. Allgemeine Konzepte sind noch nicht erarbeitet, und die entsprechende Diskussion soll an dieser Stelle auch nicht vertieft werden. Es ist aber absehbar, daß Fehlertoleranz umso einfacher und damit letzten Endes auch wirtschaftlicher implementierbar wird, je besser die Abbildungsmöglichkeiten zwischen Problem- und Rechnerstruktur sind.

Leistung:

Dieses Motiv muß wohl nicht erläutert werden und mag vielen als Hauptaspekt erscheinen. Warum steht es hier erst an dritter Stelle? Nun, wer ausschließlich mit dem Leistungsaspekt im Auge Parallelrechner baut, wird die angestrebte Leistung vielleicht erreichen, aber möglicherweise nur für den (viel zu) hohen Preis, daß die Dinge hinterher noch komplizierter werden, als sie es vorher auf dem sequentiellen Rechner schon waren. Wer jedoch ein Parallelverarbeitungskonzept erarbeitet, mit dem er Einfachheit als wesentliches Kriterium anstrebt, wird bei Beachtung einiger Randbedingungen die Leistung zusätzlich erreichen, gewissermaßen als Nebeneffekt.

Wenn wir die aufgeführten Motive als Kriterien für einen Parallelrechner nehmen, was folgt dann für die praktische Implementierung? Da sich der Rechner an "Real-World"-Strukturen anpassen soll, muß Verarbeitung als ein lokales Geschehen aufgefaßt werden, das sich in einem großen Gesamtsystem in vielfältiger Weise gleichzeitig ereignen kann. Damit liegt bereits der MIMD-Ansatz fest. Die nicht festlegbare "Größe" der abzubildenden Strukturen verlangt, daß die Anzahl solcher Verarbeitungsprozesse zumindest praktisch nicht limitiert ist. Damit ergibt sich der Verzicht auf globale Speicher, nicht nur aus praktischen Implementierungsgründen, sondern auch weil der Begriff der Globalität ab gewisser Systemgrößen generell problematisch wird. Das sowohl aus den Problemstellungen als auch aus der Forderung nach Einfachheit und Beherrschbarkeit abgeleitete Lokalitätsprinzip führt zu Message-Passing.

Die Grundeigenschaften liegen damit fest. Die mit so hoher Priorität bewertete Einfachheit verlangt nun noch, vorgegebene Problemstrukturen mit dem Rechner möglichst weitgehend, d.h. im Idealfall 1:1, modellieren zu können. Das bedeutet, da lokale Verarbeitungsprozesse in vielfältiger Weise miteinander in Beziehung stehen können, daß sie in ebendieser Weise auch miteinander kommunizieren können müssen.

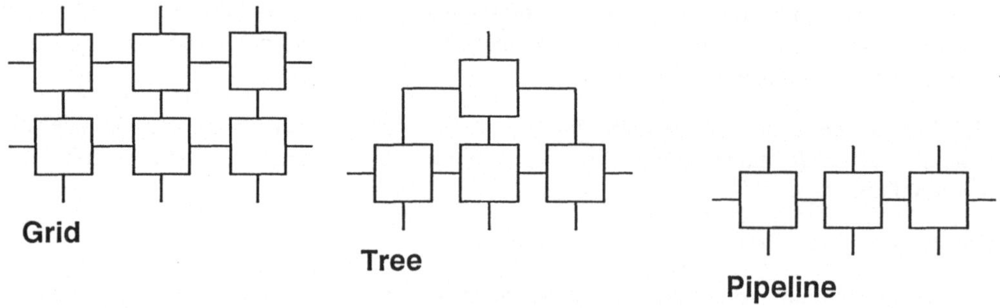

Bild 1:
Elementare Kommunikationsstrukturen (Topologien)

Lokalität und Kommunikation sind also die beiden Kriterien, deren einfache und effiziente Implementierung über den Erfolg eines Parallelrechners im praktischen Einsatz mitentscheidet. Kommunikation ist lange Zeit recht stiefmütterlich behandelt worden, schließlich spielte sie in sequentiellen Rechnern ja auch nur eine Nebenrolle. Im Parallelrechner nimmt sie eine zentrale Rolle ein, und somit rückt auch die Frage der Topologie in den Vordergrund, das heißt die Frage der Verbindungs- und Kommunikations-Strukturen.

Der Hardwareentwickler würde es natürlich am liebsten sehen, wenn man sich auf eine bestimmte Topologie (z.B. Hypercube oder Gitter) einigen würde. Leider erfordern die verschiedenen Aufgabenklassen auch verschiedene Topologieklassen. Im Idealfall müßte bereits die Hardware jede Konfiguration 1:1 nachzubilden gestatten. Dies wird sicher praktische Grenzen haben müssen, auch aus wirtschaftlichen Gesichtspunkten. Aber wie früh soll man die Flexibilität aufgeben? Kann man eine Grundtopologie auf der untersten Ebene fordern, mit der man auf höheren Ebenen alle logischen Strukturen nachbilden muß? Die Frage dieser Grund-Topologie ist aber nicht so einfach entscheidbar, wie oft dargestellt. Das ist allein schon daran erkennbar, daß die Apologeten jeweils ganz klar und einleuchtend eine bestimmte Lösung begründen. Allerdings leider jeder eine andere!

Der Grund hierfür ist meist, daß eine bestimmte Modellvorstellung sowohl über relevante Problemklassen als auch über Standard-Lösungsverfahren zugrundegelegt wird. Ähnlich wie man heute oft erfolglos versucht, die Klasse der vektorisierbaren Algorithmen zu vergrößern (um die Hochleistungsvektorrechner effizient nutzen zu können), gibt es Bestrebungen, alle parallelen Algorithmen auf Hypercubes, Gitter oder Bäume abzubilden. In diesem Stadium der praktischen Erfahrung mit Parallelrechnern scheint ein solcher Versuch der Vereinheitlichung zu gefährlich. Zwar geht es sicher nicht darum, den Universalrechner zu bauen, aber die Fähigkeit zur flexiblen Kommunikations-Organisation sollte nicht ohne Not aufgegeben werden.

Warum sollte dies auch geschehen? Flexibilität glaubt man sich deshalb nicht leisten zu können, weil Kommunikation mit aufwendiger Hardware verbunden scheint. Ein Blick zurück setzt hier die Proportionen: Früher konnte sich niemand die "Verschwendung" vorstellen, die in einem MIMD-Rechners entsteht, wenn "aufwendige" CPU's massenhaft repliziert werden, nur um Flexibilität zu erreichen. Heute macht die Abstraktion durch Integration auf den Chiplevel dies selbstverständlich. Genauso wird auch Kommunikation einfach und billig, wenn entsprechende Integration sie zur massenhaften Commodity macht. In Folge werden dann auch Rechner einfach und billig, die Kommunikation massenhaft und vielfältig offerieren, und damit die verlangte Einfachheit und Flexibilität erzeugen. Seit der Verfügbarkeit der Transputer als Chips, die sowohl Verarbeitung als auch Kommunikation auf die Bausteinebene abstrahieren, ist dies keine Wunschvorstellung mehr, sondern Realität.

Architektur hochparalleler Transputerrechner

Der T800 Transputer integriert alle notwendigen Grundzutaten auf einem Chip:

- RISC-Prozessor mit 12 MIPS und 1,9 MFLOPS
- Schneller lokaler Speicher, extern erweiterbar
- Autonome 20 MBit/s Kommunikationskanäle (Links)
- Scheduling und Kommunikations-Handling im Mikrocode

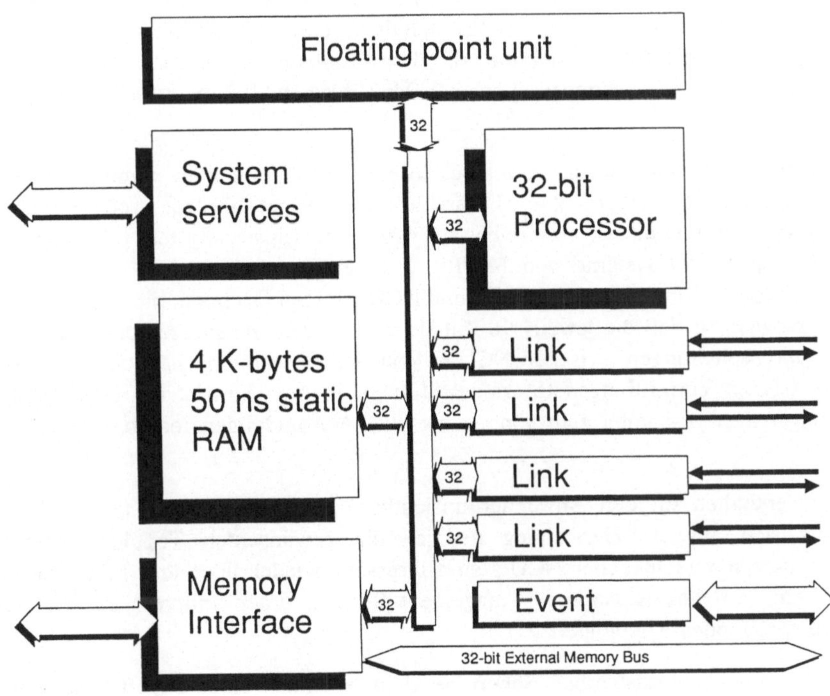

Bild 2:
Der T800 Transputer

Die bit–seriellen Kommunikationskanäle vereinen sowohl Leistungsfähigkeit als auch Einfachheit in einer Weise, daß Rechner mit variabler, problemangepaßter Topologie technisch und wirtschaftlich realistisch geworden sind. Hierauf aufbauend konnten bei den transputer–basierten MultiCluster Industrierechnern bereits in weltweit über 200 verschiedenen Anwendungen ausgiebige, insgesamt sehr positive Erfahrungen gesammelt werden. Die Erfahrungen kulminieren in einem Punkt: Kommunikation ist hier nicht mehr eine komplexe und aufwendige Ingredienz des Rechners, mit der man möglichst vorsichtig und sparsam umgehen muß, sondern im Gegenteil eine problemlose Ressource, die so intensiv wie möglich zum Nutzen der Anwendung eingesetzt werden kann.

Mit der gleichen Zielsetzung entstand dann folgerichtig als nächstes die SuperCluster–Serie von Parallelrechnern, die von vornherein als "große" Systeme entworfen wurden. Das Design eines "großen" Systems muß sich zunächst natürlich durch einen hohen Integrationsgrad auszeichnen, mit dem ein solcher Rechner bei Prozessoranzahlen ab 64 neben der eigentlichen Verarbeitungsleistung auch eine Anzahl von Infrastrukturmaßnahmen für verschiedenste Arten von Ein/ Ausgabe sowie zur Erzielung maximaler Zuverlässigkeit bereitstellen muß. An ganz zentraler Stelle stand aber die Entwicklung einer Architektur, die auf möglichst flexible Weise variable, anwendungsgemäße Topologien sicherstellt und dabei gleichzeitig weder von den Kosten noch von der Technik her die beliebige Ausbaufähigkeit der Systeme begrenzt.

Zur Lösung wurde für die SuperCluster ein System von sogenannten Network Configuration Units (NCU) entwickelt. Diese NCU's übernehmen die Aufgabe, die einzelnen Links der Prozessor–Elemente hardwaremäßig so zu schalten, daß der Rechner für die Dauer einer Anwendung genau die Struktur annimmt, die dem Problem am besten entspricht. Dies können homogene Strukturen sein, genauso aber auch Mischformen, für mehrere Benutzer gleichzeitig sogar verschiedene.

Wie in "Real-World"-Strukturen, wo lokale "Inseln" von miteinander kommunizierenden Subsystemen in praktisch unbegrenzten Hierarchiestufen immer höhere, größere und leistungsfähigere Gesamtsysteme bilden, so erreicht auch das SuperCluster–System praktisch unbegrenzte Ausbaufähigkeit durch Systeme von NCU's. Jede NCU schaltet die Kommunikations- und Steuer-Links von 96 Kanälen. Prozessoren und NCU's bilden Gruppen, die wiederum von NCU's geschaltet werden, so daß die jeweils 96 Kanäle von Anwendungsprozessoren stammen können oder von Durchschaltungen zwischen NCU's. Von der Anschauung her kann man sich an ein dicht vermaschtes Vermittlungsnetz erinnert fühlen, in dem sowohl für eine bestimmte Zeit Standleitungen fest geschaltet sein können als auch Verbindungen temporär vergeben werden können.

Die NCU's enthalten für den Anwender unsichtbare Steuerprozessoren (je ein T414 und ein T212), die sich um die Herstellung der jeweilig gewünschten Topologie kümmern. Die Steuerprozessoren verschiedener NCU's sind ihrerseits wieder über ihre Links verbunden und bilden so ein verteiltes Ressource-Management-System, unter anderem zur Herstellung von cluster–übergreifenden Topologien.

Das System ist beliebig ausbaubar. Schon die kleinste Einheit eines SuperCluster enthält neben 64 Anwendungsprozessoren 6 NCU's. Größere Systeme können durch Zusammenstellen mehrerer solcher Einheiten gebildet werden, die mit den schon eingebauten NCU's einfach zusammengeschaltet werden. Die Kommunikationstechnik erlaubt dabei problemlos Entfernungen bis über 10 Meter, ohne daß eine Leistungsreduzierung eintritt. Ein solches System verhält sich dann ohne Einschränkung wie ein einziger (größerer) Parallelrechner. Auch Peripherieprozessoren z.B. für Grafik oder Massenspeichersysteme werden auf die gleiche Art über die Standard–Links in die Topologie eingebunden, genauso wie das auch für Workstations gilt, die als Frontends dienen können.

Die Technik des SuperCluster

Die SuperCluster–Serie hat, wie schon ihr Name andeutet, eine hierarchische Cluster–orientierte Architektur [4]. Ein Cluster wird dabei angesehen als eine Kollektion von miteinander verbundenen Prozessoren, die als Gesamtheit eine Informationsverarbeitungsaufgabe wahrnehmen und mit ihrer Außenwelt über dedizierte, zuordbare Kanäle kommunizieren. Eine Kollektion von Clustern kann wiederum als ein einziges Cluster gesehen werden, das als ganzes eine leistungsstärkere Zusammenfassung von Prozessor–Ressourcen bildet und eine komplexe Anwendungsfunktion wahrnehmen kann. Solche (Super-) Cluster können offensichtlich wiederholt bis zu dem Level kombiniert werden, bei dem die gesamte Anwendungsfunktion erreicht ist. Funktionale und datenorientierte Gliederung sind dabei gleichwertige Ordnungsprinzipien.

Die Hardware–Architektur der SuperCluster unterstützt diesen Abstraktionsprozeß, indem sie eine entsprechende Struktur bietet. Die unterste Ebene besteht aus T800–Prozessorelementen mit je 4 Kommunikations–Links. 16 dieser Prozessorelemente bilden ein Computing Cluster, das mit einer integrierten Network Configuration Unit (NCU) jede Topologie annehmen kann. 4 Computing Cluster bilden die kleinste SuperCluster–Einheit, das Modell 64, mit 64 dedizierten Anwendungsprozessoren (Bild 3). Die Basiseinheit enthält zusätzlich ein System Services Cluster. Dieses enthält parallele Massenspeichersysteme, Benutzer–Interfacemodule, Ethernet–Controller und anwendungsspezifische Schnittstellenmodule, alle auf der gleichen transputergestützten Kommunikationstechnik aufbauend wie die Anwendungsprozessoren. Zusammen mit den 4 Computing Clustern werden sie über 2 zusätzliche NCU's konfiguriert, die auch die Verbindungen nach außen verwalten.

Mehr als ein Basismodell kann verwendet werden, um ein größeres System aufzubauen, z.B. ein Modell 256, wie es in Bild 4 gezeigt ist. Dabei werden die NCU's der Systeme ebenfalls über Kommunikations–Links aneinander gekoppelt. Die einzelnen Teilsysteme können ihrerseits wieder System Services Cluster enthalten, müssen dies jedoch nicht.

Bis zu 16 Standard Workstations können an jeder Basiseinheit angeschlossen werden. Dies geschieht über die gleiche schnelle Link–Technik, mit der auch die Prozessoren untereinander verbunden sind. Dazu werden in die jeweiligen Workstations Transputer–Busbrückenköpfe aus der MultiCluster–Serie eingesetzt, die für PC, PS/2 Mikrokanal, SUN, Macintosh II NuBus, DEC VAX Q–Bus und VMEBus verfügbar sind, und über Standard–Linkkabel mit dem SuperCluster verbunden. Dies geht bei der maximalen Linkgeschwindigkeit bis auf 10 m Entfernung, bei geringfügig reduzierter Transferrate bis 30 m. Alternativ kann der Zugang über Ethernet realisiert werden. Für den Benutzer transparente Software sowohl auf der Workstation–Seite als auch im SuperCluster sowie entsprechende Request–Detection–Hardware in der NCU erlaubt der Workstation, jederzeit nach einer Partition des SuperCluster zu fragen. Die NCU–residente Software (jede NCU enthält 2 dedizierte Verwaltungsprozessoren, ebenfalls Transputer) prüft, ob entsprechend viele Anwendungsprozessoren frei sind, konfiguriert diese dynamisch zu der gewünschten Topologie und stellt sie für die Workstation-Anwendung zur Verfügung (Bild 5).

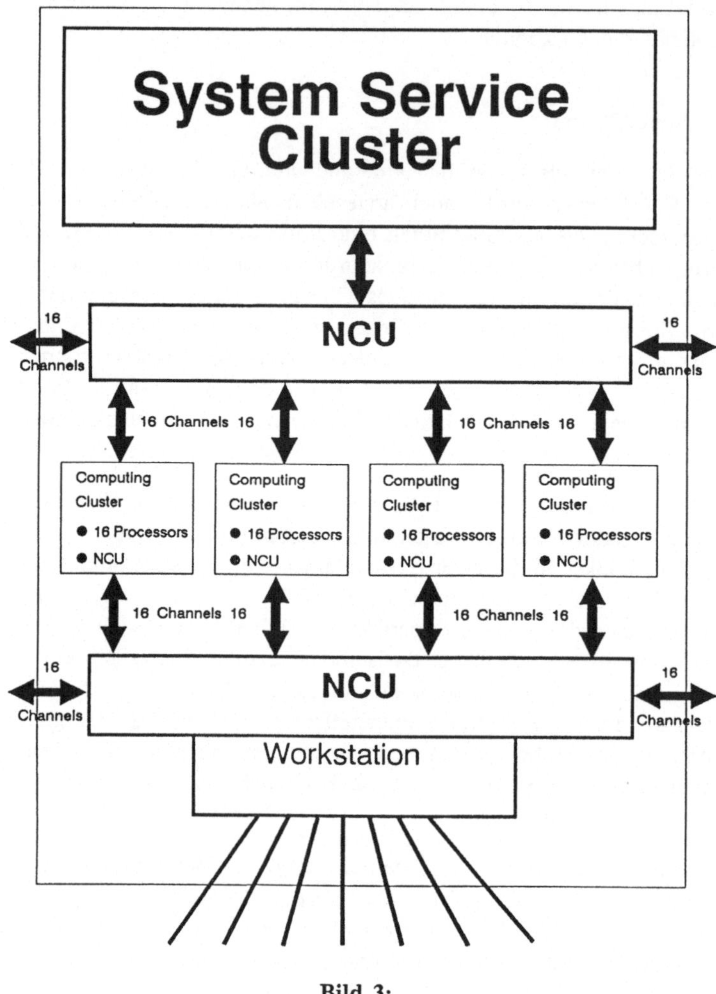

Bild 3:
Basiseinheit (Modell 64) eines SuperCluster

Auf diese Weise kann ein SuperCluster als Prozessor-Pool für eine Reihe von Benutzern dienen und ermöglicht eine sehr wirtschaftliche Teilhabe an einem großen Parallelrechnersystem. Dabei müssen die Workstations auch nicht unbedingt im direkten Umfeld des SuperCluster stehen. Dies muß nur für eine Station mit der Interface-Hardware gelten, die anderen können auch als Diskless-Nodes über die normalen Local Area Networks zugreifen.

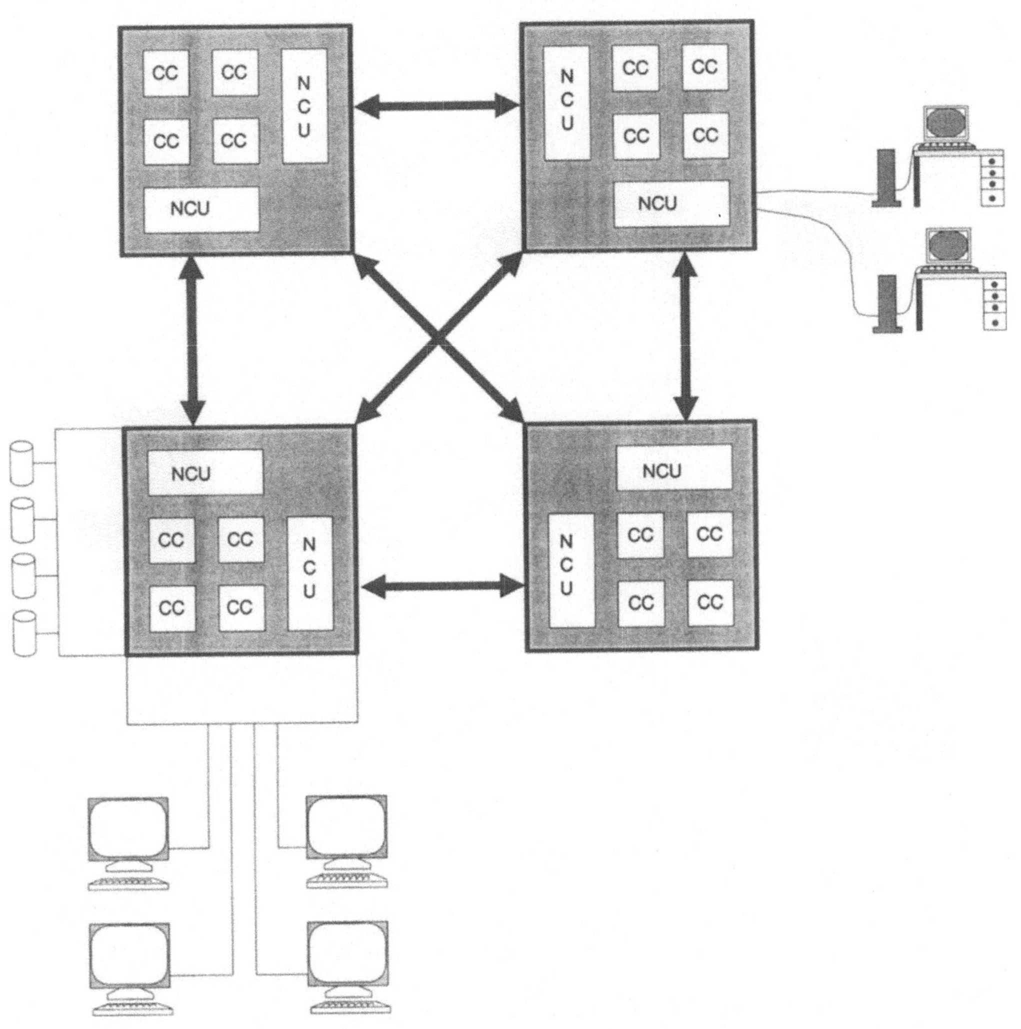

Bild 4:
SuperCluster Modell 256, bestehend aus 4 Basissystemen

Die Verarbeitungsprozessoren sind in den Computing Clustern gebündelt. Jedes Computing Cluster enthält 16 Prozessoren auf Basis des T800–Transputers mit zusammen 200 MIPS / 30 MFLOPS skalarer Verarbeitungsleistung. Jeweils 4 Prozessoren sind auf einem Modul zusammengefaßt. Jeder Prozessor verfügt über 16 MByte Lokalspeicher. Zur Gewährleistung höchster Zuverlässigkeit ist dieser Speicher jeweils mit einer "Error–Detection–and–Correction" (EDC) Einheit ausgestattet, die automatisch alle 4 Sekunden den gesamten Speicher inspiziert und Bitfehler korrigiert.

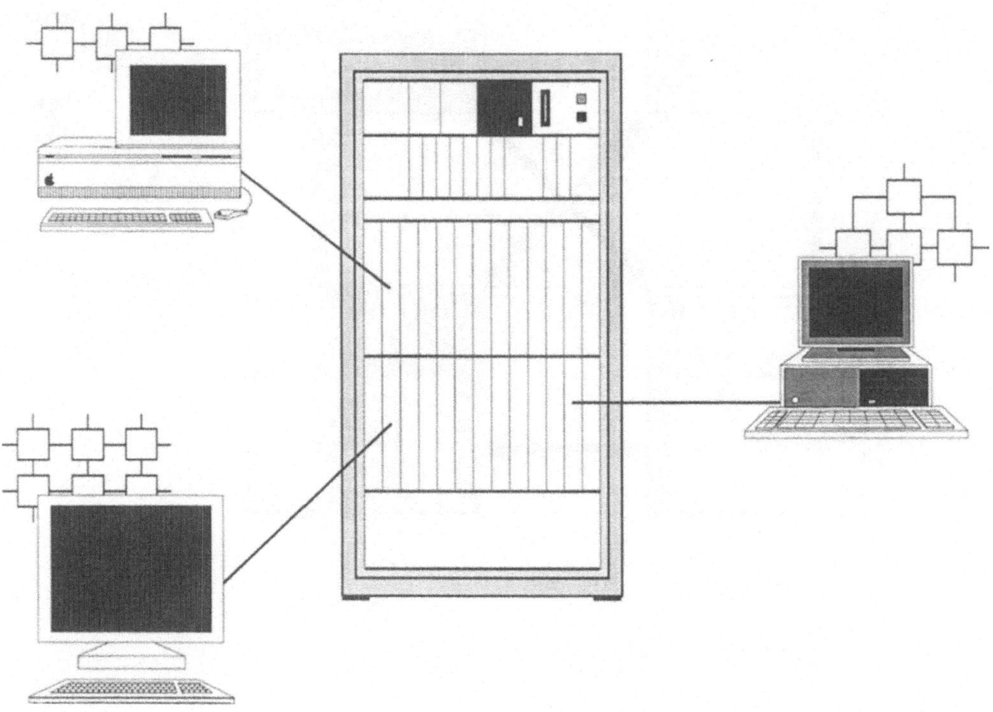

Bild 5:
Dynamische Partitionierung eines SuperClusters für mehrere Frontend-Workstations

Im Zentrum jedes Computing Cluster steht die Network Configuration Unit (NCU). Sie konfiguriert die 64 Transputer–Links zu jeder Topologie und kann bis zu 32 davon auf die nächsthöhere Ebene weiterleiten. Dabei geschieht die Konfiguration ohne Geschwindigkeitseinbußen. Jede NCU besteht aus zwei Modulen, enthält 2 eigene Steuerprozessoren und stellt eine Kommunikations–Bandbreite von 172 MByte/s zur Verfügung.

Neben den eigentlichen Anwendungsprozessoren kann das SuperCluster wie bereits erwähnt auch in einem zusätzlichen System Service Cluster Hostmodule für den Anschluß von Benutzern über Grafikmonitore, parallele Massenspeichersysteme und lokale Datennetze (etwa Ethernet) aufnehmen. Diese Module sind ihrerseits wiederum mit Transputer-Prozessoren implementiert, so daß sie sich harmonisch in die Kommunikationsarchitektur einfügen. Jeder Massenspeicher hat z.B. seinen eigenen Controller, auf dem lokal ein schnelles Berkeley bsd4.3–kompatibles Filesystem läuft.

Die Anwendungsflexibilität des SuperCluster wird weiter erhöht durch die Möglichkeit, anwendungsspezifische Schnittstellenmodule einzusetzen. Damit werden auch Anwendungen wie zum Beispiel Hochleistungs-Mustererkennung oder (Realtime-, Echtfarben-) Graphik unterstützt. Hierfür stehen Steckplätze für sämtliche Schnittstellenmodule der MultiCluster-Serie z.B. für Video-I/O, Parallel-I/O und Anschluß von Standard-Bussystemen zur Verfügung. Alle diese Schnittstellenmodule basieren wiederum auf Transputern und sind deshalb automatisch in das Konfigurationsschema über die NCU's einbezogen.

Anwendungsprofil der SuperCluster-Serie

Die Einfachheit des Systems und der Benutzung in der Anwendung war auch ausschlaggebend für die Entscheidung, die Prozessoren nicht auch noch mit speziellen Vektoreinheiten auszurüsten. Natürlich sind solche Vektoreinheiten sehr hilfreich dabei, die Anzahl der nominalen Mega- oder Giga-Flops noch einmal um eine Größenordnung nach oben zu drücken. Der Preis, der bei Parallelrechnern dafür wegen sich ergebender Inhomogenität und Komplexität zu bezahlen ist, kann jedoch groß sein. Zudem hat die Vektorisierung nur ein beschränktes Anwendungsgebiet. Nur die Parallelisierung über große Prozessoranzahlen bietet langfristig vom Prinzip her unbegrenztes Wachstumspotential, und hierauf hat sich auch die SuperCluster-Entwicklung konzentriert. Dies ist umso leichter gefallen, als Prozessoren auf Transputer-Basis schon von Hause aus 1 bis 2 skalare MFLOPS mitbringen und gerade viele neuartige Anwendungen besonders von starker Skalarverarbeitung profitieren.

Bei Performancebetrachtungen von Parallelrechnern gibt es eine Reihe von Problemen: Zunächst einmal werden nominale Leistungsdaten üblicherweise einfach trivial mit der Anzahl der Prozessoren skaliert. Solange es für Parallelrechner keine aus Erfahrung entstandenen Einordnungen für verschiedene Anwendungsklassen gibt, bleibt das Feld der Leistungsangaben und erst recht das der Leistungsvergleiche reichlich problematisch. Schon die Frage, was ein Supercomputer ist, wird sehr verschieden beantwortet. Bereits die kleinste Einheit der SuperCluster-Serie, das Modell 64, bringt mit 800 MIPS, 120 MFLOPS (skalar), 1024 MByte Speicher, max. 5 GByte/s Speicherbandbreite und 230 MByte/s Kommunikationsbandbreite Leistungsdaten mit sich, die sie als Supercomputer ausweisen, vor allem, weil in einem recht großen Bereich durch Aufstockung eine lineare Leistungserweiterung in Anspruch genommen werden kann. Dennoch wird die SuperCluster-Serie zumindest nicht in dem klassischen Sinne als Dusty-Deck-FORTRAN-Supercomputer etikettiert.

Bei dieser Art der Betrachtung fallen auch leicht Leistungseigenschaften unter den Tisch, die in manchen Anwendungsgebieten von sehr großer Bedeutung sein können. Das ist zum einen natürlich die schwer quantifizierbare Flexibilität der Topologie, durch die die Nominalleistung optimal wirksam werden kann. Eine weitere wichtige Eigenschaft ist die Kommunikationsleistung gerade auch bei hohen Parallelisierungsgraden. Je höher der Parallelisierungsgrad der Anwendung ist, umso mehr Prozesse gibt es, und umso häufiger findet sowohl Kommunikation als auch Prozeß-Scheduling statt, meist in sehr kleinen Einheiten. So hat etwa das Nervennetz einer Schnecke ca. 500.000 Neuronen. Falls eine Anwendung aus dem Bereich der Simulation neuronaler Architekturen es beispielsweise wünschen sollte, für jedes Neuron einen eigenen

Parallelprozeß zu unterhalten, dann wird eine Leistungszahl wie 25 Millionen/s effektive Prozeß–Wechsel und 24 Millionen/s unabhängige Messagetransfers, wie sie bereits das kleinste SuperCluster Modell aufweist, zu einer ganz entscheidenden Kenngröße, die für jedes simulierte Neuron noch einige –zig Schritte pro Sekunde erlauben kann, wo anders ausgelegte Parallel-rechner–Konzepte längst im Overhead erstarrt sind.

Zuverlässiger für die Beurteilung der Leistungsfähigkeit eines Parallelrechners ist daher die Messung in spezifischen Anwendungen. Nachfolgend ein Beispiel, das auch den oft als unzumutbar bezeichneten Portierungsaufwand mit in das Kalkül einbezieht.

Es handelt sich hierbei um das Gebiet der Berechnung thermophysikalischer Stoffeigenschaften aus intermolekularen Wechselwirkungsmodellen. In diesem Bereich, in dem auch solche Anwendungen wie Molecular Simulation, Molecular Modelling, oder Drug Design zu finden sind, sind am Fachgebiet Thermodynamik der Universität Duisburg [5] über Jahre hinweg umfangreiche Computersimulationen von Molekülmodellen durchgeführt worden.

Die Programme wurden ursprünglich in Standard–Fortran programmiert und auf einer Cyber 205 Anlage ausgeführt. Die (der Anwendungslogik entsprechende) skalare Version der Programme führte zu vergleichsweise unbefriedigenden Laufzeiten. Weil bei den benötigten umfangreichen Simulationen die Rechenzeit eine äußerst knappe Ressource war, wurden über eine Periode von insgesamt etwa 2 Jahren die Programme immer weiter verfeinert, bis schließlich höchstoptimierte vektorisierte Codes vorlagen. Tabelle 1 zeigt die Laufzeiten für die skalare und die optimierte vektorisierte Version einer Potentialberechnung für die Simulation von Kohlendioxidmolekülen. Gewünscht wird die Berechnung für möglichst hohe Anzahlen von Molekülen, soweit man sich das aus Rechenzeitgründen leisten kann.

Anzahl Moleküle N	Cyber 205 vektorisiert	Cyber 205 skalar	SuperCluster Modell 64
500	6,04	132,9	25,4
864	9,59	222,6	33,5
1000	10,90	264,2	36,2
2048	21,20	536,5	57,6

Tabelle 1:
Potentialberechnung für Kohlendioxidmoleküle, CPU–Zeit in Sekunden für
1000 Konfigurationen

Trotz der Optimierung wurde die verfügbare Rechenzeit zunehmend zu einem Problem, so daß die Entscheidung fiel, die Programme auf einen Parallelrechner zu übertragen. Zur Umstellung der Programme wurde nicht von der zuletzt erreichten vektorisierten Fassung ausgegangen, sondern wieder von der ursprünglichen skalaren Form. Innerhalb diesmal nur eines dreiviertel Jahres erreichte man die parallelisierte Fassung, die zunächst auf einem kleineren Megaframe-Parallelrechner verwendet wurde, und mittlerweile auch für ein SuperCluster vorliegt. Diese Ausführungszeiten sind ebenfalls in der Tabelle 1 enthalten. Nebenbei bemerkt bedeutet die

Ausführungszeit von 57,6 s etwa 30 effektive doppeltgenaue MFLOPS (ältere 20 MHz-Version des T800).

Einige Bemerkungen mögen den Kontext weiter erhellen: So zufriedenstellend es bereits sein mag, daß mit dem kleinsten SuperCluster schon etwa 35% der Cyber 205 erreicht wurden (bei einem Preis in der Größenordnung einer halben Million DM), so wichtig ist für die Institutsarbeit auch die praktische Verfügbarkeit der Ergebnisse. Die SuperCluster-Zeiten sind gleichzeitg CPU-Zeit und Verweilzeit. Da man für eine statistisch sichere Simulation etwa 2,5 Millionen Konfigurationen rechnen muß, bedeutet dies mit 15 CPU-Stunden auf der Cyber 205 bei maximal 6 kontingentierten CPU-Stunden pro Woche 2 bis 3 Wochen, bevor das Ergebnis vorliegt, das auf dem SuperCluster bereits nach 1 bis 2 Tagen verfügbar ist.

Eine andere Applikation, aus dem Forschungszentrum des Petro-Konzerns Shell in Amsterdam, ist ebenfalls eine klassische Supercomputeranwendung. Für den Bereich der Strömungsdynamik löst man üblicherweise partielle Differentialgleichungssysteme. Selbstverständlich kann auch dieser Vorgang parallelisiert werden, jedoch hat man bei Shell einen anderen Weg beschritten und eine Modellierung mit zellularen Automaten gewählt. Dieses Verfahren ist äußerst anschaulich: Der Strömungsraum wird in Zellen zerlegt und die Partikel des Fluids treten in eine Zelle ein (oder aus einer Zelle aus) und können ihre Bewegung nur aufgrund der Anwendung einer weniger Regeln ändern. Damit treten Probleme bezüglich numerischer Instabilitäten oder der Konvergenz gar nicht erst auf. Zudem ist das Verfahren sehr leicht zu programmieren, jedoch für klassische Rechner nicht effizient durchführbar. Messungen bei Shell haben bei einem Vergleich einer Lösung auf einer IBM 3090 mit einem 400-Prozessor-SuperCluster gezeigt, daß der SuperCluster die 50-fache Leistung des IBM-Großrechners für dieses Strömungsdynamik-problem erbringt.

Damit erschließen Parallelrechner neue Anwendungsgebiete, die bisher für Rechnersimulationen nicht zugänglich waren. Neben der Strömungsmechanik zählen zum Beispiel die neuronalen Netze, die genetischen Algorithmen oder die Echtzeitsimulation dazu.

Mit der Vorstellung des Transputers wurde vor vier Jahren die Parallelverarbeitung revolutioniert. Man darf gespannt sein, was Ende dieses Jahres die nächste Transputergeneration bringt.

Literatur

[1]   C.A.R. Hoare: Communicating Sequential Processes, CACM Vol. 21, Nr. 8, S.323–334.

[2]   D. May: Occam, ACM Sigplan Notices, Vol. 18, Nr. 4, April 1983, S. 69–79.

[3]   inmos: IMS T414 Reference Manual, inmos Ltd, 1985

[4]   F.-D. Kübler, F. Lücking: A Cluster-Oriented Architecture for the Mapping of Paralell Processor Networks to High Performance Applications, ACM Proceedings of the 1988 International Conference on Supercomputing, St. Malo.

[5]   M. Luckas: Performance Evaluation of a formally Supercomputer based Monte Carlo Program on a T800 Transputer Network, ACM Proceedings of the 1988 International Conference on Supercomputing, St. Malo.

Die Intel iPSC Systemfamilie

Peter Schuller

Intel Scientific Computers
Dornacherstr. 1
8016 Feldkirchen bei München

Zusammenfassung

Die Intel iPSC^R/2 und iPSC/860 Parallelrechner sind, mit weltweit mehr als 200 Systemen, eine der am weitest verbreiteten parallelen Rechnerarchitekturen mit verteiltem Speicher. Der Erfolg dieser Rechner ist begründet auf ihrer einfachen Anwendung, der Wirtschaftlichkeit paralleler Topologien und der Supercomputer-Rechenleistung.

Die hohe Rechenleistung pro Prozessorelement hat zur Konsequenz, daß in vielen Anwendungsfällen die Ein/Ausgabe-Übertragungsrate den limitierenden Faktor des Gesamtsystems darstellt. Diese Problematik wird bei der iPSC Systemfamilie mit einem parallelen Ein/Ausgabesystem angesprochen, das Platten- und Bandlaufwerke, sowie spezielle Peripherie integriert. Das "Concurrent File System™" organisiert und verwaltet Plattenzugriffe über alle verfügbaren Laufwerke parallel, so daß die Transferleistung im Mittel der Summe der einzelnen Übertragungsraten entspricht.

Die einfache Handhabung des Systems, im Vergleich zu anderen Parallelrechnern mit verteiltem Speicher, wird durch die "Concurrent Workbench™" unterstützt. Diese Entwicklungsumgebung schließt Werkzeuge für paralleles "Debugging", die Integration von Standard-Arbeitsplatzrechnern, Parallelisierungshilfen und Bibliotheken bereits parallelisierter mathematischer Funktionen ein.

Die Hardware

Die iPSC Systeme sind gegenwärtig von 8 bis 128 Prozessorknoten erweiterbar. Jeder dieser Rechenmodule (Bild 1) stellt einen unabhängigen Computer dar, der mit einem Standard-Mikroprozessor und eigenem Speicher ausgestattet ist. Die Kommunikation untereinander ermöglicht ein Hochleistungsnetzwerk, das in einer "mehrdimensionalen Würfelarchitektur" (Hypercube) ausgelegt ist. Im Gegensatz zu Parallelrechnern, bei denen die Prozessoren auf einen gemeinsamen Speicher zugreifen, kommunizieren sie bei dem verteilten Speicherkonzept über Nachrichtenaustausch. Bei Maschinen mit gemeinsamen Speicher ist jede Aktion des Rechners mit Speicherzugriffen verbunden. Mit zunehmenden Prozessorelementen steigt auch die Speicherzugriffszeit und limitiert bei Prozessoren mit hoher Rechenleistung die Gesamtanzahl der parallelen Recheneinheiten. Der limitierende Faktor dabei ist die Bandbreite des Übertragungsmediums (in der Regel Datenbusse). Um diesem Engpaß zu entgehen, sind Systeme mit verteiltem Speicher entstanden, bei der jeder Prozessor seinen eigenen Speicher besitzt und nur im Bedarfsfall Nachrichten mit gleichwertigen Partnern ausgetauscht werden. Theoretisch sind diese Systeme beliebig groß erweiterbar, die Übertragungsbandbreite wächst mit steigender Anzahl der Verbindungen. In Kauf genommen werden muß dafür ein komplexeres Programmiermodel, das die Kommunikation in Form von speziellen "Message Passing" Sprachkonstrukten realisiert.

Jeder Rechenknoten im iPSC/860 System enthält einen i860 Mikroprozessor, 8 - 16 MByte Speicher und führt gegenwärtig "C"- und Fortranprogramme mit maximal 33 MIPS/60 MFLOPS in 64 Bit Genauigkeit aus. Beginnend bei einer Systemgröße von 8 Knoten bis 128 Knoten, reicht die theoretische Rechenleistung von 264 MIPS/480 MFLOPS bis zu 4.224 MIPS/7.680 MFLOPS. LINPACK Benchmarks wurden mit 12 MFLOPS pro Knoten ausgeführt. Mit Compilern, die die speziellen parallelen und Vektoreigenschaften des Prozessors noch nicht ausnützen sind gegenwärtig im Dauerbetrieb 3 - 4 MFLOPS pro Knoten möglich. Ein optimiertes Programmbeispiel hat bei einer Matrixmultiplikation (Problemgröße 504 × 504) auf einem 16 Knoten System 608 MFLOPS erreicht und Kundenbenchmarks haben bei gegebenen Programmen, Leistungssteigerungen um den Faktor 4 - 25 gegenüber Abläufen auf i386SX (i386 Knoten mit Skalarbeschleuniger) ergeben. Die gegenwärtig noch großen Leistungsdifferenzen hängen im wesentlichen von der optimalen Anpassung des Programms an die Prozessorarchitektur ab, d.h. die Compilertechnologie für diese Art von Hochleistungs–RISC–Prozessoren muß technologisch entsprechend aufholen, um die Hardwarefunktionalität voll auszureizen. Diese Entwicklung wird aber schrittweise, mit der Verbesserung der gesamten Softwareumgebung stattfinden.

Auf der Prozessorplatine befindet sich weiterhin das Kommunikationsmodul, sowie das lokale Betriebssystem NX/2. Seine Hauptaufgabe ist die Abwicklung des schnellen und sicheren Datenaustausches innerhalb des Netzwerks, des Prozess- und Memorymanagement, sowie des UNIX kompatiblen File I/O's. Die NX/2 Systemaufrufe stehen allen iPSC/860 Programmiersprachen in Form von sprachspezifischen Interface–Bibliotheken zur Verfügung.

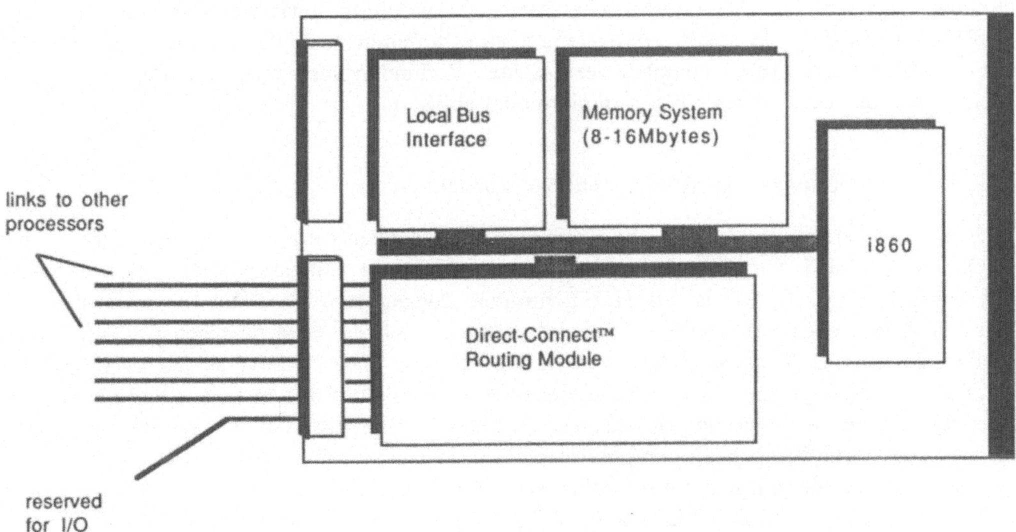

Bild 1:
i860 Rechenmodul

Das Netzwerk

Die Leistung eines Parallelrechners ist maßgeblich vom Verhältnis Rechenleistung pro Knoten zu Übertragungszeit von Informationen innerhalb des Netzwerks bestimmt. Im Idealfall sollten alle Prozessorelemente gleichzeitig Daten mit hoher Geschwindigkeit austauschen können, ohne daß die Rechenleistung pro Knoten beeinflußt wird.

Intel Scientific Computers hat daher in Zusammenarbeit mit dem CALTECH (Dr.Charls Seitz und Dr.Bill Daley) das DIRECT CONNECT Netzwerk für den iPSC/860 entwickelt. DIRECT CONNECT ist ein Hardware gesteuertes Message Passing System, das im jetzigen Design 128 Knoten miteinander verbindet. Es werden bis zu acht "Full Duplex" Kanäle, die gleichzeitig aktiv sein können, bedient. Die maximale Übertragungsrate beträgt 2,8 MByte/sec pro Kanal in einer Richtung. Der Verbindungsaufbau wird analog zum Aufbau einer Telephonverbindung durchgeführt. Durch Bedienen von Software-"Schaltern" wird ein Übertragungskanal etabliert. Vom Sendeknoten wird zum Empfänger ein kurzes Datenpaket gesendet, das automatisch den Übertragungspfad erstellt. Anschließend werden die Nutzdaten übertragen. Mit dem Ende des Datenpakets und der Bestätigung der fehlerfreien Übertragung wird dann die Verbindung wieder geöffnet. Es werden drei verschiedene Kommunikationsmodi unterstützt: synchrone, asynchrone und interruptgesteuerte Kommunikation. Bei der synchronen Kommunikation wird die Nachricht erst gesendet, wenn der Empfänger bereit ist für den Datenempfang. Bei der asynchronen Übertragung wird die Information in einem Puffer empfangen und wartet dort auf die Weiterverarbeitung. Der Arbeitsprozeß der CPU wird dabei nicht unterbrochen. Interruptgesteuert wird auf ein Signal eines aktiven Prozesses mit einer entsprechenden Routine geantwortet. Das Routing basiert auf dem E-CUBE Algorithmus, der "deadlock"-freie Kommunikation innerhalb eines Hypercube Netzwerks garantiert. Die Übertragung kurzer Dateneinheiten (bis zu 100 Bytes) benötigt, unabhängig von der Anzahl der zu passierenden Knoten, 70 μsec. Für die automatische Programmaufteilung sowie Lastverteilung, wird das DIRECT CONNECT in künftigen Systemen eine wesentliche Rolle spielen. Über DIRECT CONNECT ist ein virtuell komplett vermaschtes Verbindungsnetzwerk realisiert worden, das dem Anwender ein einfaches Programmiermodel anbietet.

Die Entwicklungsumgebung (Concurrent Workbench)

Die Programmerstellung und das Abwickeln von Applikationen wird auf dem Hypercube in einer HOST - TARGET Umgebung durchgeführt. Die zentrale Entwicklungsstation, der System Resource Manager (SRM) ist als HOST für den Zugang zum iPSC/860 verantwortlich. Auf diesem HOST, der unter UNIX 5.3 arbeitet, befinden sich die cubespezifischen Compiler und Entwicklungstools. Vom SRM aus werden die fertigen Programme auf das TARGET, das iPSC/860 System, geladen, dort auf die einzelnen Knoten automatisch verteilt und abgewickelt. Der SRM ist mit den notwendigen Adaptern zur Integration in ein TCP/IP Netzwerk ausgestattet. Damit besteht die Möglichkeit den gesamten Entwicklungsprozeß auf die Workstations im Netz zu verteilen und dezentral durchzuführen. Wird für eine Applikation in der Testphase nur ein Teil des Cubes, ein "SUBCUBE" benötigt, so ist der gesamte CUBE aufteilbar. Mit diesem, als SPACE SHARING bezeichneten Vorgang, können mehrere Entwickler gleichzeitig auf dem System arbeiten und auf kleineren Cube-Einheiten ihre Programme testen. Sobald ein fehlerfreies Programm vorliegt und die volle Rechenleistung des Parallelrechners benötigt wird, kann dann der gesamte Cube zugeordnet werden. Ob ein Programm auf 2, 4 oder 128 Knoten abläuft ist für den Aufbau des Programms ohne Bedeutung. Es ist in jedem Fall das identische. Die Information über die Cubegröße wird über die Deklaration von Variablen vermittelt. Die in vielen Fällen notwendige Fehlerbehandlung, Lastaufteilung und Optimierung in der Testphase, ermöglicht DECON. DECON ist ein Debugger, der speziell für die Untersuchung paralleler Probleme zugeschnitten ist. Er ermöglicht:

- Überwachen, Prüfen und Beeinflussen des Nachrichtenaustausches im Netzwerk,
- Überwachen und Synchronisation einzelner Prozesse,
- Prüfen und Beeinflussen der verteilten Datenstrukturen,
- und das Management des gesamten Debugg-Prozesses.

Programmiersprachen

Auf dem iPSC/860 System werden Programmiersprachen eingesetzt, die schon weite Verbreitung in technisch-wissenschaftlichen Anwendungen haben und bislang intensiv im Umfeld der parallelen Verarbeitung zuhause sind. Die traditionellen Sprachen sind "C" und FORTRAN. Für "C" sind ein Green Hills und der ANSI "C" Compiler von AT&T vorhanden. Das iPSC/860 FORTRAN entspricht den FORTRAN-77 Standards, mit einigen Erweiterungen für die parallele Architektur des Rechners. Die "Message Passing"-Konstrukte für die Kommunikation zwischen den einzelnen Knoten und dem SRM stehen in der Form von Systemaufrufen zur Verfügung, die in die Hochsprachen eingebunden sind. Weitere Funktionen, die diese Bibliothek anbietet, sind Cube-Management-Aufrufe, die Aussagen über die benutzten Cubegrößen, die einzelnen Prozesse auf den Knoten und die Knotenadressierung geben.

Integration von Arbeitsplatzrechnern

Zum komfortablen Umgang mit dem iPSC/860 System reicht der System Resource Manager alleine nicht aus. Die Entwicklungsumgebung schließt "Remote Host" ein; eine Bibliothek, die Programmen auf der Workstation direkten Zugang zum iPSC/860 ermöglicht. Dabei stehen für die Kommunikation die gleichen Systemaufrufe bereit, wie für die Knoten-Knoten Kommunikation. Natürlich ist dieser Zugriff über TCP/IP wesentlich langsamer als das iPSC/860 Message Passing, jedoch erlaubt es die rechenintensiven Anteile von Applikationen in den Parallelrechner zu verlagern und Ein/Ausgabe-Anteile incl. der Ergebnisdarstellung auf der Workstation zu halten. Für Produktionsanwendungen entsteht ein Szenario, bei dem der Benutzer sein gewohntes "User Interface" behält und die große Rechenlast im Hintergrund auf dem Parallelrechner abläuft. Während des Entwicklungprozesses werden von der Workstation nur die Compileläufe über TCP/IP auf den SRM ausgelagert, das Editieren und die Compileergebnisse gehören zur Workstation. Für große Entwicklungsaufgaben können mehrere Compileserver fungieren und weiterhin ermöglicht ein Simulator die Simulation von 20 parallelen Prozessen und des gesamten Cubemanagements. Der Simulator läuft auf Standard Unix 5.3 Systemen.

Ein paralleles Programmbeispiel

Nehmen wir eine zweidimensionale elliptische, partielle Differentialgleichung und suchen ihre Lösung für den eingeschwungenen Zustand. Ein iterativer Lösungsansatz ermittelt Werte an einem Punkt unter Verwendung einer Jacobi Iteration, durch die Berechnung der linearen Kombination der Ergebnisse direkt benachbarter Punkte. Der Datenbereich sei in Spalten (Bild 2) aufgeteilt und jede Spalte wird einem Prozessor zugeordnet.

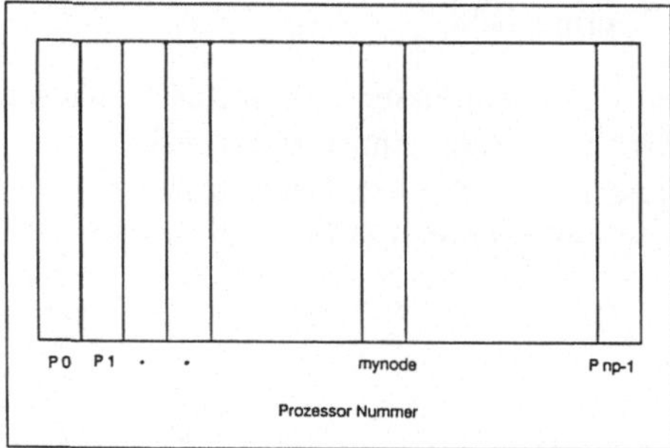

Bild 2:
Datenkomposition

Jeder Prozessor berechnet die "Jacobi" für seinen Datenbereich und tauscht Informationen mit seinen linken und rechten Nachbarn, falls notwendig. Wegen DIRECT CONNECT sind diese Nachbarn zwingenderweise nicht physikalisch benachbarte Prozessorelemente. Im Programmbeispiel 1 sind der serielle und der parallele Code gegenübergestellt. Der Unterschied wird in vier zusätzlichen Zeilen Code deutlich, der die Abfragen mit den entsprechenden Sende- und Empfangsaufrufen an den Datenbereichsgrenzen ausführt. Die Cubegröße und der lokale Knoten werden über die Variablen "np" und "my" definiert und "Pid" ist der Name des aktiven Prozesses.

Serielles Programm

```
real*8  x (0:n+1,0:n+1),y(0:n+1,0:n+1)
real*8 a (0:n+1,0:n+1)




do 30 it = 1,ntot
  do 10 j = 1,n
  do 10 i = 1,n
    x (i,j) = y (i,j)
10 continue




do 20 j = 1,n
do 20 i = 1,n
  y(i,j) = a(i,j+1)*x(i,j+1)+a(i,j-1)*x(i,j-1)
      + a(i,j)*x(i,j)+a(i+1,j)*x(i+1,j)
      + a(i-1,j)*x(i-1,j)
20  continue
30 continue
```

Paralleles Programm

```
real*8   x(0:n+1,0:m+1),y(0:n+1,0:m+1)
   real*8  a(0:n+1,0:m+1)
   my = mynode()
   np = numnodes()
   pid = mypid()
        do 30 it = 1,ntot
          do 10 j = 1,m
          do 10 i = 1,n
            x (i,j) = y (i,j)
10 continue
   if(my.ne.0)  call  csend(10,x(1,1),8*n,my-1,pid)
   if(my.ne.np-1)  call  csend(20,x(1,m),8*n,my+1,pid)
   if(my.ne.0) call crecv(20,x(1,0),8*n)
   if(my.ne.np-1)callcrecv(10,x(1,m+1),8*n)
        do 20 j = 1,m
        do 20 i = 1,n
          y(i,j) =  a(i,j+1)*x(i,j+1)+a(i,j-1)*x(i,j-1)
              + a(i,j)*x(i,j)+a(i+1,j)*x(i+1,j)
              + a(i-1,j)*x(i-1,j)
20  continue
30 continue
```

PROGRAMMBEISPIEL 1

Das Ein/Ausgabe System

Ein/Ausgabe Knoten

Eine wesentliche Einschränkung des System bestand bei frühen iPSC Systemen in der begrenzten externen Speicherkapazität, die hauptsächlich durch den SRM und die Workstations im TCP/IP Netz vorgegeben war. Intel Scientific Computers entwickelte deshalb ein paralleles Ein/Ausgabe System. Spezielle Ein/Ausgabe Knoten (Bild 3) bedienen dabei ein SCSI Interface, das bis zu sieben 5,25 Zoll Winchester Laufwerke pro Knoten unterstützt. Die Ein/Ausgabeknoten sind über den Kanal acht des DIRECT CONNECT Moduls in das Hypercube Netzwerk integriert. Jedem Rechenknoten kann ein Ein/Ausgabe Knoten zugeordnet werden. Es sind maximal 127 I/O Knoten möglich, denn der I/O Kanal des Knotens 0 ist für die Kommunikation mit dem SRM reserviert. Die I/O Knoten sind nahezu identisch zu den iPSC/2 i386 Rechenknoten, sie haben zusätzlich ein SCSI Interface und einen Adapter für VME–Bus oder Multibus II Karten. Die I/O Datenrate pro I/O Modul beträgt innnerhalb des Netzwerks 2,8 MByte/sec. Betrachten wir die Datenrate heutiger Festplatten, die bei einem Mbyte/sec liegt, so sind vernünftigerweise zwei Platten pro E/A Knoten einzusetzen. Maximal können über das SCSI Interface sieben Devices versorgt werden, damit erhält das iPSC/860 System mehr als 500 GByte Festplattenkapazität. In Bild 4 ist eine Konfiguration mit 8 Rechenknoten und 4 Ein/Ausgabe- knoten dargestellt.

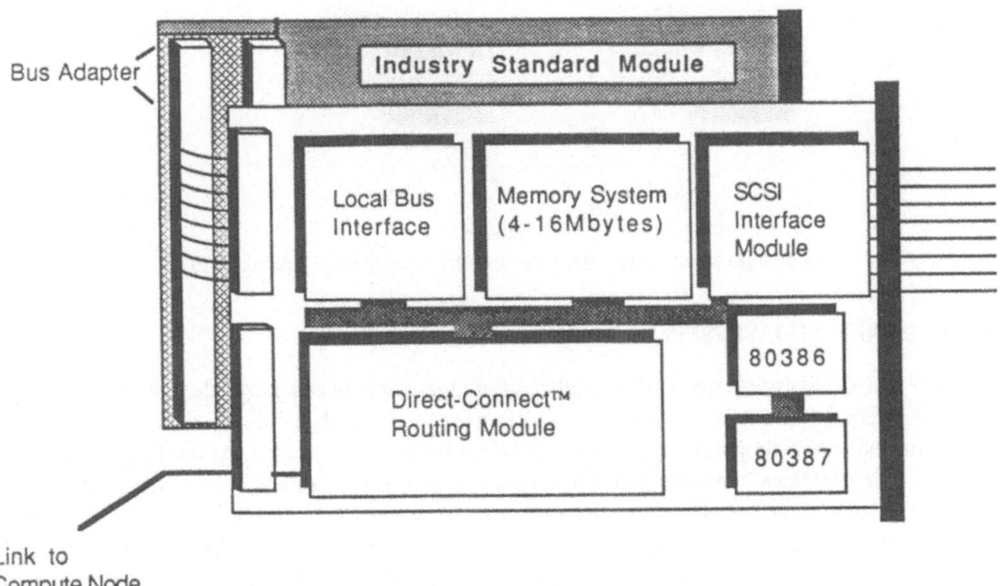

Bild 3:
I/O Knoten mit Multibus II oder VME plus SCSI Interface

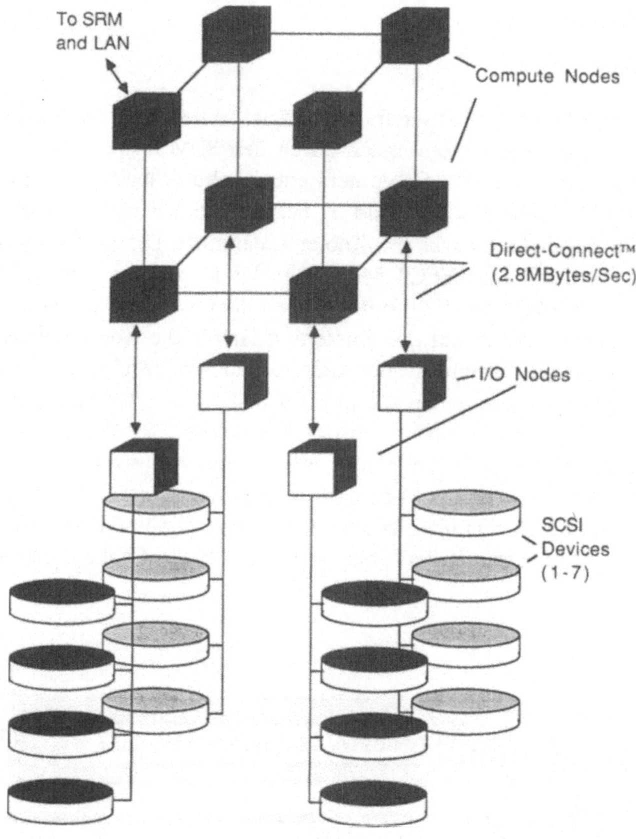

Bild 4:
Konfiguration mit 8 Rechnerknoten und 4 Ein/Ausgabeknoten

CONCURRENT FILE SYSTEM

Das EIN/AUSGABE System wird vervollständigt durch ein neues paralleles Filesystem (CFS). Dem Anwender wird die Aufgabe der Fileverwaltung durch CFS so einfach wie möglich gemacht. Ohne auf die parallele Struktur Rücksicht nehmen zu müssen, ist die Bedienung ebenso einfach, wie die eines konventionellen Filesystems. Datenfiles, selbst in Gigabytegröße, werden vom CFS parallel und automatisch verwaltet. Dateien sind nicht limitiert durch die Kapazität einer Festplatte. Eine Datei kann im Extremfall, in Blöcken zu 4 KByte parallel auf allen vorhandenen Platten verwaltet werden. Die dabei verwendete Technik wird als "Declustering" bezeichnet. Jeder Block ist durch Laufwerks- und Blocknummer eindeutig definiert. Bei einer Schreiboperation werden die Blöcke eines Files automatisch von CFS auf alle I/O Knoten verteilt und in einen 2 MByte großen Cache Speicher auf dem I/O Knoten übernommen. Dadurch werden Verzögerungen durch Plattenzugriffe kompensiert. Alle einzelnen Plattenlaufwerke erscheinen für den Benutzer zusammengefaßt als eine einzige große Platte. Als Interface zu CFS dienen UNIX kompatible "stdio" Systemaufrufe, die allen Sprachen auf dem Hypercube zur

Verfügung stehen. In einer weiteren Ausbaustufe ist die Kopplung von CFS an NFS geplant. Workstations im TCP/IP Netz können dann direkt auf das Filesystem des Cubes zugreifen und das iPSC/860 System als großen Fileserver betrachten.

Dateistruktur

Jede CFS Datei enthält einen "Header Block" mit Informationen über die Dateigröße, Zugriffsrechte und Zugriffsdatum und -zeit. Bei kleinen Dateien enthält der Header zusätzlich die Nutzdaten; große Dateien werden durch ihre Blocknummern im Header definiert.
Auf jedem Ein/Ausgabe Knoten läuft ein Prozeß, der für die Verwaltung der Dateiblöcke "seiner" Platten verantwortlich ist. Die Blöcke werden in 32 Bit Pakete so aufgeteilt, daß der Plattenplatz optimal genutzt wird und schnelle Zugriffszeiten garantiert sind.

Dateinamen

Dateien in CFS sind durch die Pfaderweiterung "/cfs " gekennzeichnet. Die unix-kompatible Verzeichnisstruktur verwaltet ein "Name-Server" Prozeß auf einem I/O Knoten. Dadurch ist die Datenkonsistenz gesichert. Dieser Prozeß könnte als Engpaß bei einer großen Anzahl von "Open und Close" Operationen angesehen werden, wirkt sich aber bei den häufigsten Aktionen der Applikationen (open: selten, schreiben/lesen: oft) nicht als Begrenzung aus.

Zusatzfunktionen

Zwei weitere Prozesse sind für das CFS aktiv und residieren auf demselben Knoten wie der Name-Server Prozeß. Ein "Verwalter" überwacht die Applikationen auf den Rechenknoten und informiert die Diskprozesse, falls Files geschlossen werden müssen. Weiterhin unterstützt er Pipe-Funktionen und den Start von CFS. Der "Header" Prozeß lädt ausführbare Programme entweder von CFS oder vom SRM Filesystem in die einzelnen Knoten zur Programmausführung.

Ein einfaches Beispiel

Wenn ein Rechenknoten eine OPEN Operation ausführt, findet der NAME Prozeß auf dem ersten I/O Knoten den ersten Block der gewünschten Datei (Bild 5). Er wird dann zum Rechenknoten in das CFS Header Cache gesendet (read only cache). Eine SEEK Operation stellt einen Pointer auf den entsprechenden Eintrag in der Blockliste. Anschließend werden einige Blöcke vom I/O Knoten gelesen, wovon der erste sofort zum Rechenknoten gesendet wird. Der Rest bleibt im Cache des I/O Knotens. Die weiteren Zugriffe werden dann "Round Robin" auf alle restlichen Platten verteilt, bis der nächste Block von der ersten Platte an der Reihe ist. Die Daten sind inzwischen im I/O Cache und können ohne Verzögerung gelesen werden. Der Cache-Algorithmus versucht immer acht Blöcke bei jedem Plattenzugriff im Cache zu halten. Ein "Look Ahead" Mechanismus stellt sicher, daß das Cache immer aktualisiert wird, wenn die Hälfte der Blöcke vom Rechenknoten angefordert wurden. Ein "C" Beispiel zeigt den typischen Ablauf für einen CFS Zugriff, alle I/O Knoten arbeiten dann parallel nach dem selben Verfahren auf einer Datei:

Knotenprogram in "C"

```
f=fopen    (fname,"rw");
s=fseek    (f,offset,0);
s=fread    (buf,size,f);

* Berechnungen auf buf *
.
.
.
s=fwrite   (buf,size,f);
fclose     (f);
.
.
```

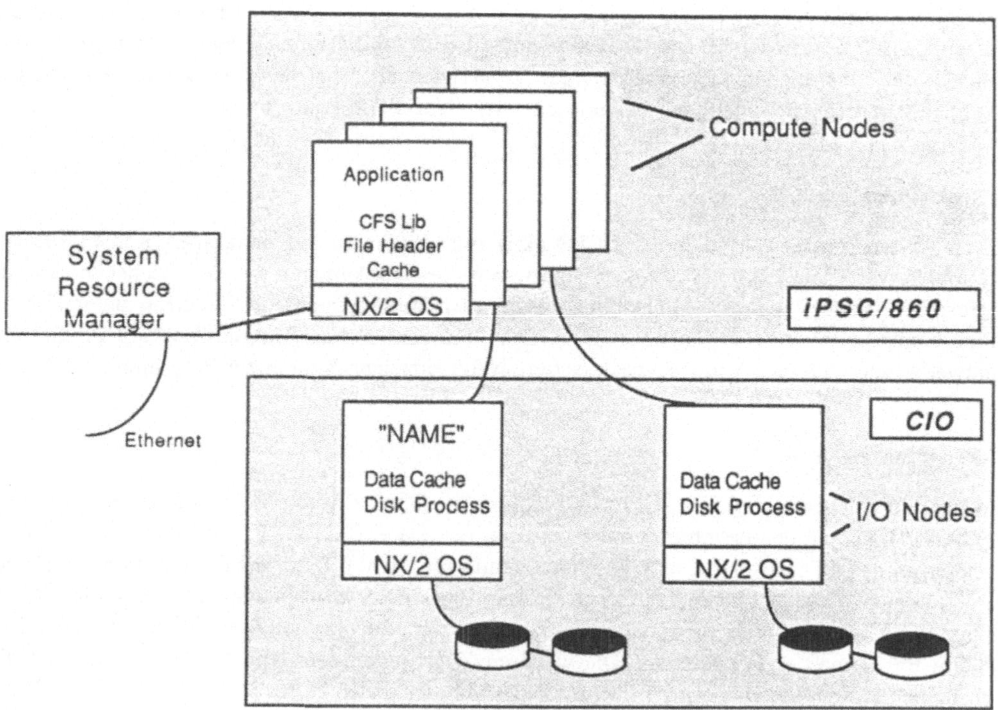

Bild 5:
Concurrent File System Konfiguration

CFS und Fortran

Für Fortran wurden einige Zusätze implementiert, die auf die fortranspezifischen I/O-Puffer-mechanismen eingehen. Sie sind kompatibel mit den "C" I/O Konstrukten und erlauben C- und Fortranprogrammen gleiche Daten zu verwenden. Benötigt beispielsweise jeder Knoten ein separates "Scratch File", während jeder Knoten dasselbe Programm bearbeitet, so würden alle Knoten die gleiche Datei ansprechen wollen; ein Ablauf, der sicher nicht wünschenswert ist. CFS hat dafür eine Konvention, die durch drei "###"-Zeichen in einem Dateinamen die aktuellen Knotennummern repräsentieren. Der Fortran Aufruf,

OPEN(10,FILE='/cfs/scratch###')

ausgeführt auf Knoten 13, öffnet das File "scratch013". Dadurch kann derselbe Code auf allen Knoten verschiedene Dateien mit dem gleichen Namen ansprechen.

Zusammenfassung und Ausblick

Leistungsfähige Mikroprozessoren, wie beispielsweise der i860, öffnen parallelen Computer-systemen Zugang in den Leistungsbereich der Supercomputer. Die Programmierumgebungen haben sich inzwischen so verbessert, daß der große Schrecken vor der Komplexität dieser Systeme verschwunden ist. Vorallem das günstige Preis/Leistungsverhältnis rechtfertigt immer mehr die Portierung und Parallelisierung großer Produktionssoftware für Anwendungen, die nach interaktiver Supercomputerleistung verlangen. Paralllelrechner sind für numerisch intensive Aufgaben ein immer wichtigerer Bestandteil der heutigen Großrechnerwelt. Entsprechende Interfaces erlauben die einfache Kopplung und Integration in die etablierte EDV-Umgebung. Forschungsaktivitäten, wie das von DARPA geförderte "TOUCHSTONE" Projekt, haben zum Ziel die Technologie für parallele Systeme mit mehreren tausend hochleistungsfähigen Mikroprozessoren zur Verfügung zu stellen, die so einfach anwendbar sind wie heute Workstations. Der erste "Touchstone" Prototyp wird Ende 1991 fertig sein und mit 512 i860 Prozessoren zu beweisen haben, ob die hohen Erwartungen erfüllt werden können.

Literatur

[1]   C.L.Seitz, et al., The Hypercube Communications Chip, Dep. of Computer Science, California Institute of Technology, Display File, March 1985.

[2]   Pierce,P. "A Concurrent File System for a Highly Parallel Mass Storage Subsystem". Proceedings of the Forth Conference on Hypercube Concurrent Computers and Applications 1989.

[3]   Close,P. "The iPSC/2 Node Architecture". Proceedings of the Third Hypercube Conference 1988.

[4]   Asbury, R. Scott, D. ”Fortran I/O on the iPSC/2”   – Is there Read After Write? –. Proceedings of the Forth Conference on Hypercube Concurrent Computers and Applications 1989.

[5]   Ungerer, Theo. ”Innovative Rechnerarchitekturen”, Bestandsaufnahme, Trends, Möglichkeiten, McGraw–Hill–Book–Company, 1989

Das SUPRENUM–System

Karl Solchenbach, Bernhard Thomas, Ulrich Trottenberg

SUPRENUM – Gesellschaft für numerische Superrechner mbH
Hohe Str. 73
5300 Bonn 1

1 Einleitung

Ende 1989 wurde das SUPRENUM Verbundprojekt erfolgreich abgeschlossen. Das Ergebnis, der parallele Superrechner für numerische Anwendungen, SUPRENUM 1, hat mit seinem als einzigartig geltenden Systemkonzept, das innovative Hardwarearchitektur und ein darauf abgestimmtes, effizientes Softwareenvironment integriert, die Designentscheidungen voll bestätigt. Der Markteintritt ist mit ersten Installationen bereits erfolgt, für das erste Halbjahr 1990 stehen weitere Auslieferungen an.

Neben der erfolgreichen Entwicklung ist ein nicht zu überschätzendes Ergebnis des Projekts das Know–how, das in den Bereichen parallele Hard- und Softwarearchitektur, parallele Algorithmen und Anwendungssoftware an vielen Stellen in der Bundesrepublik entwickelt wurde.

In dieser Arbeit gehen wir auf alle Aspekte des SUPRENUM-Systems ein (Hardware in Abschnitt 2, Anwendungs-Software in Abschnitt 4) wobei der Schwerpunkt auf das innovative Programmiermodell (Abschnitt 3) gelegt wird. Außerdem werden in Abschnitt 5 zum erstenmal Leistungszahlen für parallele Anwendungen genannt.

2 Die SUPRENUM–Hardware–Architektur

Die SUPRENUM-Hardware kombiniert die Vorteile vieler parallel arbeitender Prozessoren ("Knoten") mit der Pipeline-Verarbeitung in jedem einzelnen dieser Rechenknoten. Jeder Rechenknoten besitzt neben dem zentralen Prozessor und der für die schnelle Ausführung arithmetischer Operationen zuständigen Vektoreinheit unter anderem einen eigenen lokalen Speicher und eine Kommunikationseinheit. Durch diese Ausstattung wird jeder einzelne Rechenknoten zu einem Hochleistungsrechner: Die nominale Rechenleistung jedes Knotens beträgt 10 MFlops, bei verketteten Operationen 20 MFlops; der lokale Speicher pro Knoten ist 8 MByte groß.

Anders als bei den Rechnerarchitekturen, die heute den Superrechnermarkt beherrschen – Vektorrechner und Multiprozessorrechner, bei denen sich die Prozessoren einen großen gemeinsamen Speicher teilen – kann die Leistung von Multiprozessorrechnern mit lokalen Speichereinheiten prinzipiell unbegrenzt gesteigert werden, indem der Parallelitätsgrad, die Anzahl der Knoten, entsprechend erhöht wird. Die erreichbare Rechenleistung steigt dabei linear mit der Zahl der Knoten.

Die Architektur von SUPRENUM ist an vielen Stellen beschrieben worden ([1], [4]). Sie sei deshalb hier nur kurz skizziert.

Die Abbildung 1 zeigt die globale Architektur des SUPRENUM-Rechners. In der größten Ausbaustufe sind 256 sogenannte Knotenrechner in einem zweistufigen Bussystem miteinander verbunden.

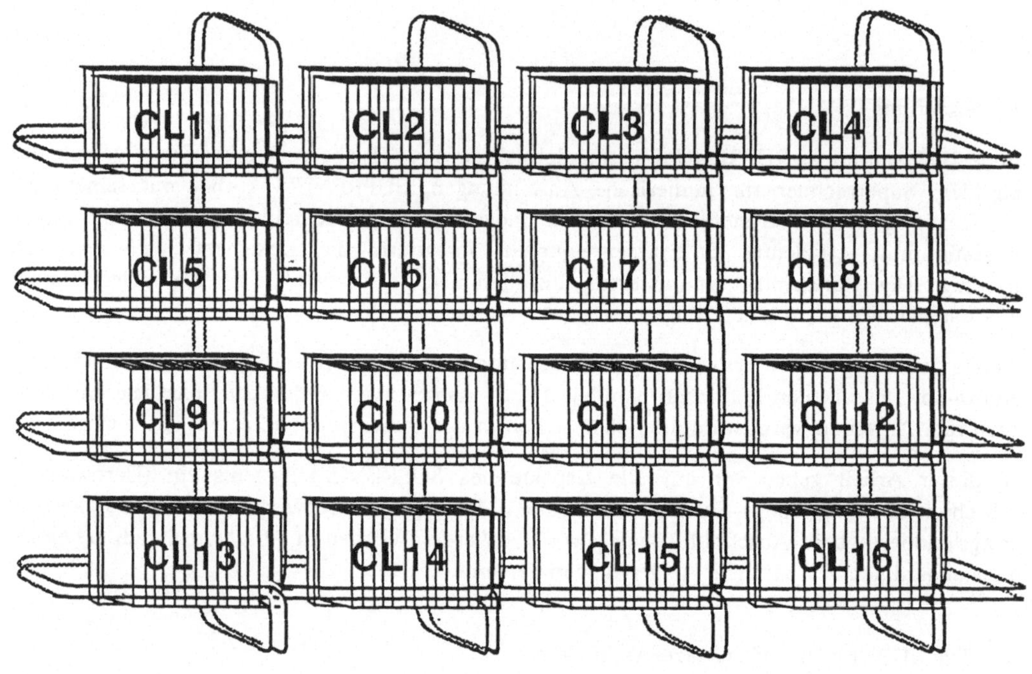

Abbildung 1:
Architektur des SUPRENUM-Systems bestehend aus 16 Clustern und 256 Knoten.

Jeweils 16 Knoten sind in einem Cluster angeordnet, zusammen mit einem Plattencontroller-Knoten, einem Diagnose-Knoten und zwei Kommunikations-Knoten. An den Plattencontroller-Knoten sind bis zu 4 Platten mit je 1.2 GB Speicherkapazität anschließbar. Alle Knoten sind durch den parallelen Clusterbus mit einer Bandbreite von 320 MB/s verbunden.

Die beiden Kommunikationsknoten stellen die Verbindung zwischen dem Clusterbus und den seriellen SUPRENUM-Bussen dar, welche die Cluster untereinander in einer Torus-Topologie verbinden. Die Bandbreite des SUPRENUM-Busses beträgt 200 Mbit/s. Der Front-End Rechner (eine SUN Workstation) ist in das SUPRENUM-Bus-System integriert. Der Benutzerzugang und die Anbindung des SUPRENUM-Systems an bestehende Rechnerumgebungen oder -netze erfolgt über die Gateway-Funktion des Front-End Rechners.

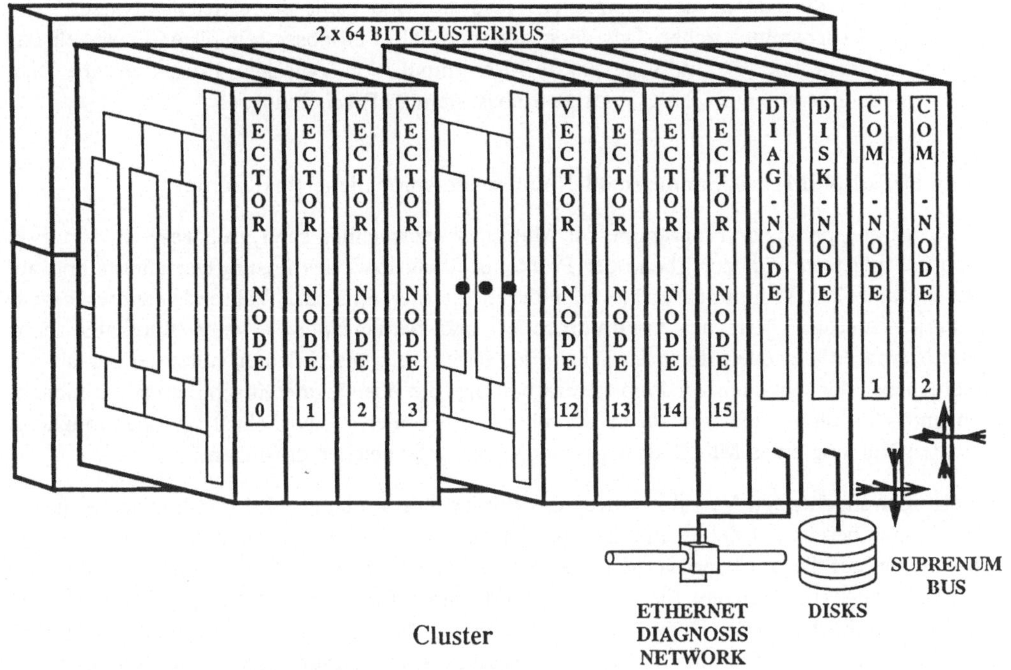

Abbildung 2:
Schematischer Aufbau eines Clusters

3 Die Systemsoftware und das Programmiermodell

Die größte wissenschaftliche Herausforderung beim Entwurf und bei der Realisierung einer solchen parallelen Rechnerkonzeption besteht – neben der Bereitstellung hinreichender Parallelität in den numerischen Anwendungen – in der Bewältigung des Kommunikationsproblems. Dieses zentrale Problem muß von der Hardware, der Systemsoftware und der Anwendungssoftware aufeinander abgestimmt gelöst werden. Die SUPRENUM-Lösung dieses Problems basiert auf folgendem Programmiermodell und der zugehörigen Systemarchitektur:

- Anwendungen werden als Systeme kooperierender paralleler Prozesse mit streng lokalen Objekten programmiert,
- Prozesse kommunizieren durch Austausch von Nachrichten.

Die Struktur des Prozeßsystems wird durch die Anwendung definiert und ist hardwareunabhängig. Die Zuordnung der (logischen) Prozesse auf die (physikalischen) Knoten wird durch – teilweise heuristische – Optimierungsverfahren unterstützt.

3.1 Die SUPRENUM-Systemsoftware

Die umfangreiche Softwareausstattung des SUPRENUM-Rechners umfaßt Systemsoftware, Programmiersprachen, Entwicklungstools und Anwendungssoftware. Die SUPRENUM-Systemsoftware verbirgt die Details der komplexen Hardware und stellt die effiziente Nutzung der vorhandenen Betriebsmittel sicher. Das dedizierte parallele Betriebssystem PEACE wickelt das Prozeßmanagement und die message-passing-Kommunikation zwischen Prozessen ab. Dem Benutzer gegenüber tritt nur UNIX V als Betriebssystem in Erscheinung.

3.2 Das SUPRENUM-Programmiermodell und seine sprachliche Realisierung

Die Entwicklung paralleler Programme für Multiprozessorrechner kann grob gesehen von zwei Ebenen her ansetzen: Auf der Ebene der Problemstellung bzw. des Lösungsverfahrens und auf der Ebene einzelner Programmbefehle oder deren interner Struktur. Während letzteres bereits eine Parallelisierung "hart am Programmcode" und damit einen – heute durchaus schon automatisierbaren – zweiten, feineren Schritt des Parallelisierens bedeutet, nutzt der Ansatz auf Problemebene Möglichkeiten zur Parallelverarbeitung, die über lokale Zusammenhänge hinausgehen und – im Sinne einer top-down Vorgehensweise – den ersten Schritt zu einer möglichst effizienten Nutzung eines MIMD-Systems mit verteiltem Speicher darstellen.

Mit seinem weitgehenden Verständnis für das vorliegende Problem wird der Entwickler in der Regel nämlich bereits auf der Ebene der Problemstellung inhärente Parallelität erkennen. Daher kann er schon auf dieser Ebene parallel abarbeitbare Teilaufgaben (tasks) identifizieren und sich so ein Parallelisierungskonzept für sein Programm entwerfen. Typische Beispiele sind hier die Aufteilung des Rechen- oder Datenraumes (z.B. Gitter, Matrizen), auf dem bestimmte Algorithmen operieren, die Aufteilung des Lösungsverfahrens in unabhängige Teilschritte oder die fließbandartige Zusammenschaltung von Teilen eines Rechenverfahrens, wobei sich logisch aufeinanderfolgende Teile jeweils Teilergebnisse zureichen.

Bei diesen Überlegungen ist der Programmierer noch weitgehend frei von Einzelheiten der Umsetzung in eine konkrete Programmiersprache oder gar von den Gegebenheiten der parallelen Hardware (Prozessorenanzahl, Granularität, Verbindungsstruktur etc.). Was er an dieser Stelle benötigt, ist ein adäquates, einfaches Programmiermodell – und die Gewißheit, daß sich ein auf dieser Ebene konzipierter Programmentwurf anschließend durch geeignete sprachliche Konstrukte auf die Maschine "abbilden" läßt.

Ein solches Programmiermodell bietet die Abstrakte SURPENUM-Maschine. Das Modell ermöglicht den Programmentwurf auf der Basis von parallel ablaufenden, miteinander kommunizierenden Prozessen und kann grundsätzlich auf eine große Klasse von Multiprozessoren mit verteiltem Speicher abgebildet werden. Das SUPRENUM-System unterstützt diese Sicht sowohl auf Hardware- und Systemsoftware-Ebene als auch durch spezifische Spracherweiterungen in Fortran.

Um systemspezifische Details wie Prozessoranzahl und -typ, Verbindungskanäle oder etwa die Clusterstruktur bei SUPRENUM braucht sich der Programmierer nicht zu kümmern. So werden die einzelnen Prozesse gewöhnlich auf individuellen Prozessoren ablaufen, wobei der initiale Prozeß auf einem Front-end-Prozessor residiert. Vektoroperationen werden über die Vektoreinheit des Knotenrechners abgewickelt. Im Verlaufe der Programmentwicklung brauchen all diese Dinge zunächst keine Rolle zu spielen. So kann z.B. eine Anwendung, die für eine bestimmte Anzahl von Prozessoren gedacht ist, ebensogut – ohne Recompilation – auch auf einer geringeren Anzahl ablaufen (Multiprocessing auf den Knoten), zwar mit entsprechend geringerer Geschwindigkeit, aber ohne Konsequenzen für die Programmentwicklung.

Empfehlenswert ist es allerdings, auf Möglichkeiten zur Ausnutzung von Vektor- und Array-Verarbeitung innerhalb der parallelen Teilaufgaben (oder Prozesse) zu achten. Beim Umsetzen in Programmcode können diese dann durch geeignete Sprachkonstrukte oder einen automatischen Vektorisierer für den Ablauf auf einer Vektoreinheit vorbereitet werden. Dies ist jedoch typischerweise erst der zweite Schritt und dient einer Parallelisierung auf niederer Ebene (z.B. SIMD-Parallelisierung).

Der Entwurf eines parallelen Programmes auf der Basis der Abstrakten SUPRENUM-Maschine ist damit denkbar einfach und kommt dem gewohnten Vorgehen weitestgehend entgegen. Der initiale Prozeß wird als einzelnes Hauptprogramm geschrieben und übernimmt in der Regel Erzeugung des Prozeßsystems (oder eines ersten Teils davon), seine Initialisierung (d.h. Versorgung mit Parametern und Startdaten) und die allgemeine Ein-/Ausgabe. Alle anderen Prozesse sind ausführbare Kopien (Inkarnationen) eines oder mehrerer sog. task-Programme (ebenfalls abgeschlossene Hauptprogramme), die dem gewählten Parallelisierungskonzept entsprechend geschrieben werden.

SUPRENUM bietet dem Programmierer Sprachkonstrukte, die eine direkte Umsetzung des im Programmiermodell konzipierten Programms in Fortran ermöglichen. (Die Beschreibung des Programmiermodells und eine Verdeutlichung anhand einfacher Beispiele findet man in [3],[6].)

3.3 Warum Fortran für SUPRENUM?

Fortran ist (immer noch) die Standard-Programmiersprache auf Supercomputern. Dies liegt u.a. daran, daß große Mengen technisch-wissenschaftlicher Software in Fortran geschrieben worden sind und niemand es sich leisten kann, auf diese Softwarebasis zu verzichten oder sie in eine andere Sprache umzuschreiben. Allen Versuchen in der Vergangenheit, Fortran zu ersetzten (PL/1, Algol), war nur beschränkter Erfolg beschieden.

Das heutige Fortran auf Supercomputern ist nicht mehr identisch mit dem alten Fortran 66. Der neue Fortran 8X Standard, der einmal Fortran 88 heißen sollte, bis heute aber noch nicht endgültig verabschiedet ist, enthält viele Sprachelemente, die strukturiertes und modulares Programmieren unterstützen. Der aus alten Fortran 66-Tagen berüchtigte "Spaghetti-Code" wird damit (hoffentlich) der Vergangenheit angehören.

Für SUPRENUM als numerischen Supercomputer ist Fortran als Anwendungssprache ein absolutes "Muß". Die Abstrakte SUPRENUM-Maschine, wie sie im vorhergehenden Abschnitt beschrieben wurde, ist durch (globale) MIMD-Parallelverarbeitung und (lokale) SIMD-Vektorverarbeitung in jedem einzelnen Knotenrechner gekennzeichnet. Zur Programmierung sowohl der MIMD- wie der SIMD-Komponente auf SUPRENUM stehen einfache Spracherweiterungen zur Verfügung.

So wie Fortran 8X bereits die Vektorverarbeitung durch entsprechende Array-Konstrukte unterstützt, wird die weitere Fortran-Entwicklung auch die Formulierung "echt" paralleler MIMD-Verarbeitung gestatten.

Die für SUPRENUM festgelegten und vom SUPRENUM–Fortran–Compiler direkt verarbeiteten Spracherweiterungen beziehen sich u.a. auf die parallele MIMD–Verarbeitung.

3.4 Der Fortran–Sprachumfang auf SUPRENUM

Der SUPRENUM–Fortran–Compiler wurde vollständig neu entwickelt. Sein Sprachumfang basiert auf Standard–Fortran 77 mit folgenden Erweiterungen:

- Erweiterungen aus Fortran 8X zur Unterstützung der Vektorverarbeitung im einzelnen Knoten,
- MIMD–Erweiterungen, die zum Prozeßmanagement und zur Kommunikation (message–passing) dienen.

Die Fortran 8X–Erweiterungen beinhalten im wesentlichen die gesamte Array–Notation einschließlich vieler nützlicher intrinsischer Funktionen.

Um die Vektor–Gleitkommaeinheit anzusteuern und damit die hohe Rechengeschwindigkeit des Knotenrechners zu erhalten, kann neben der direkten Codierung in Fortran 8X–Array–Notation auch ein Standard–Vektorisierer auf konventionellen Fortran 77–Code angewendet werden.

In Abbildung 3 sind beide Möglichkeiten der Codierung gegenübergestellt. Die kompakte Programmierung in Fortran 8X wird an diesem einfachen Beispiel besonders deutlich.

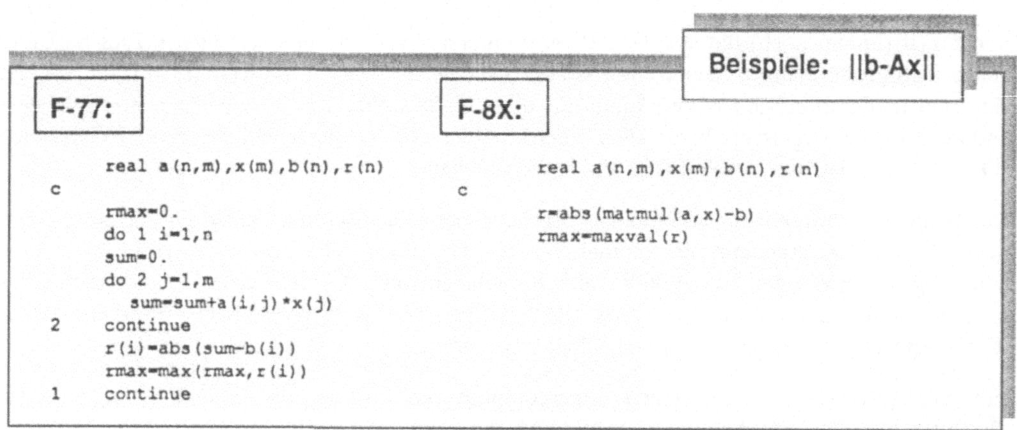

Abbildung 3:
Vergleich Fortran 8X und Fortran 77–Code

Zum Compiler gehört eine mathematische Bibliothek, die optimal vektorisierte Versionen der mathematischen Funktionen (z.B. Sinus, Logarithmus, etc.) bereitstellt.

Die MIMD-Erweiterungen, die in Abbildung 4 zusammengefaßt sind, sollen mit ihrer Semantik etwas detaillierter beschrieben werden.

Neue Features

Programmstruktur	`PROGRAM,    TASK PROCRAM`

Neuer Datentyp	`TASKID   TASK EXTERNAL`
	`.NOTASKID. MYTASKID() MASTER()`
	`= .EQ. .NE.`

Prozeßerzeugung	`TASKID-Funktion NEWTASK(tprogname,cpu)`

Kommunikation	`SEND (tag,adressaten-id,...) i/o-liste`
	`RECEIVE (tag,absender-id,...) i/o-liste`
	`WAIT (tag,absender-id,label,...) ...CONTINUE`
	`LOGICAL-Funktion TESTTAG(tag), TESTMSG(tag,absnd-id)`

Vektorverarbeitung	`FORTRAN-8X-Konstrukte`

Abbildung 4:
Fortran-Erweiterungen auf SUPRENUM

Der initiale Prozeß wird durch ein INITIAL TASK PROGRAM-Statement begonnen, alle anderen Prozesse durch das TASK PROGRAM-Statement.

Jeder Prozeß wird durch einen Wert vom neuen Typ TASKID gekennzeichnet. Die Identität eines Prozesses kann mit der Funktion MYTASKID() abgefragt werden, die des initialen Prozesses mit der Funktion MASTER(). Nichtexistierende Prozesse werden durch die Konstante .NOTASKID. repräsentiert.

Ein neuer Prozeß wird mit Hilfe des NEWTASK-Statements erzeugt. Ein Prozeß ist beendet, wenn er selbst terminiert (durch STOP- oder END-Anweisung), oder wenn der initiale Prozeß terminiert. Die Terminierung eines Prozesses, der nicht der initiale ist, bedeutet nicht, daß die von ihm erzeugten Prozesse ebenfalls terminieren.

Prozesse kommunizieren mit Hilfe von asynchronen SEND- und RECEIVE-Statements, deren Syntax sich an die bekannten READ/WRITE-Statements anlehnt. Der sendende Prozeß wird nicht blockiert, d.h. das nächste Statement wird ausgeführt, ohne daß das Programm den Empfang der Nachricht im Zielprozeß abwartet. Die gesendeten Speicherbereiche können auch sofort weiterverwendet werden.

Das RECEIVE-Statement im empfangenden Prozeß blockiert die Programmausführung solange, bis in der Mailbox eine Nachricht mit den spezifizierten Eigenschaften eingetroffen ist. Möchte man eine evtl. beim Nachrichtenempfang auftretende Wartezeit für andere Operationen nutzen, kann das WAIT-Statement benutzt werden.

Der Inhalt der Mailbox kann mit den Funktionen TESTTAG(TAG=tag) und TESTMSG(TAG=tag, TASKID=pid) abgefragt werden.

4 Anwendungs-Software für SUPRENUM

Die Verfügbarkeit eines großen Spektrums an Anwendungssoftware ist für den Markterfolg neuer Rechnerarchitekturen wie SUPRENUM mitentscheidend. Diese Software muß zum einen von praktischer Relevanz sein, zum anderen müssen die spezifischen Leistungsmerkmale des Rechners sich in der Performance der Anwendungssoftware niederschlagen.

4.1 Übersicht

Etwa ein Drittel des im SUPRENUM-Projekt aufgebrachten Entwicklungsaufwands wurde in die Anwendungssoftware investiert, die parallel – mit Hilfe des SUPRENUM-Simulators – zur Hardware entwickelt wurde. Getragen wurde diese Entwicklung von den Partnern:

- Deutsche Forschungsanstalt für Luft- und Raumfahrt (DLR),
- Dornier Luftfahrt,
- Feilmeier & Junkers,
- Gesellschaft für Mathematik und Datenverarbeitung (GMD),
- Forschungszentrum Jülich (KFA),
- Kernforschungszentrum Karlsruhe (KfK),
- Siemens Kraftwerkunion,
- Universität Düsseldorf,
- Universität Erlangen-Nürnberg.

Die von diesen Institutionen für SUPRENUM bereitgestellte Anwendungssoftware deckt folgende Gebiete ab:

Numerische Bibliotheken:
- Fortran-Bibliothek mit Fortran-8X intrinsischen Funktionen
- SUPRENUM-Lineare-Algebra-Paket (SLAP)
- SUPRENUM-Mehrgitter-Paket (SMGP)

CFD-Pakete:
- transsonische Potentiallöser (2D+3D)
- Euler-Löser (2D+3D)
- Navier-Stokes-Löser (kompressibel, 2D+3D)
- Navier-Stokes-Löser (inkompressibel, 2D)
- Gittererzeuger (2D+3D)

Physik:
- Ising-Modelle (2D)
- QCD-Modell (SU(3))
- Nuklearreaktor-Simulation (3D)
- Plasmaphysik (PIC, 2D)

Pakete für Anwendungen aus der Strukturanalyse (Finite Elemente) und der Chemie (Molekulardynamik, Quantenchemie) werden z.Z. bearbeitet.

Zur näheren Beschreibung der Anwendungssoftware-Pakete siehe [2].

4.2 Anmerkungen zur Parallelisierung

Die beiden wesentlichen Aufgaben, die sich bei der Parallelisierung von Anwenderprogrammen stellen, sind:

1.) Parallelisierung des numerischen Algorithmus

Existierende Algorithmen müssen auf ihren inhärenten Parallelitätsgrad hin untersucht werden. Häufig können numerische Algorithmen, die bereits auf Vektorrechner zugeschnitten sind, ohne Änderung übernommen werden. In einigen Fällen genügen leichte algorithmische Modifikationen, um den gewünschten Parallelitätsgrad zu erreichen (z.B. Ersetzung einer sog. lexikografischen Punkte-Numerierung in eine schachbrettartige beim Gauss-Seidel-Verfahren). Teilweise müssen auch sequentielle durch äquivalente parallele Algorithmen ersetzt werden (z.B. der Thomas-Algorithmus zur Lösung tridiagonaler Gleichungssysteme durch zyklische Reduktionsverfahren).

Wichtig ist vor allem, daß moderne numerische Methoden so auf die parallele Systemarchitektur abgebildet werden, daß sich deren numerische Effizienz mit der parallelen Effizienz der Hardware kombinieren läßt. So ist bei SUPRENUM eine gute parallele Effizienz nicht nur für einfache Gitterverfahren (Gauss-Seidel oder SOR-Verfahren) gewährleistet. Das Kommunikationssystem ist vielmehr in der Lage, auch hochkomplexe und superschnelle Mehrgitterverfahren mit allen durch die gröberen Gitter bedingten Komplikationen mit guter paralleler Effizienz ablaufen zu lassen. SUPRENUM ist deshalb natürlich kein "Mehrgitterrechner" – auch wenn es dieses Mißverständnis zu Beginn des Projekts gegeben haben mag.

Die hier angesprochenen algorithmischen Überlegungen sind keineswegs spezifisch für SUPRENUM. Sie müssen vielmehr (oder sollten es wenigstens) auch bei Vektorrechnern angestellt werden, da auch diese Rechnerklasse nur mit (fein granular) parallelen Algorithmen effizient betrieben werden kann.

2.) Aufteilung der Datenstruktur

Bedingt durch den verteilten Speicher des SUPRENUM-Rechners müssen die Daten eines Anwendungsprogramms typischerweise auf die Speicherbereiche der Prozesse aufgeteilt werden. Dabei sollten Kriterien wie Lokalität, Lastverteilung und Kommunikationsminimierung beachtet werden. Als Grundlage für die Portierung verschiedener Anwendungspakete sind Verteilungsstrategien für verschiedene Datenstrukturen konzipiert und implementiert worden.

Besonderes Gewicht wurde auf Gitterstrukturen (reguläre und geblockte) gelegt, die in vielen wichtigen Anwendungsfeldern (CFD, Quantenphysik, Meteorologie) verwendet werden. Das hier entwickelte Konzept der Gitteraufteilung ist einfach zu implementieren und sichert hohe Effizienz. Durch die Benutzung der SUPRENUM-Kommunikationsbibliothek für Gitterstrukturen wird die Portierung entsprechender Anwendungen sehr einfach und sicher; außerdem können durch konsequenten Einsatz dieser Bibliothek parallele Codes portabel (innerhalb der Klasse der Parallelrechner mit verteiltem Speicher) gemacht werden.

Außer für Gitterstrukturen sind natürlich auch für Vektor- und Matrixstrukturen Strategien zur Datenaufteilung realisiert worden.

5   Erste Benchmarks

Mit der Verfügbarkeit des SUPRENUM-Rechners hat die Evaluation des Systems auf breiter Basis begonnen. Die Messungen konzentrieren sich auf die Leistung des Einzelknotens und des parallelen Systems.

5.1 Einzelknoten

Diese Messungen dienen vorwiegend einer Evaluierung des Fortran-Compilers und der Knotenrechner-Hardware. Verglichen werden Messungen mit dem Fortran-Programm und dem SUPRENUM-Fortran-Compiler (sfc), einer entsprechenden handcodierten Assembler-Version und die Peakrate der Hardware, die durch den Typ der Vektoroperationen und die zugehörigen Speicherzugriffe gegeben ist. Alle Zahlen in der Tabelle sind Mflops in 64-bit Genauigkeit.

Livermore Loops (Vektorlänge VL = 1000)

Kernel	sfc	Assembler	Theoret. Peakrate
1	9,04	9,37	10,00
3	8,46	8,50	10,00
7	11,16	12,67	13,30
12	2,80	2,93	3,30

Matrixmultiplikation

VL	sfc	Assembler	Theoret. Peakrate
100	8,13	10,08	
1000	15,59	17,07	20

Kern eines QCD-Codes

VL	sfc	Assembler	Theoret. Peakrate
500	6,02	6,88	8,45

LINPACK (Die Compileroptimierung ist noch nicht abbgeschlossen)

Matrixgröße	sfc	Assembler
100 x 100	2,16	3,3
300 x 300	4,5	6,33

Tabelle 1:

Leistung des SUPRENUM-Knotenrechners für einige Standard-Benchmarks

5.2 Paralleles Programm

Basierend auf dem schnellen Einzelknotenprogramm zur Matrixmultiplikation wurde von Mitarbeitern der GMD ein paralleles Programm zur Berechnung von A x B = C geschrieben und vermessen. Die Dimensionen der Matrizen sind A(L,M), B(M,N), C(L,N).

Alle Matrizen werden in P gleichgroße Spaltenblöcke aufgeteilt und P Prozessen (= P Knotenrechnern in diesem Fall) zugeordnet. Die Spaltenblöcke der Matrix A werden zwischen den Prozessoren zyklisch (ringförmig) weitergegeben, während die Spaltenblöcke der Matrizen B und C statisch auf die Prozessoren verteilt bleiben.

Der Programmcode basiert auf axpy-Operationen, für welche die Peakrate bei 20 Mflops liegt. Er hat im Prinzip folgenden Aufbau:

```
DO k=1,N1
   DO j=1,M1
           C(1:L,k) = C(1:L,k) + A(1:L,j)*B(j,k)
   ENDDO
ENDDO
```

Die gesamte Rechenzeit für das parallele Programm setzt sich aus der Zeit für die arithmetische Rechnung und der Kommunikationszeit zusammen: $T = T_{cal} + T_{com}$ mit

$$T_{cal} = 2LMNc/P$$

und

$$T_{com} = (P-1)LMb/P$$

(Die Startup-Zeit für die Kommunikation kann in diesem Fall vernachlässigt werden.)

Dabei ist c die Zeit zur Ausführung einer Gleitkommaoperation, b die Zeit zur Kommunikation eines 64-bit-Wortes von einem Prozeß zum Nachbarn im logischen Prozeßring. Da alle Gleitkommaoperationen in der Vektoreinheit ablaufen, ist

$$c = \frac{1 + n_{1/2}/n}{r_{inf}}$$

wobei $n_{1/2}$ und r_{inf} die von Hockney eingeführten Parameter zur Charakterisierung von Vektorleistung und n die Vektorlänge sind.

Die Gesamtrechenzeit für quadratische Matrizen (L=M=N) ist

$$T = \frac{2N^3}{Pr_{inf}} \left(1 + \frac{n_{1/2} + b(P-1) * 1/2 * r_{inf}}{N}\right)$$

Im Falle der Matrixmultiplikation läßt sich Hockney's Modell der Vektorleistung auf die parallele Leistung übertragen:

$$ T = \frac{2N^3}{R_{inf}} \left(1 + \frac{N_{1/2}}{N} \right) $$

mit den "parallelen" Parametern

$$ R_{inf} = Pr_{inf} \quad und \quad N_{1/2} = n_{1/2} * b * r_{inf}(P-1) * 1/2 . $$

Die in Tabelle 2 angegeben Zeiten wurden auf einem Cluster (P=16) (bei Verwendung einer vorläufigen, noch nicht voll optimierten Version des Betriebssystems) gemessen; sie enthalten nicht die Zeit zum Erzeugen und zur einmaligen Synchronisation der Prozesse.

L	M	N	Mflops
592	592	592	160
672	672	672	171
704	704	704	175
720	720	720	177
800	800	800	182
1008	1008	1008	204
1023	432	3200	220

Tabelle 2:
Performance der parallelen Matrixmultiplikation auf einem Cluster

Es wird deutlich, daß schon für relativ kleine Matrizen mit Dimension um 600 die Hälfte der Peakrate eines SUPRENUM-Clusters (320 Mflops) erreicht wird. Bei größeren Dimensionen wächst die Performance gemäß der obigen Formel an, zum einen wegen der größeren Vektorlänge und zum anderen wegen des besseren Rechnung/Kommunikation-Verhältnisses weiter an.

Für nichtquadratische Matrizen kann man bei geeigneter Datenaufteilung wegen des geringeren Kommunikationsaufwands eine noch bessere Performance als bei quadratischen Matrizen erzielen.

6 Ausblick

6.1 Hardware

Die technologische Entwicklung von Mikroprozessoren und Datenübertragungsmedien läßt in
wenigen Jahren deutliche Leistungssteigerungen der Einzelkomponenten erwarten. Rechner wie
SUPRENUM bieten den Vorteil, die jeweils verfügbare (und bezahlbare) Technologie aufgreifen
und in das System des Parallelrechners integrieren zu können.

6.2 Parallelisierung von Anwendungen

Heute stellt der Software–Vorsprung der konventionellen Superrechner eine erhebliche Hürde
für den durchschlagenden Markterfolg der Parallelrechner mit verteiltem Speicher dar. Die
Anpassung von Anwendungssoftware an Parallelrechner ist mit den folgenden Schwierigkeiten
verbunden:

- Die Umstellung vorhandener, u.U. unbekannter Programmcodes "von Hand" bedeutet,
  wenn nicht prinzipiell, so doch von der Menge her, einen erheblichen Aufwand.
- Industriell eingesetzte sequentielle Codes unterliegen häufig Schutzrechten und
  Lizenzbedingungen, die eine Umstellung durch Dritte erschweren.

Zur Lösung dieser Problematik gibt es heute im wesentlichen drei Ansätze:

- die automatische Parallelisierung
- die Erstellung paralleler Libraries
- die Umstellung ausgewählter, wichtiger Softwarepakete ggf. in Kooperation mit den
  Herstellern.

Daneben könnte in Zukunft die Entwicklung eines virtuellen globalen Speichers (auf einer
Hardware mit verteiltem Speicher) die Portierungsproblematik entschärfen. Wenn es gelingt, auf
Betriebssystemebene eine effiziente Implementierung eines virtuellen globalen Speichers zu
entwickeln, werden diesem Ansatz große Chancen eingeräumt.

Die automatische Parallelisierung, d.h. die Transformation sequentieller Programme in parallele
Versionen durch geeignete Transformationssoftware (Parallelisierer) und ohne Eingriff durch
einen Programmierer, steckt zur Zeit noch in den Kinderschuhen. Sie ist weltweit Forschungs-
gegenstand (auch bei SUPRENUM). Vielversprechende Ansätze, wie etwa der SUPERB–Prototyp
des SUPRENUM–Projekts, beschränken sich zunächst auf bestimmte Anwendungsklassen und
benötigen die Interaktion eines Programmierers, der mit dem Problem vertraut ist (semi-
automatische Parallelisierung). Es ist durchaus denkbar, daß dies eine der effizientesten
Methoden bleiben wird, da sie Informationen direkt von der Problemebene (durch den Anwen-
dungsprogrammierer oder ein entsprechendes Expertensystem) einbringt.

Literatur

[1]   Giloi, W.K.:
      SUPRENUM – a trendsetter in modern supercomputer development.
      In [5].

[2]   Solchenbach, K.:
      Application software for SUPRENUM.
      Supercomputer 30, Vol. VI,2, pp. 44–50, Amsterdam, 1989.

[3]   Solchenbach, K., Thomas, B., Trottenberg, U.:
      Die Programmierung paralleler Rechner am Beispiel SUPRENUM.
      CHIP–Professional, Nr. 6, pp. 5–19, 1989

[4]   Solchenbach, K., Trottenberg, U.:
      SUPRENUM – System essentials and grid applications.
      In [5]

[5]   Trottenberg, U. (ed.):
      Proceedings of the 2nd International SUPRENUM Colloqium
      "Supercomputing based on parallel computer architectures".
      Parallel Computing 7, North Holland, 1988.

[6]   Thole, C.A.:
      Programmieren von Rechnern mit verteiltem Speicher.
      PIK 1/90, S.12–19, K.G. Saur Verlag München.

Die Parallelarchitektur des TX3

Wolfgang Wöst, Uwe Block

Integrated Parallel Systems KG Wöst
Steinhäuserstr. 20
7500 Karlsruhe

Ein paralleler Supercomputer wird nur durch ein ausgeklügeltes Zusammenspiel von Hard- und Software zu einem leistungsfähigen Werkzeug. Völlig neue Softwaremethoden sind notwendig, um hochgradige Parallelität in den Griff zu bekommen.

Der Speicher als Flaschenhals

Bei typischen Supercomputeranwendungen müssen meist sehr große Datenmengen verarbeitet werden. Um eine Rechenleistung von 10 Gigaflops zu erreichen, müssen pro Sekunde 10 bis 30 Milliarden real-Zahlen zwischen Speicher und *floatingpoint*-Rechenwerk hin und her bewegt werden. Bei 8 Byte pro *real*-Zahl entspricht das einer Transferleistung von ca. 160 Gigabyte/s. Das sind aber Speicherbandbreiten, die auch in absehbarer Zeit nicht erreichbar sind.

Diese Tatsache gilt sowohl für Ein- als auch für Mehrprozessoranlagen. Auch die Verwendung von Cache- Speichern hilft hier nicht viel weiter. Zudem muß gerade bei sehr zeitaufwendigen numerischen Aufgaben der gesamte Datenbestand wiederholt durch die *floatingpoint*-Einheit geschleust werden. Damit scheiden Rechnerarchitekturen (und Softwarekonzepte), die auf einem oder auch wenigen Hauptspeichern basieren (sog. *shared memory* oder *common memory*) als Möglichkeit für Supercomputer aus.

Bei einem echten Parallelrechner stellt sich das Problem der zu kleinen Speicherbandbreite nicht. Jeder der vielen Prozessoren hat seinen eigenen Speicher. Die Daten sollten so verteilt sein, daß jeder Prozessor gerade die Daten in seinem Speicher vorfindet, die er braucht. Dann können alle Prozessoren gleichzeitig auf ihren privaten Speicher zugreifen. Die Speicherbandbreite ergibt sich hier also aus der lokalen Bandbreite des einzelnen Speichers multipliziert mit der Anzahl der Prozessoren. Dadurch bleibt das Verhältnis von Rechenleistung zu Speicherbandbreite unabhängig von der Prozessorzahl konstant.

Beim TX3 hat jeder Knoten eine interne Speicherbandbreite von 100 Megabyte/s. Ein Knoten besteht im wesentlichen aus einer Intel 80860 RISC-CPU, 4 Megabyte Speicher, den Kommunikationskanälen und der Steuerlogik. Die CPU integriert einen Addierer und einen Multiplizierer für *floatingpoint*-Zahlen, Cache-Speicher für Daten und Instruktionen und eine Memory Management Unit auf dem Chip. Bei 25 MHz hat die CPU einen Durchsatz von 25 MIPS. Durch *pipelining* und *chaining* kann eine *floatingpoint*-Addition, eine *floatingpoint*-Multiplikation und das Inkrementieren eines Schleifenzählers gleichzeitig ausgeführt werden. Das ergibt eine *peak performance* von 50 Megaflops pro Knoten. Ein TX3 besteht aus 16 bis 4096 Knoten, die binärbaumartig miteinander verbunden sind. Tab. 1 faßt die wichtigsten Leistungsdaten der verschiedenen TX3-Konfigurationen zusammen.

Model	Anzahl Knoten	64–Bit Peak Performance (Gigaflops)	Speicherbandbreite (Gigabyte/s)	Hauptspeicher (Megabyte)
TX3–16	16	0.8	1.6	64
TX3–32	32	1.6	3.2	128
TX3–64	64	3.2	6.4	256
TX3–128	128	6.4	12.8	512
TX3–256	256	12.8	25.6	1024
TX3–512	512	25	50	2048
TX3–1K	1024	50	100	4096
TX3–2K	2048	100	200	8192
TX3–4K	4096	200	400	16384

Tabelle 1:

TX3–Leistungsdaten.

Kommunikation als Leistungsfaktor

Bei einem *local memory*-Parallelrechner müssen die Daten schnell in die vielen Speicher verteilt oder, bei einigen Anwendungen auch während der parallelen Berechnung ausgetauscht werden. Daraus ergeben sich hohe Leistungsanforderungen an Geschwindigkeit und Art der internen Kommunikation des Parallelrechners, die sich in zwei Fragestellungen äußern:

1. Wie ist die Topologie der Architektur, d.h. zwischen welchen Prozessoren bestehen direkte Verbindungen?
2. Wie sind die einzelnen Verbindungen realisiert? Wie schnell sind sie, und wie sind sie synchronisiert?

Im einzelnen ergeben sich folgende Anforderungen, die beim Design des TX3 berücksichtigt wurden:

1. Große Datenmengen müssen schnell in alle Prozessoren kopiert oder geordnet auf alle Prozessoren verteilt werden können.
2. Der längste Weg zwischen zwei beliebigen Prozessoren sollte möglichst kurz sein.
3. Die Anzahl der Verbindungen sollte möglichst klein sein, denn schnelle Kommunikationskanäle sind ein bedeutender Kosten- und Platzfaktor.
4. Bei der Verteilung der Prozessoren auf mehrere Gehäuse sollte die Anzahl der Kanäle zwischen den Gehäusen nicht zu groß sein.
5. Skalierbarkeit: Die Zahl der Knoten muß auf einfache Weise erhöht werden können (vergleiche Anforderungen 3 und 4), ohne daß die Kommunikationsstruktur in der Software geändert werden muß (vergleiche Anforderung 6).
6. Die Topologie sollte einfach und regelmäßig sein. Lokal sollte die Art des Netzwerkes überall gleich und unabhängig von der Anzahl der Prozessoren sein. Diese Anforderung ist insbesondere für die Programmierbarkeit von großer Bedeutung.

7. Universell einsetzbar: Die Topologie und die Art der Kommunikation muß es erlauben, möglichst viele (oder alle) Anwendungen so auf diese Topologie abzubilden, daß die Parallelität voll genutzt werden kann, und gleichzeitig diese Nutzung softwareseitig mit vertretbarem Aufwand zu erreichen ist.

8. Die Kommunikation mit Peripheriegeräten und Massenspeicher darf nicht zum "Bremsklotz" für den Parallelrechner werden.

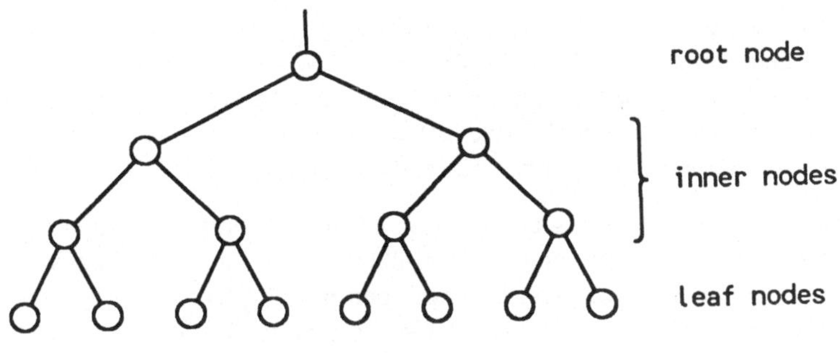

Abbildung 1:
Binärbaum, Programmiermodell des TX3.

Der TX3 mit seiner Binärbaumstruktur (Abb. 1) erfüllt die genannten Anforderungen:

- Der längste Weg zwischen zwei beliebigen Knoten ist von der Größenordnung 2logp bei einem Baum mit p Knoten.
- Die Binärbaumstruktur befriedigt lokale wie globale Kommunikationsanforderungen gleichermaßen. Gleichzeitige Kommunikation zwischen benachbarten Knoten oder Teilbäumen erfolgt parallel über die gemeinsamen Knoten der direkt übergeordneten Ebene. Globale Kommunikation wird dagegen über die Wurzel effektiv ausgeführt.
- Die Zahl der lokalen Verbindungen pro Knoten ist klein und unabhängig von der Baumgröße.
- Die Zahl der Knoten kann durch Zusammenschälten zweier gleich großer Bäume über eine gemeinsame Wurzel auf einfache Weise verdoppelt werden. Die Verdoppelung der Knotenzahl geschieht ohne Bruch der Topologie.
- Die Struktur ist homogen und einfach und erlaubt eine strukturierte Parallelprogrammierung durch eine natürliche Abbildung der Parallelisierungsstrategie *"divide and conquer"*.

Im Vergleich dazu würden für einen einzigen schnellen Bus oder Kanal (z. B. ringartig) die Anforderungen 3 bis 6 sprechen. Hier gilt aber das gleiche wie für die Organisation des Speichers. Die notwendige Transferleistung kann von einem einzigen Kanal nicht geleistet werden. Ferner könnten nicht viele Prozessoren gleichzeitig und unabhängig miteinander kommunizieren, sondern müßten warten, bis der Bus gerade frei ist.

Das andere Extrem wäre, daß jeder Prozessor direkt mit jedem anderen kommunizieren kann. Ein solches Verbindungsnetzwerk läßt sich bei großen Prozessorzahlen praktisch nicht mehr realisieren.

Zweidimensionale Gitter sind zu algorithmenspezifisch; sie eignen sich gut für gitterstrukturierte Probleme, die nur Kommunikation mit den jeweils nächsten Nachbarn erfordern. Bei der Kommunikation zwischen zwei beliebigen Knoten müssen die Daten von den dazwischenliegenden Knoten mit Zeitverzug weitergeleitet werden.

Bei Vernetzungen, die auf n–dimensionalen Würfeln (Hypercubes) aufbauen, ergibt sich insbesondere die Schwierigkeit, daß die lokale Struktur von der Anzahl der Prozessoren (d.h. der Dimension des Würfels) abhängt. Das ist nicht nur für den Menschen eine verwirrende Situation, sondern auch für eine universelle und effiziente Systemsoftware äußerst problematisch und macht eine Erweiterung des Systems aufwendig.

Eine ähnliche Schwierigkeit ergibt sich bei Clustern. Dabei sind mehrere eng vermaschte Teileinheiten (z.B. gitterartig angeordnet) über einen Ring oder einen Stern miteinander verbunden. Innerhalb eines Clusters und zwischen den Clustern existieren zwei unterschiedliche Verbindungsstrukturen. Der Übergang zwischen diesen beiden Strukturen läßt sich beim Anspruch auf volle Effizienz nur schwer aus Benutzerprogrammen heraushalten.

Schnelle Kommunikationsvorgänge

Neben der Topologie spielen auch die Leistung der Kanäle und die Art der Synchronisation eine wichtige Rolle bei Parallelrechnern. Die Kommunikationsgeschwindigkeit ist beim TX3 mit 100 Megabyte/s gerade so bemessen, daß sie nicht zum leistungsmindernden Faktor wird. Auch bei Anwendungen, die viel Interprozessorkommunikation während der parallelen Berechnung erfordern, werden in jedem Prozessor sehr viel mehr Rechenoperationen ausgeführt, als Daten mit den Nachbarn ausgetauscht werden müssen. Dennoch sind z.B. serielle Verbindungen mit etwa 20 Megabit/s = 2.5 Megabyte/s nicht ausreichend, um die hohe lokale Rechenleistung langfristig aufrechtzuerhalten, wenn ein Prozessorknoten intern Daten mit bis zu 100 Megabyte/s bewegen und verarbeiten kann. Allein aus diesem Grund erreichen viele Parallelarchitekturen mit schnellen *floatingpoint*-Einheiten, aber zu langsamen Kanälen, ihre Spitzenleistung nur teilweise.

Die hierarchische Struktur des Binärbaums erlaubt die Implementierung schneller Kommunikationsabläufe. Dabei fließen die Daten nahezu kontinuierlich - wie in einer Pipeline - vom Quell- zum Zielknoten. In den dazwischenliegenden Knoten wird der Datenstrom durchgeschleust, wobei jeweils nur eine kurze Verzögerung zur Initialisierung der Kommunikation im Knoten entsteht.

Dagegen müssen sich bei anderen Kommunikationsarten zwei Nachbarknoten erst gegenseitig synchronisieren, bevor ein Datenpaket übertragen werden kann. Dieser Vorgang wiederholt sich an den zwischen Sender und Empfänger liegenden Knoten. Zudem müssen die zu übertragenden Daten beim Sender in einen Puffer kopiert und beim Empfänger aus einer Mailbox ausgelesen werden. Beim TX3 entfällt dieser Zeitaufwand, da Quell- und Zielknoten die Daten zwischen Speicher und Kommunikationskanal direkt transferieren können.

Bei vielen Anwendungen können die Vorgänge Kommunizieren und Rechnen eng ineinander verzahnt ablaufen. Z.B. können Matrizen, die in den Blättern des Baumes berechnet wurden, beim Weiterreichen in den inneren Knoten des TX3 paarweise addiert werden. Der gesamte Parallelprozeß wird erheblich beschleunigt, weil das Pipelining nicht nur reine Kommunikation umfaßt, sondern auch Rechenvorgänge mit einbezieht.

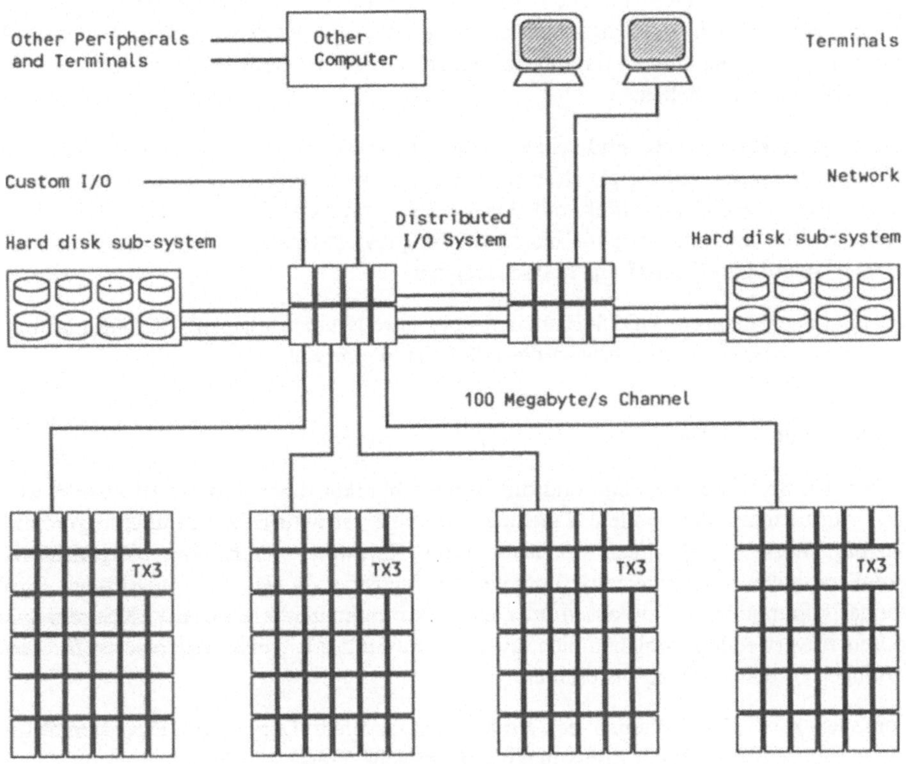

Abbildung 2:
Mögliche TX3-Systemkonfiguration.

Ein-/Ausgabe als integrierte Systemfunktion

Bisher wurde nur die Kommunikation innerhalb des Parallelrechners betrachtet. Ein Schwachpunkt von Supercomputern ist aber häufig die Ein-/Ausgabe.

Der TX3 löst dieses Problem durch Integration von zwei Systemkomponenten (Abb. 2). Erstens ist der Rechner eng mit einem eigens entwickelten Ein-/Ausgaberechner verknüpft. Das *Distributed I/O-System* (DIOS) besteht seinerseits aus mehreren Prozessoren und Kanälen mit jeweils 100 Megabyte/s.

Es sorgt dafür, daß Daten schnellstmöglich überall hingelangen können und befreit den TX3 außerdem von Verwaltungsaufgaben des Betriebssystems. Jeder Kommunikationspartner, sei es ein anderer Rechner, ein Terminal, ein Netzwerkanschluss oder ein anderes Peripheriegerät, kann unabhängig und gleichzeitig bedient werden. Eine Vielzahl von schnellen Kanälen erlaubt einen großen ungehinderten Datendurchsatz.

Sowohl die Anzahl der TX3-Einheiten als auch die Zahl der Prozessoren und Kanäle des I/O-Systems können den Leistungsanforderungen angepaßt werden. Außer der Wurzel des Baumes können auch die Knoten darunterliegender Ebenen mit dem DIOS vernetzt werden, um die I/O-Bandbreite zu erhöhen.

Die zweite Systemkomponente sind schnelle Plattenlaufwerke. Ein *Harddisk-Subsystem* (HDSS) hat bis zu 64 Laufwerke, auf die gleichzeitig zugegriffen wird. Ein solches HDSS ist dann jeweils über einen High-Speed-Kanal direkt mit dem DIOS verbunden. So erreicht der TX3 die hohen Dauertransferraten für Nutzdaten von bis zu 100 Megabyte/s (maximal 256 Megabyte/s Spitzentransferrate) auch beim Zugriff auf Massenspeicher.

Bei Bedarf können mehrere HDSS-Einheiten über jeweils einen eigenen DIOS-Kanal mit dem TX3 verbunden werden. Dadurch wird die I/O-Leistung vervielfacht.

Parallelität erhält Struktur

Sowohl für den Software-Aufwand und die Beherrschbarkeit hochgradiger Parallelität als auch für die Ausnutzung der vollen Leistung ist eine strukturierte Parallelprogrammierung unabdingbar. Diese übergreifende Struktur muß Hardware, Architektur, Algorithmen und Programmiersprache verschmelzen. Einfache Mechanismen – wie die Möglichkeit, Prozesse miteinander kommunizieren zu lassen oder einige vorimplementierte globale Kommunikationsprozeduren zu verwenden – reichen nicht aus, um Tausend oder mehr Prozessoren für beliebige Anwendungen in den Griff zu bekommen.

Die Compiler zum TX3 erlauben es, strukturiert parallele Daten- und Programmflüsse zu programmieren und mit diesen Konstrukten auf einfache Weise alle Prozessoren oder beliebige Untergruppen zu aktivieren. Die Probleme, die eine unstrukturierte "Irgendwie-Parallelität" mit sich bringt, haben die Parallelverarbeitung vielfach als unbeherrschbar in Mißkredit gebracht. Erst die Einführung von parallelen Programmstrukturen und ein abgestimmtes Zusammenspiel von Hardwarearchitektur, Compilern, parallelen Sprachkonstrukten und Systemsoftware machen es möglich, die beiden Hauptansprüche der Parallelprogrammierung, Ausnutzung der Effizienz und Ökonomie bei der Software-Erstellung, unter einen Hut zu bringen.

Teile und Herrsche

Das Zerlegen von Problemen in Teilprobleme durch rekursives Aufteilen nach dem Prinzip *"divide and conquer"* ist ein von sequentiellen Algorithmen her bekanntes und allgemein verwendbares Verfahren. Das Verfahren läßt sich besonders elegant auf einen Binärbaum abbilden. Dabei wird eine Berechnung sukzessive in je zwei Teilaufgaben mit identischer

Komplexität unterteilt. Alle Teilaufgaben einer gemeinsamen Ebene werden parallel auf den Prozessoren bearbeitet, die dieser Ebene zugeordnet sind.

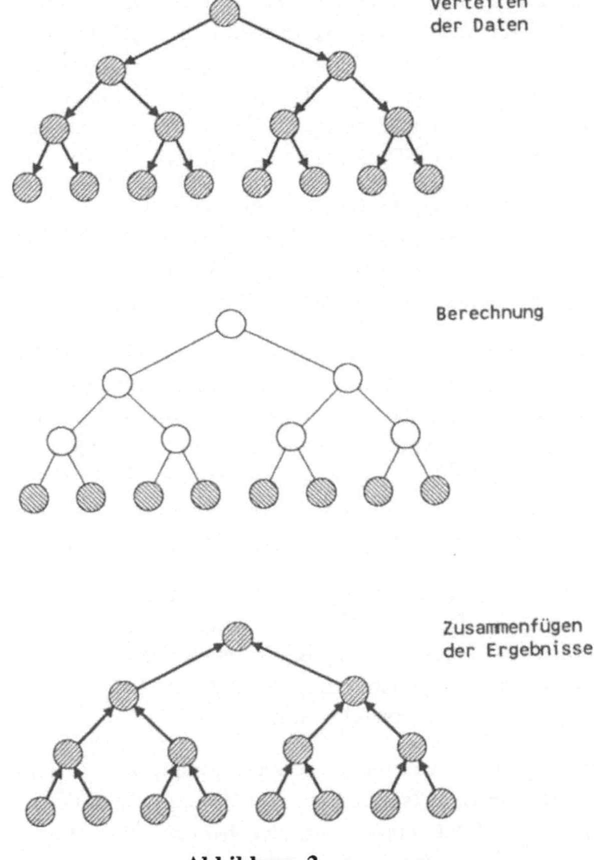

Abbildung 3:
Die Phasen einer Welle im Programmiermodell.

Daraus ergibt sich eine charakteristische Kommunikationsstruktur (Abb. 3), die *"Welle"* genannt wird:

- In einer ersten Phase werden die zur Berechnung benötigten Daten von der Wurzel des Baumes in Richtung der Blätter verteilt (*down–Phase*).
- In der zweiten Phase werden die rechenzeitintensiven Operationen in den Blättern durchgeführt. Beim TX3 können dabei alle Prozessoren des Baumes als Blätter arbeiten.[1]
- Nach Ausführung aller Berechnungen werden in einer dritten Phase die Ergebnisse in Richtung der Wurzel zusammengefaßt (*up–Phase*).

Die Welle ist charakteristisch für die Programmierung des TX3, so daß sie in den parallelen Spracherweiterungen als eigenständiges Hochsprachenkonstrukt enthalten ist. Die Spracherweiterungen ergänzen gebräuchliche Hochsprachen wie FORTRAN, PASCAL oder C um Konstrukte zur strukturierten Parallelprogrammierung. Zunächst ist jedes sequentielle Fortran-Programm auch ein gültiges TX3-Programm, es wird allerdings nur auf der Wurzel ausgeführt. Erst durch den Aufruf einer Welle wird der darunterliegende Baum aufgespannt und für das Wurzelprogramm sichtbar. Eine Welle wird dabei als eine Art paralleles Unterprogramm angesehen. Sie wird als separate Programmeinheit deklariert (vgl. Abb. 4) und beschreibt das Aufteilen und Zusammenfügen der Daten in *allen* inneren Knoten und die Berechnungen in *allen* Blättern.

Die *up-* und *down-*Blöcke geben die jeweilige Richtung der Kommunikation im Baum an. In der Klammerung dürfen nur Kommunikationsanweisungen (*"Senke <== Quelle"*) erscheinen, die der angegebenen Richtung entsprechen. Damit können bereits bei der Übersetzung Programmierfehler in der Kommunikation erkannt und *deadlocks* vermieden werden.

Die Kommunikationsanweisungen veranlassen einen Knoten, die Daten des angegebenen Typs von der Quelle zur Senke (z.B. vom Vater zum linken Sohn oder in den eigenen Speicher) zu transportieren. Einige Spezialanweisungen ermöglichen die Manipulation eines Datenstroms während der Kommunikation. Mit cut wird z.B. der vom Vaterkanal kommende Datenstrom *ohne Zwischenspeicherung* so in die Sohnkanäle verteilt, daß der linke Sohn die erste Hälfte des Vektors erhält und der rechte Sohn die zweite Hälfte. Durch den Fluß der Daten wird der Programmfluß in den einzelnen Knoten des Baumes automatisch synchronisiert.

Das Beispiel der Abb. 4 zeigt die rekursive Formulierung der Datenaufteilung im *inner-*Teil der Wellendeklaration. Da die Zahl der Ebenen im Programm nicht vorgegeben werden muß, ist das Programm von der Zahl der Ebenen im Baum unabhängig. Der *leaf-*Teil entspricht außer den Kommunikationsanweisungen einem sequentiellen Programm, was den Aufwand für die Portierung existierender Programmcodes minimiert.

Mit Hilfe anderer Spracherweiterungen können komplexere Kommunikationsmuster, wie z.B. Austauschschritte für die Gebietsaufteilung von Gitteralgorithmen, auf einfache Weise realisiert werden. Mit speziellen Funktionen kann ein Knoten seine Position innerhalb einer Welle abfragen. Das ermöglicht einzelnen Knoten oder Gruppen von Knoten das Ausführen individueller Programmteile. Zusätzlich zu den im Sprachumfang der Compiler enthaltenen Kommunikationsanweisungen können benutzerdefinierte Kommunikationsvorgänge in ein Parallelprogramm eingebettet werden. Damit gibt man dem erfahrenen Benutzer ein Instrument in die Hand, mit dem unter anderem Daten während der Kommunikation manipuliert werden können (z.B. die Addition von Matrizen in den inneren Knoten bei der Aufwärtskommunikation).

---

[1] Durch einen technischen Kunstgriff wurde die Binärbaumtopologie so erweitert, daß die Prozessoren eines TX3 sowohl als innere Knoten wie auch als Blätter arbeiten können (*"extended mode"*). Da Kommunikations- und Berechnungsteile einer Welle in Phasen aufeinanderfolgen, steht im *extended mode* die doppelte Rechenleistung gegenüber einem einfachen Binärbaum zur Verfügung. Für Anwendungsprogramme ist der extended mode transparent.

```
C  Wellendeklaration                          program beisp
   wave summe                              C  Root Programm
      inner                                   real a(1000), sum, suml, sumr
C         Deklaration des inner-Teils         integer n, nl, nr
          real suml, sumr                     ...
          integer n, nl, nr                   spread summe
          down                                   ...
              n <== father(integer)              down
              nr = n/2                               nr = n/2
              nl = n-nr                              nl = n-nr
              left(integer) <== nl                   left(integer) <== nl
              right(integer) <== nr                  right(integer) <== nr
              cut(real(:),1) <== father(real(:))     cut(real(:),1) <== a(1:n)
          end down                               end down
          up                                     ...
              suml <== left(real)                up
              sumr <== right(real)                   suml <== left(real)
              father(real) <== suml+sumr             sumr <== right(real)
          end up                                     sum <== suml+sumr
      leaf                                        end up
C         Deklaration des leaf-Teils             ...
          real x(100), sum                    end spread
          integer n                           ...
          down                                end
              n <== father(integer)
              x(1:n) <== father(real(:))
          end down
          sum = 0.0
          do 10, i=1,n 10
              sum = sum + x(i)
          up
              father(real) <== sum
          end up
   end wave
```

Abbildung 4:

Beispielprogramm: Addition der Elemente eines Vektors in P–Fortran.

Schlußfolgerungen

Es wurden einige der wichtigsten architektonischen Eigenschaften der Hardware des TX3 beschrieben. Eine zentrale Schlußfolgerung ist, daß *alle* diese Eigenschaften erfüllt sein müssen. Würde nur ein Leistungsmerkmal geringfügig schlechter ausfallen, so wäre in vielen Situationen die Gesamtleistung wesentlich schlechter.

Das TX3–Konzept verwirklicht in der Parallelprogrammierung eine enge Korrespondenz zwischen der Topologie der Architektur und der Struktur der Parallelsprachen; es verwirklicht eine "Struktur der Parallelität". Die gestellten Anforderungen an einen universellen Parallel-rechner führen fast zwangsläufig zu diesem Konzept, da Struktur der Parallelität eine übergreifende Ordnung bedeutet: Struktur der Hardware, Struktur der Sprachen, Struktur der Kommunikationsmuster und Parallelalgorithmen ergeben eine harmonische Gesamtstruktur.

Highlights of Alliant's Parallel Supercomputer Generation FX/2800 Series

Herbert Reska

Alliant Computer Systems GmbH
Grubestraße 46
8011 Poing bei München

Abstract

Alliant Computer Systems' new generation of supercomputers, the FX/2800 formally represents a new level of integration in supercomputing. To the parallel processing and visualization technologies, Alliant adds the power of RISC processing with advanced compiler algorithms. Alliant's use of the Intel i860 RISC processor reflects a commitment to use high–performance VLSI components to create an open, non–proprietary architecture. This design approach not only puts supercomputing on a much more aggressive price/performance curve (akin to the price/ performance curve for PCs and workstations), but allows engineering efforts to focus on value–added technology rather than reinventing the processor. Alliant's Concurrency Control Architecture (CCA), which applies parallel processing to graphics as well as computationally intensive applications, has been adopted as the model for the Parallel Architecture Extended (PAX) standard published by Intel Corporation. CCA could become the standard for parallel processing not only at the supercomputer level but also at the workstation and PC levels. This could increase exponentially the number of off–the–shelf applications for supercomputing.

Alliant's FX/2800 series of supercomputers achieves a peak performance of 1120 Double Precision MFLOPS, 672 Double Precision Whetstone MIPS or 1148 Dhrystone MIPS by using up to 28 processors in the system. The same processors work in parallel on graphical applications, thus reducing the need for special graphics hardware and costs. The FX/2800 can be equipped with up to 1GB of dual ported main memory that is accessed by all processors using shared memory techniques via 8x512 KB cache modules. The Concurrency Control Architecture provides hardware support for loop–level parallelism.

Introduction

Over the past decade, computing has made a decisive move to standards–based environments. The adoption of standard, open architectures has clear benefits:

- hardware designers can concentrate on adding value to standard hardware platforms rather than reinventing the platform itself
- application software developers can focus on developing new capabilities rather than porting code to various proprietary systems
- users are provided with a consistent computing environment that protects their investment and guarantees not only a rational growth path but also an abundance of off–the–shelf applications.

Standards–based computing thus spurs the development of computing capabilities and promotes the wide–spread use of computing. The rapid growth of the personal computer and workstation markets in recent years is an ample case in point.

Supercomputing, however, has not fully participated in (and hence not fully benefited from) this movement. While supercomputer makers have long promulgated the benefits of standards, their systems have nonetheless been based on closed, proprietary processor architectures. This has artificially restricted the development of supercomputing and complicated the integration of supercomputers into existing computing environments.

What might a standard for supercomputing look like? First, to be truly useful, it must integrate the functions and technologies most important to high–performance technical computing, such as parallel processing and high–performance 3–D graphics. Second, it should provide binary compatibility across the whole spectrum of computing–from single-processor personal computers and workstations to parallel supercomputers–to allow seamless computing across a range of resources. Third, to enhance the supercomputer's role as a compute and graphics server, it should enable the supercomputer to dynamically adapt to a rapidly changing workload.

The Alliant FX/2800 supercomputer represents a new level of integration and performance based on industry–wide standards for supercomputing. The FX/2800 combines an open, industry-standard RISC architecture (based on the Intel 64–bit i860 microprocessor) with an open, technical computing software standard – PAX (the Parallel Architecture eXtended Standard developed jointly by Alliant and Intel). Fully integrated into this hardware and software platform are Alliant's parallel processing technology and high–performance visualization multiprocessor. The FX/2800 also features an innovative resource-allocation design that enables the system to dynamically adapt to a rapidly changing mix of computing needs.

Design Goals

In 1985 Alliant introduced the first auto–parallel computer. Performance and price were in the departmental supercomputer range. Each processor in the original FX/8^{TM} had vector processing capability, as well as hardware–based synchronization logical to allow up to 8 processors to be used on a single job. There were also an additional 1 to 12 interactive processors for OS, I/O and interactive tasks. The Fortran compiler automatically generated parallel instructions and undertook sophisticated dependency analysis and iteration scheduling for do–loop based parallelism. This was the first automatic parallel compiler delivered to the marketplace. At that time the theoretical double precision peak speed of the 8 processors working in parallel was 47 MFLOPS. In 1986 this was boosted to 94 Mflops. In 1988 the FX/80^{TM} with faster ACE processors doubled the peak speed to 188 MFLOPS and an auto–parallel, auto–vector C compiler was introduced. In addition, a high performance 3–D visualisation system was integrated directly into the memory system of the FX/80 and FX/40^{TM} products. All of the above systems were based on proprietary implementations of the Motorola 68020^{TM} instruction set, with additions for floating point and vector support, as well as parallelism. The hardware was designed in LSI CMOS gate arrays with levels of integration ranging from 3000 to 20,000 gates.

A few years ago, the development of a next generation Alliant architecture began. We set out with 3 fundamental goals: (1) achieve the best price / performance for any shared memory supercomputing platform, (2) have the best adherence to standards, (3) provide the most complete integrated supercomputing environment, including computation, interactivity, and graphics. The new design was based on a proprietary implementation of the existing Alliant CPU architecture in VLSI. The performance goals were to increase the clock speed by 2 to 4 times over the FX/80, and to double the number of processors, yielding 4 to 8 times increase in performance.

Meanwhile, in the last 2 to 3 years, standard VLSI RISC microprocessor chip sets, and now even single–chip solutions, have been achieving rapid improvements in performance. The microprocessor clock rates climbed from 10 to 15 MHz (100 to 70 ns) up to 30 to 40 MHz (33 to 25 ns). Not only did this match or exceed the performance goals of our proprietary design in custom VLSI, but phenomenal levels of integration, several hundred thousand gates, are reached in the most advanced current microprocessors. This allows more processors to be placed on a system module than with proprietary design, cutting cost per processor.

Note that from 1976 through 1989, the clock period of Cray Research computers decreased from 12.5 ns on the Cray-1^{TM} to 4.1ns on the Cray-2^{TM}. The Cray Y-MP^{TM} has a 6 ns clock. This is a factor of 3 at best in 13 years using leading–edge proprietary technology for supercomputing. Meanwhile, microprocessors achieved a factor of 2 to 3 in about 3 years. (See Figure 1). The micros are on something like a 40% compound annual growth curve. Proprietary supercomputer design has been on a curve no better than 15% per annum. This is why Eugene Brooks of Lawrence Livermore National Laboratories talks about the 'Attack of the Killer Micros' sweeping supercomputing in their path. To quote Brooks "They attack computers using custom processors without mercy. They have evolved sharp teeth in the form of pipelined floating point units. Microprocessors are now the fastest scalar computers in the world and will not stop with just scalar performance."

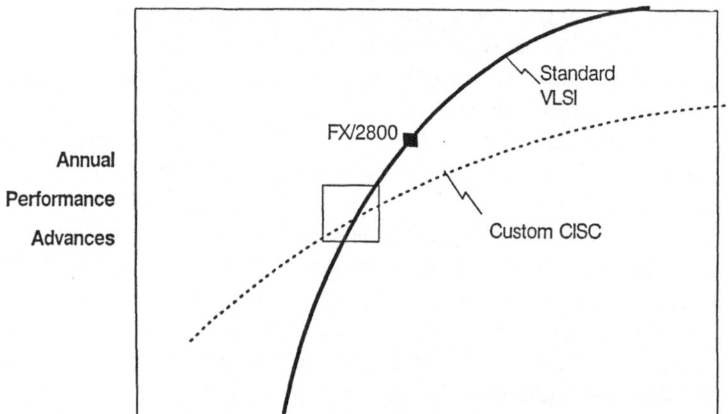

Figure 1:
Microprocessor Technology Curve

We think he's right, so we put the 'killer' micros to work for us, and were thus able to exceed all 3 goals mentioned above. Alliant had a very timely opportunity to incorporate into our follow on product design a second–generation VLSI RISC microprocessor which has achieved several firsts. The Intel i860 (shown in Figure 2) is the first microprocessor with 64–bit data paths, the first million transistor chip, and the first RISC microprocessor with all basic functionality on a single chip. The chip includes a RISC integer core, IEEE scalar floating point, pipelined (vector) floating point, graphics instructions, separate caches for code and data, and a memory management unit. Other chip families require 3 to 5 chips to incorporate the same level of functionality. It also operates at a speedy 40 MHz yielding 40 or 60 Mflops peak in 64–bit mode, and 80 Mflops peak in 32–bit mode.

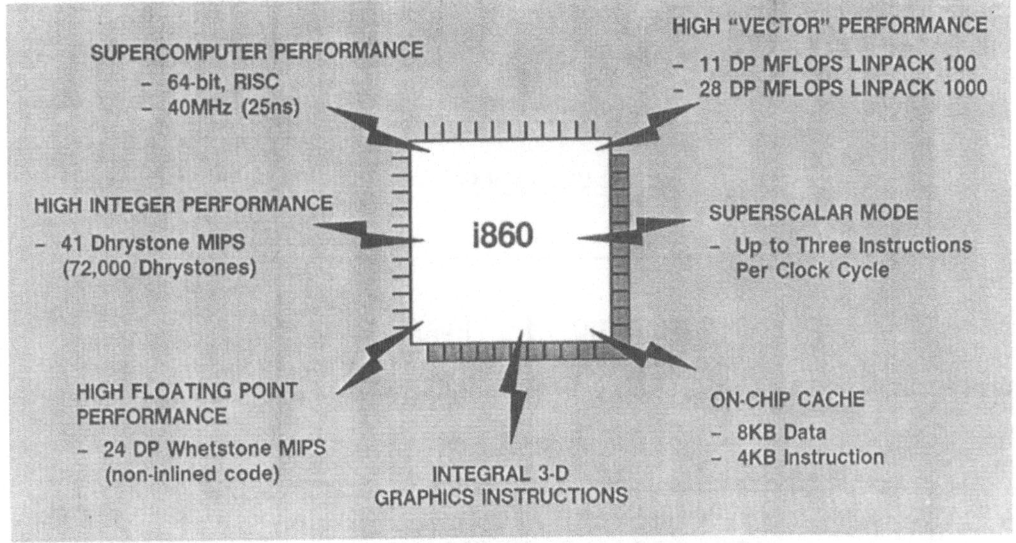

Figure 2:
Intel i860

Standards–based Architecture

The FX/2800 architecture is based on a unified hardware and software platform for technical computing–the Parallel Architecture eXtended (PAX) standard jointly developed by Intel and Alliant. The PAX standard introduces the performance benefits of parallelism and integrated 3–D graphics to the cost benefits of open software standards for the technical computing market.

The hardware platform for the PAX standard is the Intel i860 RISC processor. The use of an industry–standard VLSI processor rather than a proprietary processor affords several major advantages. First, research and development can focus on adding value (such as parallelism, high–speed shared memory, and visualization) rather than continually reinventing the processor.

Second, the system is placed on a price/performance curve that is much steeper than that of systems using competing technologies such as ECL and GaAS due to the inherent benefits of RISC and VLSI semiconductor technology. Finally, this approach ensures a rational growth path as new processors are developed by Intel.

The software portion of the PAX standard is an extension of the application binary interface (ABI) for the i860 and the UNIX System V operating system. (An ABI specifies the binary interface between the hardware, operating system, and application.) To this ABI has been added Alliant's parallel–processing and parallel–graphics technologies. The parallel–processing portion of the PAX standard includes Alliant's Concurrency Control Architecture instruction set, Alliant parallel compilers for Fortran and C, and Alliant's mathematical libraries. The parallel graphics portion of the PAX standard includes Alliant's PHIGS/PHIGS+ library, the only parallel implementation of PHIGS (Programmer's Hierarchical Interactive Graphics Standard). PHIGS/PHIGS+ has been designed to execute within the X11 Window system, which is part of the UNIX system V ABI (see Figure 3).

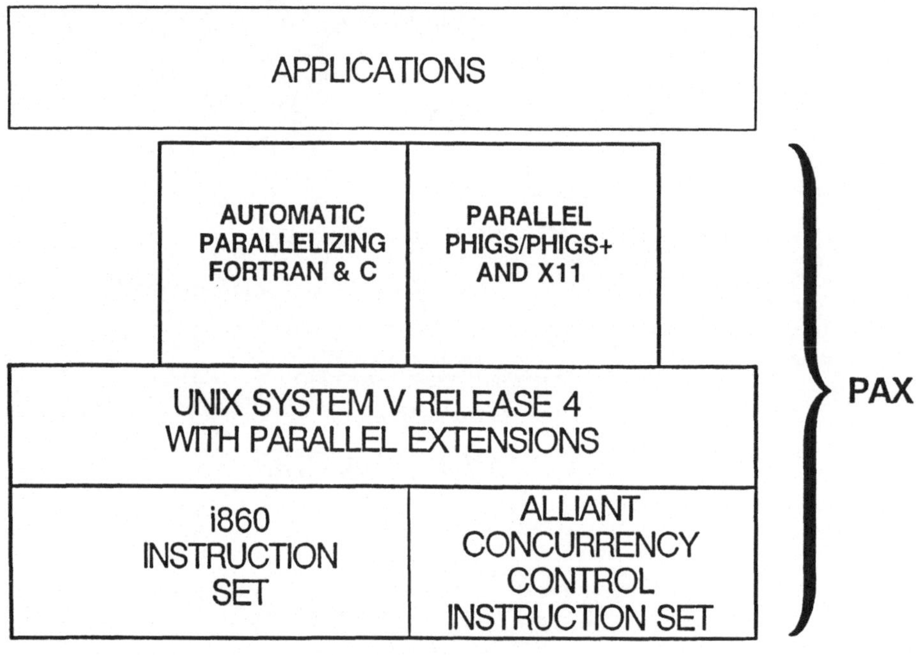

Figure 3:
The PAX Standard

The PAX standard extends to all PAX–compliant i860–based machines, whether they have single or multiple processors. PAX–compatible code runs serially on single–processor systems and in parallel on PAX–compatible multiprocessor systems automatically and transparently. This binary compatibility across the entire spectrum of computing resources allows off–the–shelf applications to run unmodified on personal computers, workstations, mid–range systems, and supercomputers.

PAX offers OEMs an easy way to integrate parallel processing and parallel 3–D graphics into their systems. All of the hardware and software components required to develop a PAX-compliant system are available from Intel. In addition, PAX gives software developers the convenience of one source and binary code to maintain, one compiler to master, one graphics standard, one operating system environment, and one shrink-wrapped version of their applications for volume distribution. Finally, PAX gives technical end users the security of an industry-standard computing platform with a guaranteed growth path and preserved software investments.

This is further supported by Oracle Corp.: "Oracle is religiously committed to open systems and enterprise-wide standards. We are pleased to endorse the PAX standard and will port our products to the Intel i860 architecture. One of Oracle's greatest strengths has always been the portability of our software across multiple architectures. The new PAX standard for parallel computing will dramatically ease the effort of Oracle ports." (Dr. Jerry Baker, V.O. Oracle UNIX Product Division, Oracle Corporation).

Standards-based computing is also evident at the operating system and connectivity levels. The operating system for the FX/2800 is Concentrix, Alliant's implementation of the 4.3 BSD version of the UNIX operating system. Alliant in committed to UNIX standards and will also support UNIX System V as part of the PAX standard. For real-time applications, such as simulation and control, Alliant offers FX/RT, a real-time executive that is co-resident with Concentrix. The FX/2800 can connect to any computer on the network via Ethernet, DECnet, Ultranet, TCP/IP, LAT (compatible interface to DEC-terminals), NFS, NCS, NQS, and X-Windows.

FX/2800 Architectural Overview

The FX/2800 system includes up to 29 i860-based processors, at least 1 of which is used for I/O. The architecture is shown in Figure 4. There are four basic system module types: processor modules (PM), I/O modules (IOM), cache modules (CM), and memory modules (MM). These can all be added to in the field.

The FX/2800 supports up to seven Processor Modules, each of which contain four i860 RISC processors. The i860s are divided into two functionally distinct classes: Super Computational Elements (SCEs), which can be grouped together in clusters to provide fine-grained parallel processing at the loop level, and Super Interactive Processors (SIPs), which are normally used as individual multiprocessors to execute interactive user jobs, run the operating system, and perform high-level graphics processing. Each processor module contains two SCEs and two SIPs. A dedicated concurrency control bus, which runs between the processor modules, controls the operation of SCE clusters.

A fully configured system supports the simultaneous operation of one to six clusters. A cluster can consist of two to 14 SCEs. When not required for loop-level parallel processing, clusters are dynamically broken apart under control of the operating system so that the SCEs can function as single, independent processors. Clusters are dynamically reformed when loop-level parallel processing is required again.

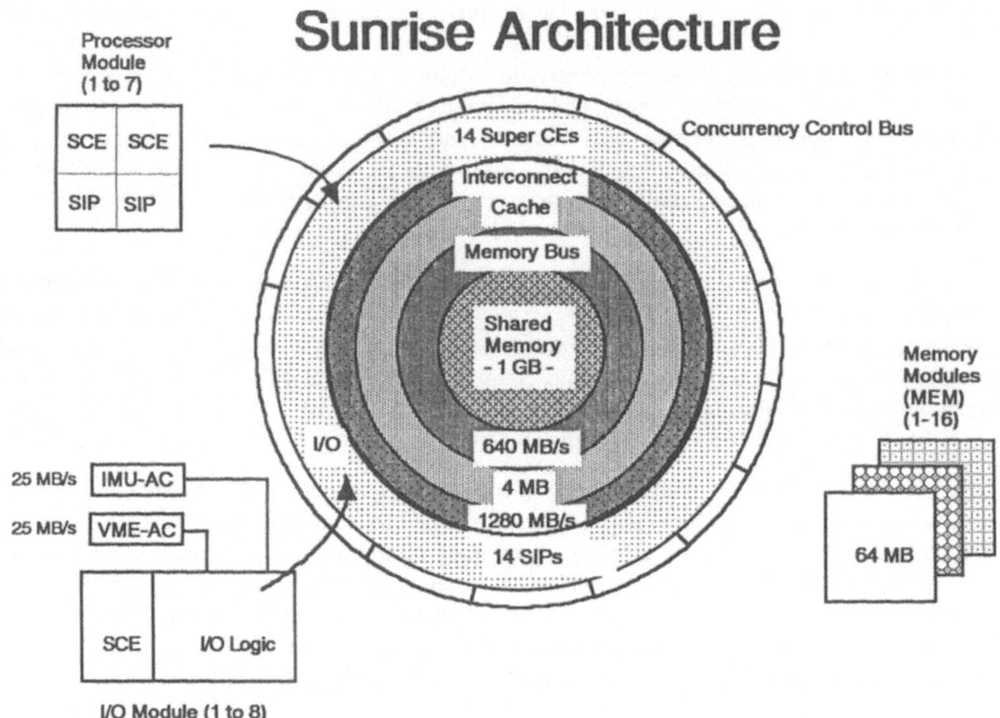

Figure 4:
FX/2800 Architecture

The system cache is implemented by cache modules, each of which supplies 512 Kbytes of high-speed SRAM. The system supports 2, 4, or 8 CMs. The maximum cache size is thus 4 Mbytes. The cache modules are interleaved by the number of cache modules in the system. The maximum-size system cache provides an aggregate bandwidth of 1.28 Gbytes/sec. to the system processors.

To provide low latency for cache accesses, a crossbar interconnect switch is used to interface the processor modules with the system cache. The crossbar switch provides direct connect between all processors and the cache.

The system supports up to 16, 64-Mbyte memory modules for a maximum memory size of 1 Gbyte. The memory module is a dual-ported board divided into two logically independent 32-Mbyte halves, each of which connects to a CM through an independent memory bus. The aggregate bandwidth between main memory and the system cache is 640 Mbytes/sec.

The primary I/O interface is provided by one or more I/O modules. The IOM contains one i860 processor and DMA logic. Each I/O module provides two high-speed I/O channels, each of which supports a peak transfer rate of 40 Mbytes/sec. from global memory and 25 Mbytes/sec. to main memory. A VME adapter card (VMEAC), which resides in the VMEbus chassis, translates programmed I/O and DMA access from IOM into VMEbus transactions. All peripherals are VMEbus-based.

Multiple SIPs are used to perform all floating–point intensive geometric operations for PHIGS/ PHIGS+ applications such as 3–D transformation, shading, clipping, tesselation and lighting models. The only graphics processing done by dedicated graphics hardware is the actual drawing of the pixels. Low–level drawing primitives are conveyed to the image memory subsystem through an IMU adapter card (IMUAC) attached to one of the I/O ports supplied by the I/O module.

Figure 5 provides a functional view of the FX/2800 architecture as used in a typical user environment. Applications execute simultaneously on different–size SCE clusters and individual SIPs as required. The operating system, various utilities, and interactive user jobs execute on various SIPs. High–level graphics processing is done in parallel on multiple SIPs. One channel provided by the IOM handles peripheral I/O and network traffic. The IOM's other channel is a high–speed port between graphics processes running on SIPs and the image memory subsystem. High–performance visualization which is directly coupled to the memory system, using SIPs in either detached or interactive mode greatly benefits analysis. We refer to this capability as the Alliant Integrated Supercomputing environment.

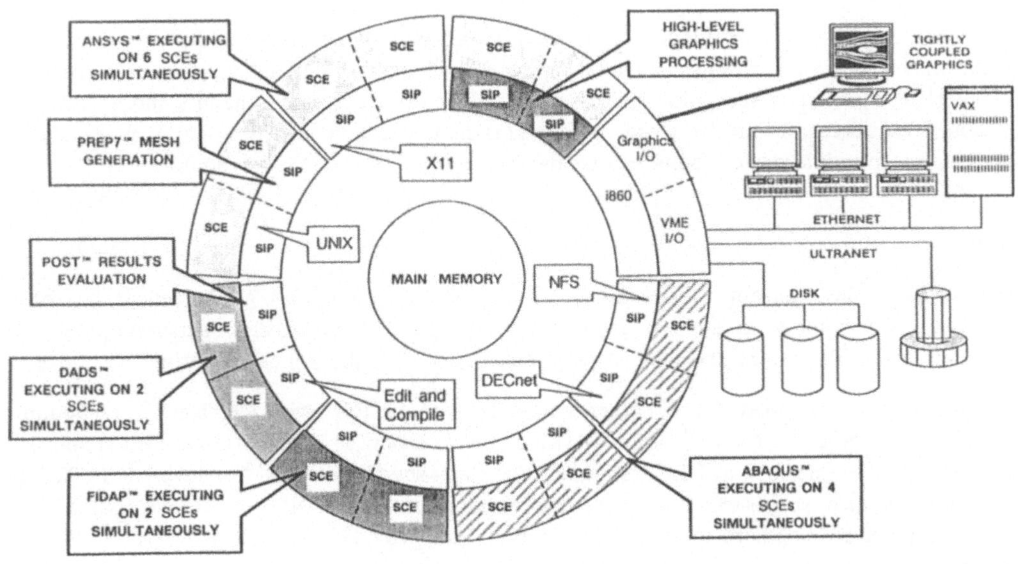

Figure 5:
Functional View of FX/2800 Architecture

Compiler Technology

The Alliant FX/Fortran^{TM} and FX/C^{TM} auto–vectorizing and auto–parallelizing compilers exploit the strengths of the i860 architecture to obtain supercomputer performance. A major advantage of the i860 is that the internal pipelines are not hidden under a layer of CISC (Complex Instruction Set Chips) instructions but are exposed to the compiler. This exposed RISC architecture gives the compiler much more flexibility. The Alliant compiler directly manipulates the multiple functional units of the i860 to produce optimized code that is more efficient than traditional vector instructions.

The compiler provides the following capabilities:

- state–of–the–art instruction scheduling
- a heuristic model for concurrency and vector transformation
- automatic cache–blocking
- RISC vectorization

The compiler uses advanced RISC instruction scheduling algorithms based on critical path theory. These scheduling algorithms, combined with the ability to directly manipulate the i860's pipelines, allow the compiler to avoid pipeline delays and hardware stalls and thus schedule straight–line code very efficiently.

The compiler phase that parallelizes and vectorizes code is based on a performance prediction model that is more algorithmic and less pattern-based than traditional vectorizing compilers. The compiler can thus recognize spurious dependencies better and schedule more code for execution in concurrent and/or vector mode. This new selection algorithm for loop execution interchanges multiple nested loops so that the best loops are selected for optimization.

Software

The FX/2800 runs Concentrix, a Berkeley 4.3 based version of Unix^{TM}. Concentrix has been enhanced considerably to support multiprocessing, parallel processing, supercomputer I/O including track file system and disk striping, and FX/RT^{TM}, the Alliant real–time executive.

Support is also provided for Ethernet networks with TCP/IP and DECNet^{TM} compatible protocols, and NFS^{TM}, NCS^{TM}, and X–Windows^{TM} version 11. The FX/2800 also supports a LAT-compatible interface to DEC terminals. The high–speed UltraNet^{TM} network with TCP/IP emulation is also supported. Batch systems supported include NQS and DNX–Batch. The standard Unix development tools and applications are provided, as well as VAX^{TM}/VMS^{TM} compatible command language and editing support. Alliant has announced its intention to support Unix System V Release 4 in the coming year, which incorporates Berkeley 4.3 Unix, SunOS^{TM} and POSIX.

The auto–vectorizing and auto–parallelizing FX/Fortran and FX/C share common middle-end and back–end technology. The FX/Ada compiler additionally includes a development environment. Optimized scientific libraries provide efficient linear algebra routines including BLAS2 and BLAS3 level linear algebra solution technology, signal processing routines and Cray math library compatibility.

Profiling and debugging tools and a Fortran structuring tool, FAST, are also provided. FAST allows the use of compiler directives to enable task–level parallelism without modification to source code. Thus 4 levels of parallelism are supported in the FX/2800 system: instruction, vector (pipelining), concurrency (loop–level), and task–level. The FX/2800 is the only system available today that supports so many levels of parallelism, indicative of Alliant's continuing leadership in this area (see Figure 6).

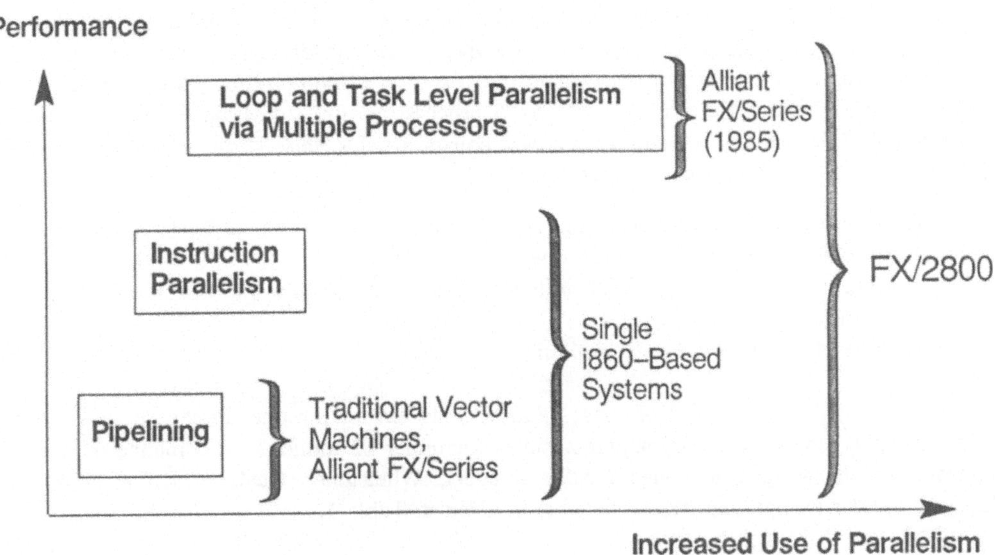

Figure 6:
Automatic Parallel Technolgoy

Physical Characteristics

An FX/2800 system consists of a system cabinet and one or more peripheral cabinets. The system is air–cooled and draws a maximum of approximately 6000 watts of power in the main cabinet. The system cabinet contains all of the main system modules, which are 30 cm x 33 cm in size, about half the area of the FX/80's 48 cm x 48 cm modules. But now there are 4 processors, rather than one, on the new processor module. The compact size allows about twice as many modules in the new FX/2800 system cabinet, which is physically the same size as the FX/80 system cabinet. In addition to the four principal module types found in the system cabinet there are two adapter cards in the peripheral cabinet(s). These are the VME Adaptor card for connection to VME peripherals and the (optional) IMU adapter card for connection to the image memory and graphics subsystem. The adapter cards are connected to the 20 MB/s channels on the I/O module(s) in the system cabinet.

Supported VME peripherals (connected through the adapter cards) include 8mm helical scan and 9–track format tapes, 800 MB capacity Winchester 8" disks, line printers, Ethernet[TM] and UltraNet[TM] network interfaces, terminals and various custom interfaces. An FX/80 system with VME–based peripherals may be upgraded to an FX/2800 in the field. Customers who upgrade swap their system cabinet and continue to use their existing peripherals.

Performance and Price

The Alliant FX/2800 sets a new standard for price/performance in supercomputing. It is the first general–purpose supercomputer available with over 1 Gflops of peak processing power for double precision (2 Gflops in single precision) for less than $2 million. Entry level configurations are available beginning at under $700,000 for 8 processors with 320 Mflops of peak processing power and 64 MB of main memory. In a recent pair of articles, Jack Worlton gave the following characteristics for leading–edge supercomputers.

1. Peak rates of 1 billion operations/sec or more
2. Sustained rates of 100 million operations/sec or more
3. Main memory capacity of 10 million double–precision (64–bit) words = 80 MB
4. 64–bit precision
5. Price of $5 million to $20 million

The Alliant FX/2800 meets all of these requirements except for one: Price! So it is the first "leading–edge" shared–memory supercomputer for under $2 million. Performance on standard benchmarks including Dhrystones (scalar integer), Whetstones (scalar floating point), and Linpack (vector and parallel floating point) is given in Table 1.

Alliant System	FX/80 Prior High-End	FX/2808 Entry Level	FX/2828 High-End
Number of Processors	8	8	28
Peak DP MFLOPS	188	320	1120
Aggregate Scalar Performance			
Whetstone DP MIPS	60	192	672
Dhrystome MIPS	40	328	1148
Linpack 100	19	44	308
Parallel Performance			
Linpack 100	10	20	42
Linpack 1000	69	200	720

Table 1:
Standard Benchmarks

The achievable 1000x1000 Linpack performance with 28 processors is 720 Mflops, which represents about 450 Mflops per Megadollar. This yields price/performance 4–7 times better than other shared–memory supercomputers and near–supercomputers (Figure 7).

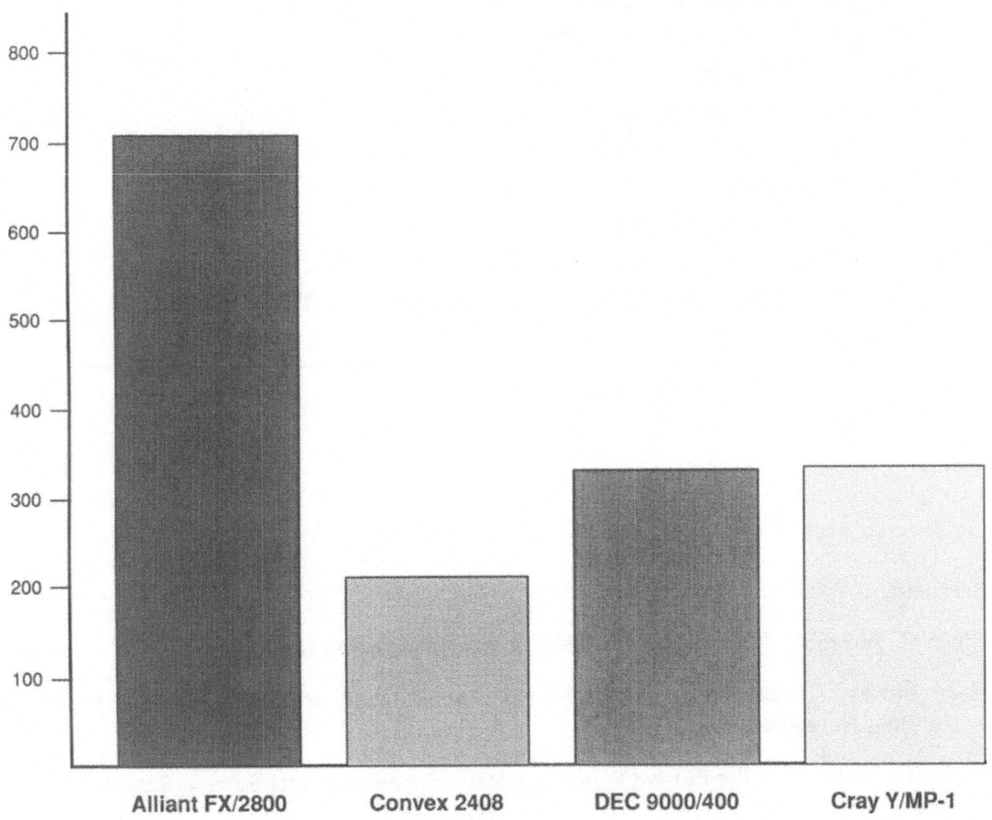

Figure 7:
Linpack 1000x1000 – Alliant, Convex, Cray

Summary

The Alliant FX/2800 incorporates (1) outstanding price/performance in a shared–memory auto-parallelizing supercomputer, (2) the first supercomputer based on open standards including a standard processor, the i860, and a standard parallel architecture, PAX, (3) a robust integrated Supercomputing Environment. This environment allows simultaneous processing of interactive and development work, heavy computational work, and graphics and post–processing work. The system uses "Adaptive Supercomputing" to bring parallel processing clusters to bear on the large computational and visualisation jobs and detached processors to maximize system–wide throughput with up to 28 simultaneously executing processes. In Table 2, the highlights of Alliant's FX/2800 concept are summarized.

1. Efficient parallel architecture: CCA
2. Auto-parallel Fortran compiler
3. First parallel libraries (Linpack, Eispack)
4. First parallel third party codes
5. Auto-parallel C compiler
6. Auto-tasking Ada compiler
7. Parallel graphics (PHIGS)
8. FAST auto structuring tool for task-level
9. Multiple Parallel Clusters
10. Parallel application binary interface: PAX
11. Four levels of parallelism: instruction, vestor, parallel, task

Table 2:
Alliant's Highlights in Parallelism

References

Stephen C. Perrenod, "The Alliant FX/2800: A new Standard in Supercomputing"

Eugene Brooks, "Attack of the Killer Micros", presentation at Supercomputing 89, Reno, Nevada, November, 1989.

Jack Worlton, "Tracking the Elusive Supercomputer", Supercomputing Review, September, 1989 and October, 1989.

Quote from Oracle Corporation: Dr. Jerry Baker, V.O. Oracle UNIX Product Division, Oracle Corporation

VAX Vektor–Architektur

Jehuda Kraft

DEC GmbH
Gutenbergstraße 3
8000 München/Unterföhring

Zusammenfassung

Die VAX–Architektur wurde erweitert. Sie umfaßt und intergriert einen "register–based" Vektorprozessor. Diese Erweiterung wird von der VAX 9000 und der VAX 6400 unterstützt. Die Vektorerweiterungen im Instruktionssatz werden optimal vom VAX FORTRAN genutzt.

Die VAX 9000 implementiert RISC Konzepte in der VAX CISC Architektur, so daß die meisten Instruktionen in einem Zyklus ausgeführt werden können. Um die System-Performance zu verbessern, ist eine neue Hardware–Technologie bei der VAX 9000 implemetiert worden.

Architekturziele

Der Vektorprozessor der VAX 9000 / VAX 6400 ist als Co–Prozessor zum Skalarprozessor in der VAX–Architektur implementiert.

Nach diesem Konzept ist der Skalarprozessor primär dazu da, um den traditionellen Instruktionssatz zu bearbeiten. Dabei werden die neu eingeführten Vektorinstruktionen zum angeschlossenen Vektor–Coprozessor weitergeleitet. Die Vektorinstruktionen werden vom Vektorprozessor asynchron zum Skalarprozessor ausgeführt. Eine Vorrichtung, beide Prozessoren nach Bedarf zu synchronisieren und Vektor–Fehlerbehandlung durch den Skalarprozessor durchzuführen, ist vorhanden.

Ferner ist die neue Vektorarchitektur mit dem Ziel konzipiert worden, den Implementierungseinfluß auf VAX/VMS oder VAX/ULTRIX zu minimieren.

Vektor–Eigenschaften

Der Vektorprozessor unterstützt die Hauptdatentypen der VAX–Architektur:

Integer	32 Bits
F_Floating	32 Bits
D_Floating	64 Bits
G_Floating	64 Bits

Ferner sind Grundoperationen (ADD, SUB, MUL, DIV) und an die Skalararchitektur angelehnte logische Operationen möglich.

Die "Register Based"-Architektur des Vektorprozessors ermöglicht eine Überlappung der arithmetischen und Load/Store Operationen. Sechzehn Vektorregister mit je 64 Elementen die 64 Bits breit sind, werden direkt vom Cache-Speicher geladen bzw. speichern Ergebnisse dort ab. Die Vektorregister-Operationen werden durch ein Maskenregister und ein Längenregister optimiert.

Die VAX-Vektorarchitektur erlaubt eine asynchrone Arbeitsweise der Skalar- und Vektorprozessoren. Diese simultane Arbeitsweise kann die Rechensequenz erheblich beschleunigen. Auf der anderen Seite tauchen dadurch Probleme wie gleichzeitige Speicherzugriffe auf. Spezielle Instruktionen sind für die Synchronisation der Einheiten vorgesehen, wo eine Exklusivität der Speicherzugriffe garantiert werden muß.

Die Vektor-Instruktionen

Die Vektoroperationen werden mittels zweier Kontrollregister gesteuert. Das Vektorlängenregister (VLR) definiert das letzte Element im Vektorregister, das in die Operation einbezogen werden soll. Das Vektormaskenregister (VMR) enthält eine 64 Bit-Maske, wobei jedes Bit einer Position im Vektorregister entspricht. Falls eine maskierte Operation ausgeführt wird, nehmen nur die Elemente teil, bei denen das Maskenbit auf logisch "wahr" gesetzt ist. Durch Vektorvergleichs-Operationen wird das VMR gesetzt, sodaß nachfolgende maskierte Operationen optimiert ablaufen können.

Für den Vektorprozessor sind zwei Speicherzugriffsarten vorgesehen:

1. Für Elemente, die durch a(i) (FORTRAN-Notation), direkt adressiert werden.

2. Für Elemente, die durch a(b(j)) indirekt ("Scatter/Gather") adressiert werden.

Die "Scatter/Gather"-Instruktionen berechnen die nötigen Offsets b(j), um die a-Elemente adressieren zu können.

Der Vektorverarbeitungsmechanismus

Der Skalarprozessor der VAX 9000 / VAX 6400 kann vor Ort durch den Vektor-Coprozessor erweitert werden. In einer Multiprozessor-Umgebung kann eine asymmetrische Konfiguration der Skalar/Vektor-Paare existieren und wird vom Betriebssystem optimal eingesetzt.

Die Skalar- und Vektorprozessoren sind in der Lage asynchron zu operieren. Das erlaubt eine überlappende Ausführung der Skalar- und Vektorinstruktionen und eine verbesserte Performance. Interrupts und CPU-Fehlerbehandlungen werden vom Skalarprozessor bedient, so daß die Vektoroperationen ungestört ausgeführt werden können. Um Daten-Abhängigkeiten von beiden Prozessoren zu vermeiden werden , wo nötig, Synchronizations-Befehle vom FORTRAN-Vektorcompiler im Code eingefügt.

Grundsätzlich werden die Instruktionen vom Skalarprozessor interpretiert. Die Vektorbefehle werden zum Vektorprozessor weitergeleitet, der in der Lage ist, die nötigen Vektoroperanden direkt vom Speicher zu manipulieren. Der Skalarprozessor ist dann frei zur Bearbeitung weiterer Instruktionen.

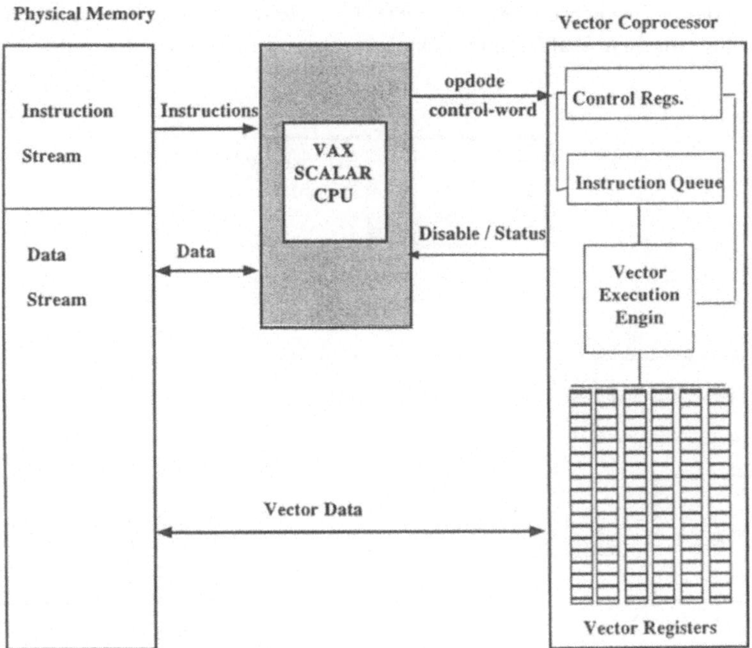

Bild 1:
Skalar/Vektor–Verarbeitungsmechanismus

Vektor–Fehlerbehandlung

Wenn der Vektorprozessor einen arithmetischen Fehler verursacht (z.B. Division durch 0) oder einen Hardwarefehler entdeckt, werden weitere Vektoroperationen gesperrt. Beim Versuch des Skalarprozessors, den nächsten Vektorbefehl zum gesperrten Vektorprozessor weiterzuleiten, wird eine Betriebssystem–Fehlerroutine eingeleitet, die die Fehlerursache analysiert und protokolliert. Falls die Fehlerquelle korrigiert werden kann, wird der Vektorprozessor für den normalen Betrieb freigegeben, sodaß der fehlerverursachende Befehl wiederholt werden kann.

VAX–Vektorimplementierungen

Die Vektorarchitektur wird in 2 Varianten implementiert. Die VAX–9000 (Bild 2) integriert den Vektor–Coprozessor auf der CPU–Karte und stellt den 128 KB Cache–Speicher parallel für den Skalar– und Vektorprozessor zur Verfügung. Der Vektor–Coprozessor der VAX 6400 (Bild 3) wird als Steckkarte am XMI–Systembus neben den Skalarprozessor gesteckt. Beide Prozessoren werden mit einem Signalkabel zusammen verbunden. Der Vektorprozessor der VAX 6400 verfügt über einen eigenen 1 MB Cache–Speicher und Memory Management. Die 2 Varianten der Vektorausführung erfordern eine minimale zusätzliche Betriebssystemunterstützung. Wie bereits erwähnt, kann der Vektorprozessor die Vektorinstruktionen asynchron aber auch synchron zum Skalarprozessor ausführen. Die Befehle, die einen Memory Management Fehler verursachen können, werden in beiden Vektorimplementierungen synchron ausgeführt. Alle anderen Befehle werden asynchron implementiert. Im letzteren Modus ist eine Überlappung der Befehlsausführung zwischen Skalar– und Vektorprozessor möglich.

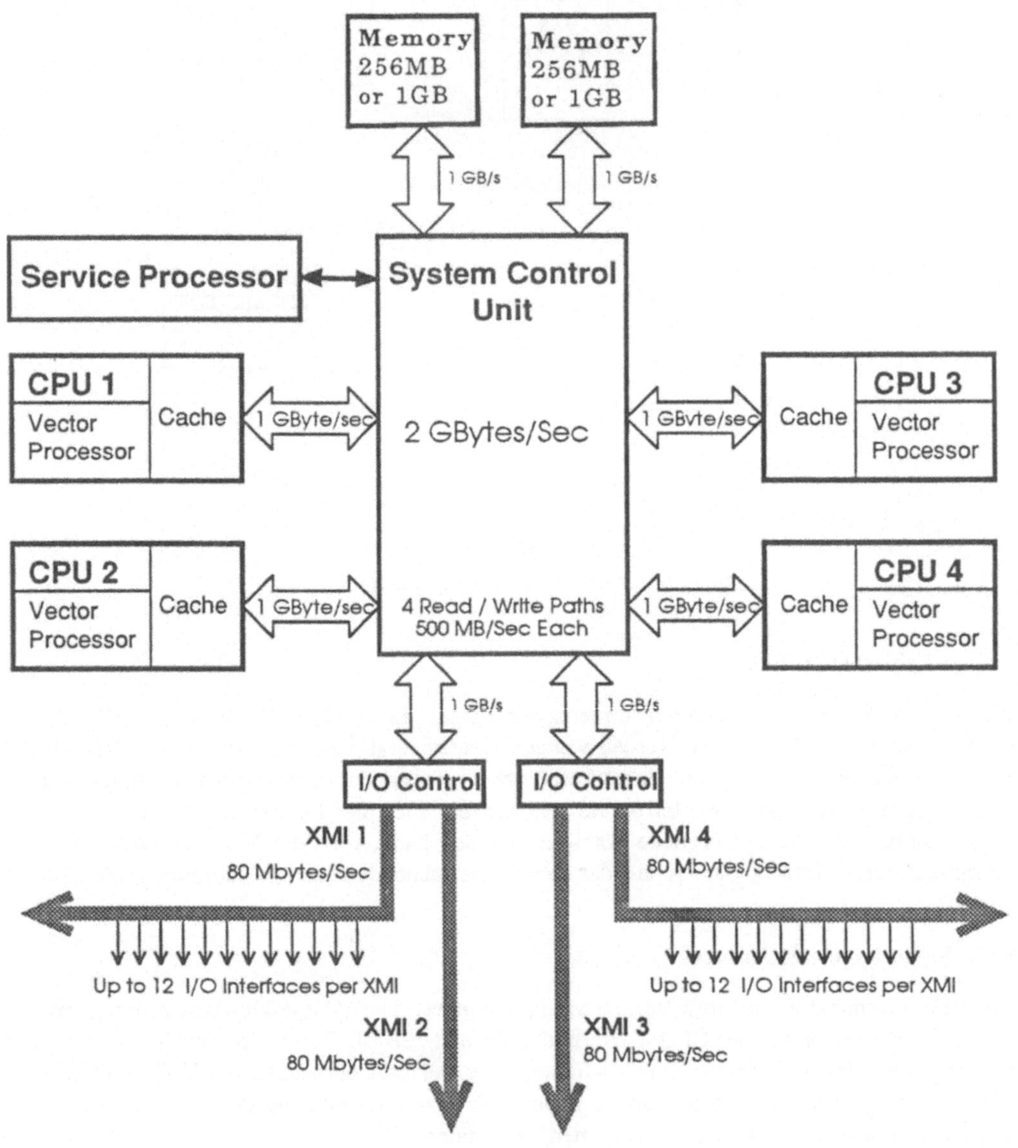

Bild 2:
VAX – 9000

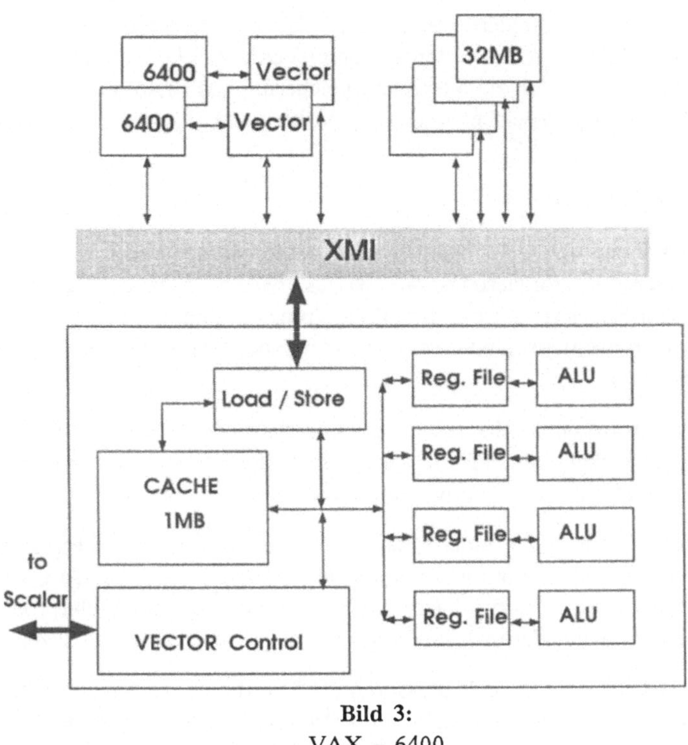

Bild 3:
VAX – 6400

Betriebssystem–Strategie

Wegen der asynchronen Arbeitsweise der beiden Prozessoren wird der Vektor–Context getrennt vom Skalar–Context geführt. Diese Trennung wird optimal beim Prozeßwechsel benutzt. Wenn der neue Prozeß ohne Vektorarithmetik auskommt, bleibt der Vektor–Context erhalten, so daß das Betriebssystem das Auslagern von 8 KB an Vektordaten sich sparen kann. Wenn der Prozeß, dem der Vektor–Context gehört, wieder ins System eingespielt wird, findet er den alten Vektorzustand und kann direkt fortsetzen. Diese Technik wird sowohl von VAX/VMS als auch von VAX/ULTRIX benutzt, um die Aktivierungszeit der Prozesse mit Vektorbedarf zu reduzieren.

Vektor–Fehlerbehandlung

Die Fehlerbehandlungsmechanismen im Betriebssystem sind erweitert worden, um die Vektor-Arithmetikfehler abhandeln zu können. Das Verfahren, die Fehlermeldungen an den Skalarprozessor weiterzuleiten, wird durch das Stoppen des Vektorprozessors ausgelöst. Im Gegensatz zum Skalarprozessor ist der Vektorprozessor in der Lage, auch nach dem Auftreten eines arithmetischen Fehlers die Operation für alle restlichen Elemente des Vektorregisters fortzusetzen. Der Fehlerstatus wird in einem priviligierten Register gespeichert, und der Vektorprozessor stoppt weitere Aktivitäten.

Zwei Arten von Speicherzugriffsfehlern werden vom Vektorprozessor gemeldet: Referenzfehler und Alignment-Fehler. Referenzfehler treten auf beim Versuch, Elemente in einen physikalisch nicht existierenden Speicherbereich zu laden/abzuspeichern. Aus Performance-Gründen werden Alignment-Fehler für im Hauptspeicher ungünstig positionierte Operanden gemeldet.

Skalar/Vektor-Synchronization

Die Anwenderapplikationen können, abhängig vom Vektorisierungsgrad, vom Vektorprozessor profitieren. Bei hohem Vektorisierungsgrad ist es wünschenswert, den Vektorprozessor asynchron zum Skalarprozessor durch den Programmcode laufen zu lassen. Die Vektorarchitektur sieht Synchronisationsbefehle vor, zur Vermeidung von falschen Ergebnissen durch das asynchrone Verhalten.

Bei simultanen Speicherreferenzen beider Prozessoren steht der Befehl MSYNC zur Verfügung. Nach Ausführung dieses Befehls stoppt der Skalarprozessor seine Aktivitäten bis der Vektorprozessor die Speicherreferenzen abgeschlossen hat.

Die Vektorarchitektur sieht auch einen mehrfachen parallelen Speicherzugriff für Lade/ Speicher-Instruktionen vor. Um Konflikte beim Speicherzugriff zu vermeiden, wird in diesem Fall die VSYNC Instruktion ausgeführt. Dieser Befehl wird sowohl vom Skalarprozessor als auch von Vektorimplementierungen, die mehrfache Speicherzugriffe nicht unterstützen, ignoriert.

Um bei asynchronem Lauf der beiden Prozessoren die Zuordnung der Vektor-Fehlerbehandlung zum Programmkontext zu ermöglichen, wird der SYNC Befehl im Programmcode eingefügt. Ein typischer Fall für diese Synchronisation wäre z.B. ein Prozedurwechsel. Kurz vor dem Wechsel sorgt der SYNC Befehl dafür, daß der Skalarprozessor keine weiteren Instruktionen interpretiert, so lange bis der Vektorprozessor seine eventuell anstehenden Fehlermeldungen weitergibt.

Die oben besprochnen Synchronisationsmethoden werden vollautomatisch vom FORTRAN-Compiler im Programmcode eingefügt.

Zusammenfassung

Die Vektorverarbeitungs-Fähigkeit ist eine signifikante Erweiterung der VAX-Architektur. Diese Erweiterung führt zur einer wesentlichen Beschleunigung der technisch-wissenschaflichen Applikationen zu einem angemessenen Preis. Durch den hohen Adressierungsraum und der Ein/Ausgabe-Kapazität der Anlage sind Applikationen denkbar, die bis heute für Supercomputer der gehobenen Preisklasse vorbehalten waren. Angelehnt an die VAX-Architektur ist der Vektoraufbau so konzipert worden, daß eine minimale Anpassung der Betriebssysteme VAX/ VMS und VAX/ULTRIX notwendig ist.

Fundamental Linear Algebra Computations on High-Performance Computers*

Christian H. Bischof

Mathematics and Computer Science Division
Argonne National Laboratory
9700 S. Cass Avenue
Argonne, IL 60439

Abstract

This paper presents an overview of the LAPACK library, a portable, public domain library to solve the most common linear algebra problems. This library provides a uniformly designed set of subroutines for solving systems of simultaneous linear equations, least–squares problems, and eigenvalue problems for dense and banded matrices. We elaborate on the design methodologies incorporated to make the LAPACK codes efficient on today's high–performance architectures. In particular, we discuss the use of block algorithms, and the reliance on the Basic Linear Algebra Subprograms (BLAS). We present performance results which show the suitability of the LAPACK approach for vector uniprocessors and shared–memory multiprocessors. We also discuss some issues that have to be addressed in implementing such a library on other types of parallel architectures. This involves efficient implementations of the BLAS on parallel machines, the proper choice of blocking parameters, and the use of parallelism outside of the BLAS.

1   Introduction and Scope

Researchers at Argonne National Laboratory, the Courant Institute for Mathematical Sciences at New York University, the Numerical Algorithms Group, Ltd., Rice University, and the University of Tennessee are developing a portable public-domain linear algebra library in Fortran 77. The library is intended to provide a uniform set of subroutines to solve the most common linear algebra problems and to run efficiently on a wide range of high-performance computers.

The LAPACK library (shorthand for Linear Algebra Package) will provide routines for solving systems of simultaneous linear equations, least-squares solutions of overdetermined systems of equations, and eigenvalue problems. Dense and banded matrices will be provided for, but not general sparse matrices. In all areas, similar functionality will be provided for real and complex matrices. A detailed description of the LAPACK package is given in [4]. The LAPACK distribution code will also include test and timing routines to verify the installation of the LAPACK codes on a particular architecture and to allow for easy comparison with existing software (see [1]).

* This work was supported by the Applied Mathematical Sciences subprogram of the Office of Energy Research, U. S. Department of Energy under contract W–31–109–Eng–38 and by the National Science Foundation under grant ASC–8715728.

The new library will extend the successful EISPACK [28,41] and LINPACK [17] libraries, integrating the two sets of algorithms into a unified, systematic library. A great deal of effort has also been expended to incorporate design methodologies that make the LAPACK algorithms more appropriate for today's high-performance architectures. In particular, LAPACK codes have been carefully restructured to reduce the cost of data movement as much as possible.

LAPACK is designed to be efficient and transportable across a wide range of computing environments, with special emphasis on tightly-coupled shared-memory multiprocessors such as an Alliant FX/8, IBM 3090/VF, Cray-2 or Cray Y/MP. While we do not hope for LAPACK codes to be optimal for all architectures, we expect high performance over a wide range of machines. By relying on the Basic Linear Algebra Subprograms (BLAS) [18,21,34] the codes can be "tuned" to a given architecture by efficient - and, in all likelihood machine-dependent - implementations of these kernels. Machine-specific optimizations are limited to those kernels, and the user interface is uniform across machines.

2   The Basic Linear Algebra Subprograms (BLAS)

The Basic Linear Algebra Subprograms (BLAS) provide an interface for the elementary matrix and vector operations. The first BLAS [34], which we will call Level 1 BLAS from now on, implement common vector-vector operations such as a dot product or a "saxpy"

$$y \leftarrow y + \alpha x$$

where x and y are vectors and α is a scalar. The Level 2 BLAS [21] provide matrix-vector operations such as matrix-vector multiplication and rank-one updates. The development of the Level 2 BLAS was motivated by vector-processing machines. Many of the frequently used algorithms of numerical linear algebra can readily be coded so that the bulk of the computation is performed by calls to the Level 2 BLAS routines; efficiency can then be obtained by utilizing a tailored implementation of the Level 2 BLAS routines. On vector-processing machines, the aims of such an implementation are to keep the vector lengths as long as possible and to reuse results in vector registers.

Unfortunately, this approach is often not well suited to computers with a memory hierarchy (such as global memory, cache or local memory, and vector registers) and parallel-processing computers. (For a description of many advanced-computer architectures see [22,31,43].) Data at low levels of the memory hierarchy can be accessed immediately, whereas data at higher levels is available only after some delay and (because of memory bank conflicts) may not be available at a rate fast enough to feed the arithmetic units. For this reason it is imperative to reuse data as much as possible to cut down on data movement overhead.

This goal can be achieved by expressing a computation in terms of matrix-matrix operations. The Level 3 BLAS [18] provide the matrix-matrix operations needed for linear algebra. Together with the Level 1 and 2 BLAS, they provide a well-defined interface for the elementary matrix and vector operations and add to the portability, modularity, and ease of maintenance of the software.

BLAS	Memory References	Arithmetic Operations	Ratio Refs:Ops
SAXPY: $y \leftarrow y + \alpha x$ (Level 1 BLAS)	$3n$	$2n$	$3 : 2$
Matrix–Vector Mult. $y \leftarrow Ax$ (Level 2 BLAS)	$n^2 + 2n$	$2n^2$	$1 : 2$
Matrix–Matrix Mult. $C \leftarrow AB$ (Level 3 BLAS)	$3n^2$	$2n^3$	$1.5 : n$

Table 1:

Memory Access Cost of Matrix and Vector Operations

	Alliant FX/8	IBM 3090/VF (1 proc.)	Cray–2 (1 proc.)
Peak Performance	94	108	488
SAXPY	14	26	121
Matrix–Vector Multiply	26	60	350
Matrix–Matrix Multiply	43	80	437

Table 2:

Peak Performance of Selected BLAS Kernels in MFlops

As an example, consider the ratio of memory references to arithmetic operations for a 'saxpy' (a Level 1 BLAS), a matrix-vector multiply (a Level 2 BLAS), and a matrix-matrix multiply (a Level 3 BLAS) as shown in Table 1. Here α is a scalar, x and y are n-vectors, and A, B and C are $n \times n$ matrices. We see that the use of higher–level BLAS requires less data movement, and in particular for the level 3 BLAS we achieve a *surface–to–volume effect* for the ratio of operations to data movement. This allows us to avoid memory bottlenecks and is borne out by the performance numbers in Table 2 which show the peak performance of the machine as well as the best performance of those kernels on one processor of a Cray–2, an IBM 3090/VF, and on an eight–processor Alliant FX/8.

All those machines have the characteristic that the memory bandwidth of the machine is significantly lower than the speed of the processors. For example, on the Alliant FX/8 eight processors access a globally shared memory through a shared cache. When data comes from the cache, the vector processors can produce results at a peak rate of eight 64–bit floating point results every 170 nanoseconds, resulting in a peak performance of about 45 megaflops. On the other hand, the one data path from the cache to main memory is half as fast as the path from processors to the cache, so the computation rate degrades. A similar situation exists on the IBM 3090/VF where data has to be resident in cache before they can be used as operands.

Machine	Peak MFlops	Peak Transfer Rate (MWords/sec)	Ratio
Cray X–MP/4	940	1411	1.5
Cray Y–MP/8	2667	4000	1.5
Cray–2S	1941	970	0.5
IBM 3090/600–VF	798	400	0.5
Alliant FX/8	188	22	0.12

Table 3:
Comparison of Peak Floating Point and Data Transfer Performance

The Cray–2 has 16 Kwords of so–called 'local memory', from which data can be accessed in four clock cycles, whereas references to global memory experience a startup overhead of 63 cycles for a vector load or store. An additional bottleneck on those machines is the fact that there is only one path into main memory which has to be used for both load and stores. In contrast, each processor of an Cray X/MP and Y/MP has two load and one store pipe into main memory, greatly alleviating this I/O bottleneck.

In general one can obtain a good idea of the usefulness of higher–level BLAS by comparing the peak performance of a machine with its peak transfer rate into main memory. Such a comparison is shown in Table 3. Whenever the ratio of peak performance to peak memory bandwidth is low, it is imperative to reuse data in fast memories in order not to degrade the computation rate due to waiting for memory accesses. The level 3 BLAS allow for efficient reuse of these fast memories and hence provide an algorithmic tool that insures good performance on such machines.

3   Block Algorithms

The LINPACK and EISPACK codes were written in a fashion that, for the most part, ignored the cost of data movement. The previous section, however, has shown that considerable performance improvements can be achieved by using matrix–matrix kernels to express one's algorithm.

In some algorithms (e.g., computing the eigenvalues of a symmetric tridiagonal matrix), this is not feasible. In the majority of algorithms, however, there is scope for using the Level 2 and Level 3 BLAS. To exploit the Level 3 BLAS, one usually must express the algorithm at the top level in terms of operations on submatrices (the so–called "blocks") as compared to vector– or scalar–oriented operations. Block algorithms for solving equation systems are discussed in [12,14,24,18,26]; block algorithms for orthogonal factorizations can be found in [2,3,10,8,23,26,40,38].

As an example of a block algorithm, we consider algorithms for computing the Cholesky decomposition

$$A = LL^{\mathrm{T}}$$

where A is a symmetric positive definite matrix and L is an lower triangular matrix. One way to compute this factorization is the algorithm in Figure 1 where L is computed one column at a time. Here a(i:j,k:l) denotes entries of A in rows i through j and columns k through l.

> **for** $j = 1$ to n do
>   { Compute jth diagonal element of L }
> $l(j,j) \leftarrow \sqrt{a(j,j) - l(j, 1 : j{-}1)l(j, 1 : j{-}1)^{\mathrm{T}}}$
>   { Compute subdiagonal elements in jth column of L }
> $l(j{+}1 : n, j) \leftarrow (a(j{+}1 : n, j) - l(j{+}1 : n, 1 : j{-}1)l(j, 1 : j{-}1)^{\mathrm{T}})/l(j,j)$
> **end for**

Figure 1:

Column–Oriented Algorithm for Computing the Cholesky Factorization

> **for** $j = 1$ to N do
>   { Compute jth diagonal block of L }
> $L(j,j) \leftarrow$ Cholesky factor of $(A(j,j) - L(j, 1 : j{-}1)^{\mathrm{T}}L(j, 1 : j{-}1))$
>   { Compute subdiagonal entries in jth block column of L }
> $L(j{+}1 : n, j) \leftarrow (A(j{+}1 : n, j) - L(j{+}1 : n, 1 : j{-}1)L(j, 1 : j{-}1)^{\mathrm{T}})/L(j,j)^{-1}$
> **end for**

Figure 2:

Column–Oriented Block Algorithm for Computing the Cholesky Factorization

In order to arrive at a block algorithm, we must consider A as a composed of submatrices, instead of scalar entries or vectors. So let us assume for the sake of simplicity that A can be partitioned into N subblocks of size $nb \times nb$ each, and let $A(i:j,k:l)$ denote entries in rows $(i{-}1) * nb{+}1$ through $j * nb$ and columns $(k{-}1) * nb{+}1$ through $l * nb$. By generalizing the computation of a root of a diagonal element to a Cholesky factorization of a subblock, and the division of a vector by a scalar to an equation solve, we obtain the block Cholesky algorithm shown in Figure 2.

It is characteristic of block factorization algorithms that one needs an 'unblocked' code as well – in this case, the Cholesky factorization of a diagonal subblock. Here we use algorithm in Figure 1 which employs level 2 BLAS kernels.

Altogether there are three possibilities for arriving at a block formulation of the Cholesky algorithm and they are informally described in Figure 3.

The 'top-looking' version computes L one block row at a time using all of the previously computed triangular factor. The 'left-looking' version computes L one block column at a time, using the part of the already computed triangular factor to the left of the current block column. Lastly, the 'right-looking' version computes the triangular factor one block column at a time, and immediately updates the part of A to the right of this column.

These variants require the same amount of floating–point operations, and are numerically equivalent, yet they differ in their usage of the BLAS kernels and in the amount of reads and writes they require.

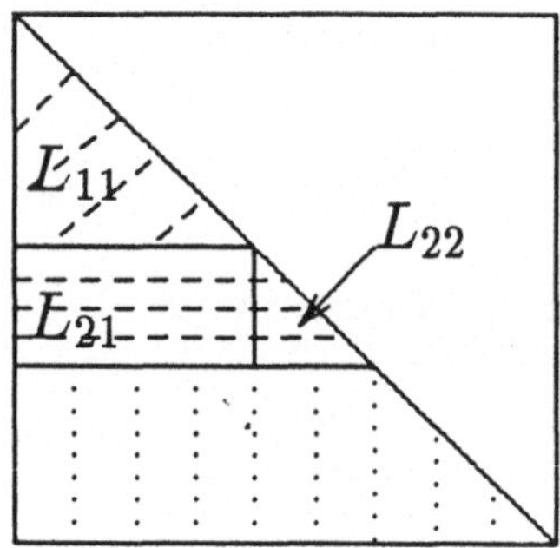

Top-looking Variant

$$L_{21} \leftarrow A_{21} L_{11}^{-T}$$
$$A_{22} \leftarrow A_{22} - L_{21} L_{21}^{T}$$
$$L_{22} \leftarrow \text{Cholesky factor of } A_{22}$$

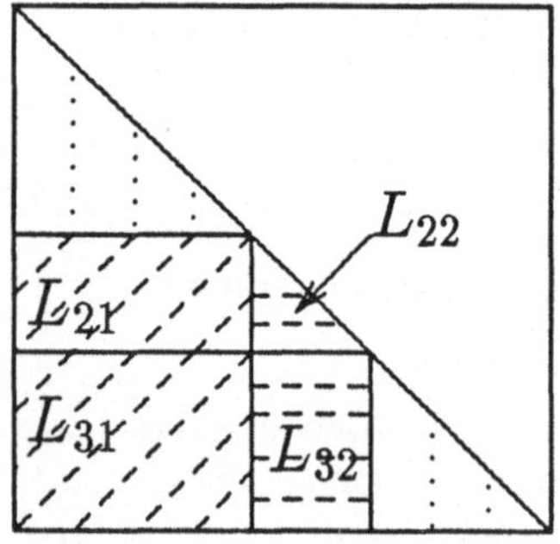

Left-looking Variant

$$A_{22} \leftarrow A_{22} - L_{21} L_{21}^{T}$$
$$L_{22} \leftarrow \text{Cholesky factor of } A_{22}$$
$$A_{32} \leftarrow A_{32} - L_{31} L_{21}^{T}$$
$$L_{32} \leftarrow A_{32} L_{22}^{-T}$$

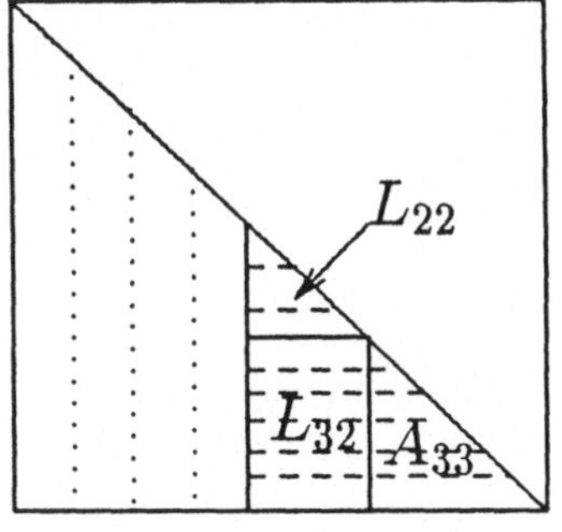

Right-looking Variant

$L_{22} \leftarrow$ Cholesky factor of A_{22}
$L_{32} \leftarrow A_{32} L_{22}^{-T}$
$A_{33} \leftarrow A_{33} - L_{32} L_{32}^{T}$

Dotted areas are not references, diagonally dashed areas are read, and horizontally dashed areas are read and written.

Cholesky Variant	unblocked Cholesky	STRSM	SSYRK	SGEMM
top–looking	1.6%	82.1%	16.3%	0%
left–looking	1.6%	16.7%	16.3%	65.3%
right–looking	1.6%	16.7%	81.6%	0%

Table 4:

Distribution of Floating Point Operations in Different Variants of the Block Cholesky Algorithm on a 500 × 500 matrix, using blocksize 64

Variant	reads	writes	reads+writes
top–looking	536	140	676
left–looking	697	249	946
right–looking	513	389	902
unblocked	21082	125	21208

Table 5:

Memory Access cost (in Kwords) of Different Variants of the Block Cholesky Algorithm

In detail, these versions require

1. The unblocked Cholesky code (see Figure 1)

2. The BLAS routine STRSM, which implements a triangular solve with multiple right-hand sides, i.e. $X \leftarrow L^{-1} B$.

3. The BLAS routine SSYRK, which implements a symmetric rank-k update, i.e. $A \leftarrow A - BB^{\mathrm{T}}$.

4. The BLAS routine SGEMM, which implements a matrix–matrix multiply-and-add $C \leftarrow \alpha AB + \beta C$.

The distribution of work among those kernels is shown in Table 4 for a 500×500 matrix partitioned into blocks of size 64. We see that the top–looking version does nearly all its work in solving triangular systems, the right–looking version is biased towards symmetric rank-k updates, and the left–looking version favors matrix–matrix multiply.

For memory accesses, we have the situation shown in Table 5, again on a 500×500 matrix partitioned into blocks of size 64. The surface–to–volume ratio mentioned before becomes apparent when comparing the number of memory accesses required for the blocked versions with that of the unblocked version. Of the blocked versions, the top–looking version requires the least number of memory accesses. The right–looking version requires the greatest total number of memory references, but less writes than the right–looking version. This may be advantageous in shared–memory multiprocessors where cache consistency is guaranteed by the use of "write–through" caches [31,42]. On those architectures read accesses to cached data can be satisfied in one cycle, but write accesses are immediately flushed to memory. As a result, write accesses can be much slower than read accesses on those architectures. In this context we also mention the MAPA tool [11,20] which allows to visualize the access patterns of these matrix algorithms, and simulate different cache replacement policies.

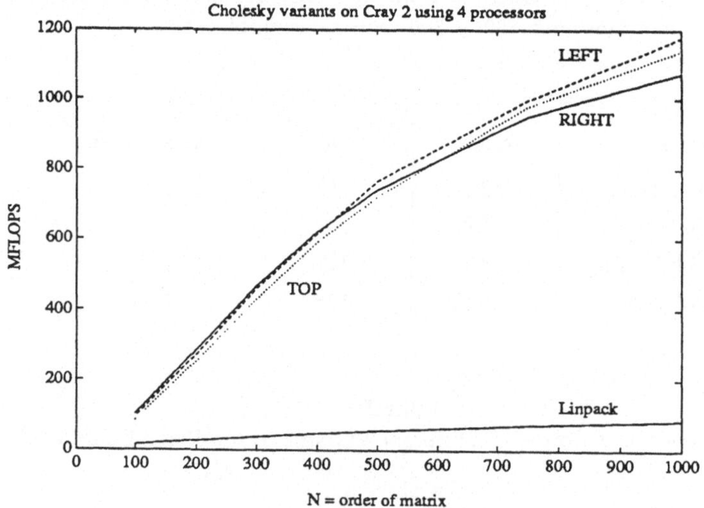

Figure 3:
Comparison of block Cholesky variants with Linpack code on Cray 2

The performance of those variants on a four-processor Cray-2 and an eight-processor Cray Y/MP are shown in Figures 3 and 4. These runs used the assembler implementation of the BLAS provided by Cray Research. On the Cray-2, the right-looking version degrades when matrices become very large, due to the higher memory access requirements of this version. On the Cray Y/MP, the right-looking version is very competitive, due to the high performance achieved by matrix-matrix multiplication. For the LAPACK release, we will choose the variant that provides the best "average" performance over the range of target machines.

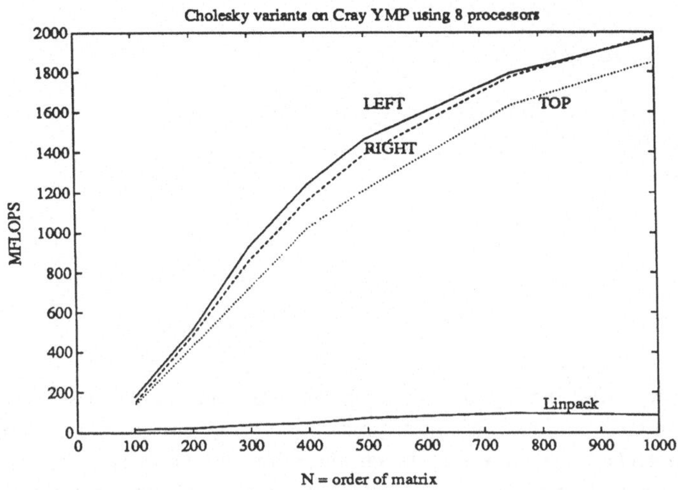

Figure 4:

Comparison of block Cholesky variants with Linpack code on Cray Y–MP

4   An Outlook

The previous section illustrated that much can be gained by structuring a matrix computation as a block algorithm. In the case of the Cholesky factorization, the different versions could be generated essentially by re-ordering loops in the triply-nested loop that describes the scalar computation of the Cholesky factorization. For those codes, efforts are under way [13,39] to provide tools that could achieve the performance of LAPACK codes by re-ordering nested loops. There are, however, a large class of algorithm where blocking requires more than just reordering loops. Examples are a block Cholesky factorization code for banded matrices [36] and block orthogonal factorizations [7,10,40]. It is important to note that the LAPACK effort has also produced algorithms that are not only more efficient, but also more robust than previous approaches. Examples include more accurate eigenvalue routines [2,16,15], and more robust methods of handling triangular factorizations of rank–deficient matrices [7].

This project has, also identified a series of questions that require further attention, in particular with respect to extending the LAPACK library to parallel machines with a larger number of processors. The issues we will discuss are efficient implementation of the BLAS, the proper choice of the blocksize, and mechanisms allowing for parallelism outside of the BLAS.

The efficiency of the LAPACK library depends on the efficiency of the BLAS. When the BLAS are implemented efficiently on a given machine, the LAPACK codes will perform well, and provide free library quality software for this machine. The implementation of the level 3 BLAS is crucial, since this is where most of the work is done. But again, there are many different implementation choices. Take, as an example, the computation of the product of an $m \times r$ matrix A and an $r \times n$ matrix B in and $m \times n$ matrix C. One possible code is shown in Figure 5.

```
for  i = 1 to m do
   for  j = 1 to n do
      for  k = 1 to r do
            c(i,j) ← c(i,j) + a(i,j)b(k,j)
      end for
   end for
end for
```

Figure 5:
Matrix–Matrix Multiply

Depending on how we order the i, j, and k loops, there are six possibilities to consider for the unblocked matrix–matrix product (a good overview is given in [30, chapter1]). When generalizing the unblocked algorithm to a block algorithm, we have again six versions for the blocked code, plus six choices of how to implement the unblocked matrix–matrix multiplication, resulting in a total of 36 possibilities. Even more choices arise in a parallel implementation, where one has to spread data and loop iterations across different processors. The matter is complicated further by the fact that the "optimal" code also depends on the problem dimensions, so that a high–performance implementation will have to switch between different versions to maintain high performance independent of problem size.

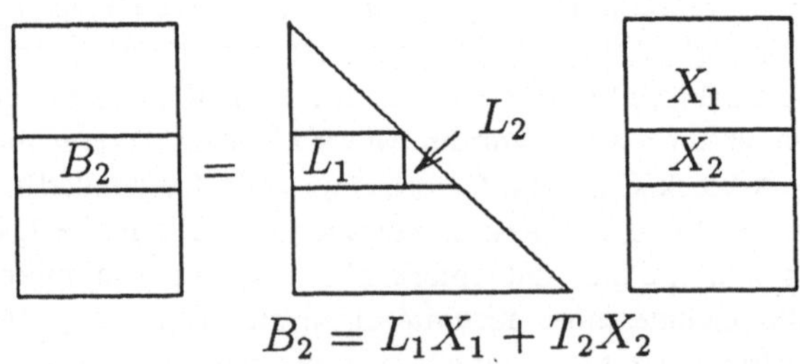

$$B_2 = L_1 X_1 + T_2 X_2$$

Figure 6:
Expressing a Triangular Solve Using Matrix–Matrix Multiply

So already a good implementation of a seemingly trivial operation such as matrix–matrix multiplication is a major undertaking. Should this effort be repeated for every of the level 3 BLAS, it might take longer than the market life of the hardware for which this BLAS 3 implementation is to be designed! An attempt to overcome this problem is to express all the level 3 BLAS in terms of the matrix–matrix multiply routine and the level 2 BLAS [33]. As an example, consider the solution of a lower triangular system with multiple right–hand sides, i.e. $LX = B$. Computing X one block row at a time, we arrive at the blocking regime shown in Figure 6. Since X_1 is known, it follows that

$$L_2X_2 = B_2 - L_1X_1.$$

The right–hand side is a matrix–matrix multiplication, and once it has been computed, X_2 can be found by solving a series of equation systems with one right–hand side (a BLAS 2 primitive). If the matrices have been partitioned into M block rows, then the fraction of the overall arithmetic operations spent in matrix–matrix multiplies is roughly $1 - \frac{1}{M}$, so almost all of the work is done in the matrix–matrix multiply.

Another issue that deserves closer scrutiny is the choice of the optimal blocksize. For most dense matrix algorithms the choice of block size is immaterial to their numerical reliability, yet it is crucial for their computational performance. As an example consider block algorithms for orthogonal decompositions such as the QR decomposition

$$A = QR$$

where Q is orthogonal and R is upper triangular. For an $m \times n$ matrix partitioned into blocks of size nb, one has to compute $O(m \cdot n \cdot nb)$ extra floating–point operations in the blocked algorithm, compared to the unblocked algorithm [7,10,40]. These extra operations are offset by the higher speed of the BLAS 3 kernels (compared to the BLAS 2 kernels) that can now be employed. But obviously there is a tradeoff. Generation of block transformations becomes more expensive as the block size increases, whereas application of the block transformations perform faster with increasing block size. The cross–over point is machine–specific. The currently most common approach, and the one that will be used in the first release of LAPACK, is to choose blocks of fixed width, based on some experimental results on a given machine. For the class of target machines considered for the current release of LAPACK, this strategy proved to be adequate.

The optimal blocking strategy, i.e. the one that results in the minimal execution time, does also depend on the problem size. For a small problem, the overhead associated with blocking might actually increase the running time, whereas for large problems big blocks will utilize available floating–point hardware more effectively. So one has actually several possibilities for implementing blocking in a program: the use of a fixed block size, the use of a varying block size determined by some a–priori strategy, and the use of a varying block size determined dynamically in the course of the factorization. In [6], we suggested a methodology called *adaptive blocking* for finding 'good' block sizes for pipelined factorization algorithms on distributed memory multiprocessors. This technique tries to formalize the performance tradeoffs resulting from different blocking strategies. System parameters are taken into account by generating timing models based on observed data, not simplistic measures such as floating point operations or memory access counts.

This technique was refined in [9] where we developed a recursion formula for the optimal blocking strategy in a QR factorization. Given performance models for the kernels of the QR factorization, we then determined the optimum blocking strategy inexpensively using a technique called dynamic programming. As an example, Figure 7 shows the performance of the block QR factorization on one processor of Cray-2 on a 500 × 500 matrix using fixed width block sizes. The dotted line indicates the performance achieved by the optimal blocking strategy. Other attempts for obtaining good blocking strategies are described in [25,26,27]. They all hinge on finding reasonable analytical models for certain kernels, and modeling these kernels in the face of the architectural complexity of today's high–performance machines is difficult.

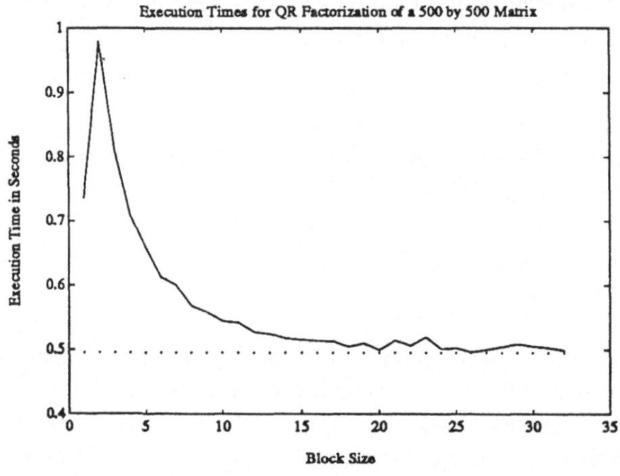

Figure 7:
Execution Times for Blocked QR Factorization on a Cray 2

Lastly we may have to reconsider at what level we allow for the expression of parallelism as we move LAPACK from tightly–coupled multiprocessors to loosely–coupled processors with a larger number of processing nodes such as the iPSC/RX, the BBN TC2000, or the Meiko computing surface. Apart from some divide–and–conquer schemes using a simplified version of the SCHEDULE mechanism [19], all other LAPACK codes exploit parallelism only within the BLAS. This is very convenient from a portability point of view, since the user interface remains unchanged when moving from one machine to the other – one simply has to recompile and relink the machine–specific parallel BLAS. But as mentioned above, implementing the BLAS is not an easy task on parallel machines. But even if one had efficient implementations of the BLAS, the current codes could not make use of *pipelining*. In this technique we distribute block columns in a round–robin fashion to a (virtual) ring of processors, and stagger the generation and application of transformations. This simple technique has proven to be very successful on distributed memory machines [29,32,35,37].

As an example, consider the right–looking Cholesky factorization described in Figure 3. Assuming block column wrapped storage, i.e. block column j is stored in processor j mod p, where p is the number of processors, the processor holding the first block column of A_{33} can begin computation of the next block column of L once it has updated only that first column, and in particular before all other processors have completed. This scheme is naturally load–balanced, since it staggers the computation across processors, allows for simple static assignment of data to processors, and is for the most part synchronized by the flow of data between processors. Using the current LAPACK regime, this would not be possible, however, since hiding the parallelism inside the BLAS prevents this kind of overlap.

We would like to stress, that in general the algorithms implemented in LAPACK are well suited for distributed memory machines, since the reliance on the level 3 BLAS forces one to remove synchronization points from the algorithm, and reuse data in local memories. For example, the same technique that made a pipelined algorithm for an orthogonal factorization of rank–deficient matrices possible on a distributed–memory machine [5], also allowed to design a block algorithm for this problem [7].

5 Summary

We presented an overview of the LAPACK library, a portable, public domain library to solve the most common linear algebra problems. In particular we stressed the design methodolgies incorporated into the LAPACK codes to make them efficient on high–performance architectures. We discussed the advantages of using the Basic Linear Algebra Subprograms (BLAS). In particular the level 3 BLAS implementing matrix–matrix operations were shown to be very effective on machines employing a memory hierarchy. Using the Cholesky factorization of a positive definite matrix as an example, we showed how blocked codes can be obtained from the usual unblocked versions, what advantages they have compared to the LINPACK or EISPACK style codes, and how they perform on tightly–coupled shared–memory multiprocessors. Lastly, we discussed some of the issues that arise as we consider the migration of LAPACK from tighly–coupled multiprocessors to loosely–coupled MIMD machines with a larger number of processors. These included efficient implementation of the BLAS, the proper choice of blocking parameters, and the use of parallelism outside of the BLAS.

Acknowledgements

I would like to thank Edward Anderson of the University of Tennesse for his friendly help in obtaining some of the benchmark data presented in this paper.

References

[1]   Edward Anderson and Jack Dongarra. Installing and testing the initial release of LAPACK – Unix and non–Unix versions. Technical Report MCS–TM–130, Argonne National Laboratory, Mathematics and Computer Sciences Division, May 1989.

[2] Zhajoun Bai and Jim Demmel. LAPACK working note #8: On a block implementation of Hessenberg multishift QR iteration. Technical Report ANL–MCS–TM–127, Argonne National Laboratory, Mathematics and Computer Sciences Division, 1989.

[3] Michael Berry, Kyle Gallivan, William Harrod, William Jalby, Sy–Shin Lo , Ulrike Meier, Bernard Philippe, and Ahmed Sameh. Parallel algorithms on the Cedar system. In W.Händler, editor, *Proceedings of CONPAR 86*, pages 25–39. Springer–Verlag, Berlin, 1986.

[4] Christian Bischof, James Demmel, Jack Dongarra, Jeremy Du Croz, Anne Greenbaum, Sven Hammarling, and Danny Sorensen. LAPACK Working Note #5: Provisional Contents. Technical Report ANL–88–38, Argonne National Laboratory, Mathematics and Computer Sciences Division, September 1988.

[5] Christian H. Bischof. A parallel QR factorization algorithm with controlled local pivoting. Technical Report ANL/MCS–P21–1088, Argonne National Laboratory, Mathematics and Computer Sciences Division, 1988.

[6] Christian H. Bischof. Adaptive blocking in the QR factorization. *The Journal of Supercomputing*, 3(3):193–208, 1989.

[7] Christian H. Bischof. A block QR factorization algorithm using restricted pivoting. In *Proceedings SUPERCOMPUTING '89*, pages 248–256, Baltimore, MD, 1989. ACM Press.

[8] Christian H. Bischof. Computing the singular value decomposition on a distributed system of vector processors. *Parallel Computing*, 11:171–186, 1989.

[9] Christian H. Bischof and Philippe G. Lacroute. An adaptive blocking strategy for matrix factorizations. In preparation.

[10] Christian H. Bischof and Charles F. Van Loan. The WY representation for products of Householder matrices. *SIAM Journal on Scientific and Statistical Computing*, 8 :s2–s13, 1987.

[11] Orlie Brewer, Jack Dongarra, and Danny Sorensen. Tools to aid in the analysis of memory access patterns for Fortran programs. Technical Report LAPACK working note #6, Argonne National Laboratory, Mathematics and Computer Sciences Division, June 1988.

[12] David Callahan. Block–oriented local–memory–based linear equation solution on the Cray–2: Uniprocessor algorithms. In *Proceedings International Conference on Parallel Processing*. IEEE Computer Science Press, August 1986 .

[13] Steven Carr and Ken Kennedy. Blocking linear algebra codes for memory hierarchies. In *Proceedings of the Fourth SIAM Conference on Parallel Processing for Scientific Computing*. SIAM, Philadelphia, 1990. to appear.

[14] A.K. Dave and I. S. Duff. Sparse matrix calculations on the CRAY–2. *Parallel Computing*, 5:55–64, July 1987.

[15] P. Deift, J. Demmel, L.–C. Li, and C.Tomei. The bidiagonal singular value decomposition. Technical Report MCS–TM–133, Argonne National Laboratory, Mathematics and Computer Sciences Division, August 1989.

[16] James Demmel and W. Kahan. Computing small singular values of bidiagonal matrices with guaranteed high accuracy. Technical Report MCS–TM–110, Argonne National Laboratory, Mathematics and Computer Sciences Division, February 1989.

[17] J. Dongarra, J. R. Bunch, C. B. Moler, and G. W. Stewart. *LINPACK Users' Guide*. SIAM Press, 1979.

[18] Jack Dongarra, Jeremy Du Croz, Iain Duff, and Sven Hammarling. A set of level 3 basic linear algebra subprograms. Technical Report MCS–P1–0888, Argonne National Laboratory, Mathematics and Computer Sciences Division, August 1988.

[19] Jack Dongarra and Danny Sorensen. A portable environment for developing parallel programs. Parallel Computing, 5(1&2):175–186, 1987.

[20] Jack J. Dongarra, Orlie Brewer, Samuel Fineberg, and James Arthur Kohl. A tool to aid in the design, implementation, and understanding of matrix algorithms for parallel processors. Technical Report CS–89–91, Computer Science Department, The University of Tennessee, 1989.

[21] Jack J. Dongarra, Jeremy Du Croz, Sven Hammarling, and Richard J. Hanson. An extended set of Fortran basic linear algebra subprograms. *ACM Transactions on Mathematical Software*, 14(1):1–17, 1988.

[22] Jack J. Dongarra and Iain S. Duff. Advanced computer architectures. Technical Report ANL–MCS–TM57, Argonne National Laboratory, Mathematics and Computer Sciences Division, 1987. Revision 1.

[23] Jack J. Dongarra, Sven J. Hammarling, and Danny C. Sorensen. Block reduction of matrices to condensed form for eigenvalue computations. Technical Report ANL–MCS–TM99, Argonne National Laboratory, Mathematics and Computer Sciences Division, September 1987.

[24] Jack J. Dongarra and Danny C. Sorensen. Linear algebra on high–performance computers. In Udo Schendel, editor,*High–Performance Computers 85*, pages 3–32, Amsterdam, 1986. North–Holland.

[25] Augustin Dubrulle. On the optimum blocking parameter in the block solution of triangular linear systems. Technical Report G320–3526, IBM Palo Alto Scientific Center, May 1989.

[26] Kyle Gallivan, William Jalby, Ulrike Meier, and Ahmed Sameh. The impact of hierarchical memory systems on linear algebra algorithm design. Technical Report 625, University of Illinois at Urbana–Champaign, Center for Supercomputing Research and Development, September 1987.

[27] Kyle Gallivan, Robert Plemmons, and Ahmed Sameh. Parallel algorithms for dense linear algebra computations. *SIAM Review*, 32(1):54–135 , 1990.

[28] B. Garbow, J. Boyle, J. Dongarra, and C. Moler. *Matrix Eigensystem Routines – EISPACK Guide Extension*, volume 51 of *Lecture Notes in Computer Science*. Springer–Verlag, New York, 1977.

[29] George A. Geist and Michael T. Heath. Parallel Cholesky factorization on a hypercube multiprocessor.Technical Report ORNL-6190, Oak Ridge National Laboratory, Engineering Physics and Mathematics Division, 1985.

[30] Gene H. Golub and Charles F. Van Loan. *Matrix Computations*. The Johns Hopkins Press, Baltimore, Maryland, 2nd edition, 1989.

[31] Kai Hwang and Faye A. Briggs. *Computer Architecture and Parallel Processing*. McGraw-Hill, New York, 1984.

[32] Ilse Ipsen, Youcef Saad, and Martin Schultz. Dense linear systems on a ring of processors. *Linear Algebra and Its Applications*, 77:205-239, 1986.

[33] Bo Kagstrom and Charles Van Loan. GEMM-based level-3 BLAS, December 1989.

[34] C. L. Lawson, R. J. Hanson, R. J. Kincaid, and F. T. Krogh. Basic linear algebra subprograms for Fortran usage. *ACM Transactions on Mathematical Software*, 5(3):308-323, September 1979.

[35] Guangye Li and Thomas F. Coleman. A parallel triangular solver for a hypercube multiprocessor. *SIAM Journal on Scientific and Statistical Computing*, 9(3):485-502, 1988.

[36] Peter Mayes and Guiseppe Radicati di Brozolo. Banded Cholesky factorization using level 3 blas. Technical Report MCS-TM-134, Argonne National Laboratory, Mathematics and Computer Sciences Division, August 1989.

[37] Cleve Moler. Matrix computation on distributed memory multiprocessors. In Michael T. Heath , editor, *Hypercube Multiprocessors 1986*, Philadelphia, 1986. SIAM Press.

[38] Robert Schreiber. *Block Algorithms for Parallel Machines*, pages 197-207. Number 13 in IMA Volumes in Mathematics and its Applications. Springer-Verlag, Berlin, 1988.

[39] Robert Schreiber and Jack Dongarra. Automatic blocking of nested loops. on preparation.

[40] Robert Schreiber and Charles Van Loan. A storage efficient WY representation for products of Householder transformations. *SIAM Journal on Scientific and Statistical Computing*, 10(1):53-57, 1989.

[41] B. Smith, J. Boyle, J. Dongarra, B. Garbow, Y. Ikebe, V. Klema, and C. B. Moler. *Matrix Eigensystem Routines – EISPACK Guide*. Springer-Verlag, New York, second edition, 1976.

[42] Harold Stone. *High-Performance Computer Architecture*. Addison-Wesley, Reading, Massachusetts, 1987.

Planungs– und Beschaffungskriterien für Supercomputer

James C. Almond

University of Texas System Center for High Performance Computing
Austin, Texas, USA

Zusammenfassung

Der Höchstleistungsrechner ist ein einzigartiges Instrument der Forschung. Noch nie in der Geschichte der Wissenschaft konnte die Leistung eines technischen Forschungsinstrumentes – durch drei Jahrzehnte hinweg und zum konstanten Preis – um einen Faktor 10 alle fünf Jahre verbessert werden. Forscher, die die jeweils neueste Generation dieser Maschinen einsetzen, können besonders relevante Ergebnisse erwarten. Es obliegt daher dem Dienstleistungsrechenzentrum, durch rechtzeitige Beschaffungen und planmäßigen Ausbau für diese Möglichkeit zu sorgen.

Es ist aber nicht leicht, den neuesten Stand der Technologie zu erreichen und noch schwieriger, an der Spitze zu bleiben, denn die neue Supermaschine von heute ist morgen schon veraltet und der Geldgeber gewiß noch nicht für den nächsten Antrag gestimmt. Die Erweiterungsstrategie sollte daher schon in der Planungsphase festgelegt werden und muß auch die organisatorische Reaktionsfähigkeit des Geldgebers berücksichtigen. Erweiterungen müssen eventuell stufenweise ausgeführt werden, um die erwähnte technologische Schnellebigkeit zu berücksichtigen.

Der Supercomputer existiert nicht isoliert und allein, sondern muß in die heutige Infrastruktur integriert werden, die zunehmend aus einem Netz von leistungsfähigen Workstations und anderen lokalen Maschinen besteht. In dieser Umgebung werden Mechanismen für die kooperative Zusammenarbeit zwischen Supercomputer und Workstation immer wichtiger. Außerdem verlangt die neue Umgebung vom Supercomputer eine wesentlich verbesserte Reaktionsgeschwindigkeit als bisher. Ein verbessertes Jobscheduling, möglicherweise mit Limitierung der Auslastung der Maschine, wird erforderlich sein.

Der erste Schritt eines Erweiterungsplanes muß in jedem Fall die klare Bestimmung der Ziele sein, und zwar aus der Sicht der Benutzer. Denn ein erfolgreiches Dienstleistungsrechenzentrum muß sich immer mit den Zielen seiner Benutzer identifizieren.

1. Der Supercomputer als Instrument der Forschung

Auf der Suche der Menschheit nach Erkenntnis sind vier Methoden zu unterscheiden. Mit der ersten, der Methode der *Logik*, versuchte man die Wahrheit allein durch logisches Denken zu entdecken. Philosophen wie der Grieche Demokrit im fünften Jahrhundert vor Christus haben durch solche Logik sogar eine Theorie der Atome entwickelt.

Die zweite Methode brachte *experimentelle* Vorgänge hinzu und ermöglichte dadurch weitere Entdeckungen. Auf diese Weise konnte Galileo ein neu erfundenes Instrument der Forschung – das Teleskop – selber verbessern und damit seine berühmten Beobachtungen des Jovianischen

Mondsystems machen: das heliozentrische Weltbild ersetzte damit das geozentrische. Die Entwicklung des Kalküls von Leibnitz und Newton ermöglichte die mathematische Darstellung der Natur als Basis der *analytischen* Methode. Dieses ist die dritte Methode.

Mit der beispiellosen Entwicklung des Computers in den letzten paar Jahrzehnten ist nun eine neue, vierte Methode der Forschung praktikabel geworden. In den USA als "Computational Research" bezeichnet, benutzt diese neue Methode der *Rechnergestützten Forschung* den Hochleistungsrechner, um Naturereignisse zu simulieren. Mit Hilfe dieses neuen Werkzeuges ist es nun möglich, Fälle zu untersuchen, die im Labor zu aufwendig oder gar unmöglich wären. Mit solchen Methoden können zum Beispiel parametrische Untersuchungen eines Flugkörpers durchgeführt werden, indem man dafür keinen echten, sondern einen simulierten Windtunnel im Rechner einsetzt. Ein simuliertes Auto kann immer wieder gegen eine Mauer gefahren werden, ohne auch nur einmal das wirkliche Auto reparieren zu müssen. Was vielleicht noch erstaunlicher ist, die Eigenschaften von noch nie in der Natur gefundenen Substanzen können im Supercomputer durch *ab Initio* molekulare Berechnungen festgestellt werden. Obwohl solche Verfahren noch ziemlich. neu sind, spricht man schon von maßgeschneiderten Medikamenten und anderen Materialien bzw. Stoffen.

Der Supercomputer als Forschungsinstrument wird in vielen Wissenschaftsgebieten ein Eckstein der Forschung und Entwicklung sein. Die schnelle Entwicklung des Supercomputers zu einem wichtigen Element in verschiedenen Forschungsbereichen ist in zweierlei Hinsicht einzigartig:

- Es gibt kein anderes wissenschaftliches Instrument, dessen Leistung sich zum mehr oder weniger konstanten Preis und fortdauernd über Jahre hinweg so schnell verbessert hat.
- Der Computer ist einmalig unter wissenschaftlichen Instrumenten, da er zum Einsatz auf den verschiedensten Anwendungsgebieten programmiert werden kann. (Dagegen hat z.B ein Teleskop für den Geologen kaum Bedeutung).

Nicht alle Universitäten werden in der Lage sein, einen eigenen Supercomputer zu betreiben. Jedoch werden Forscher von Universitäten, die jeweils die neueste Generation dieser Maschinen einsetzen, einen entscheidenden Vorteil – manchmal durch den zusätzlichen Einsatz von analytischen und experimentellen Methoden – genießen. Es obliegt dem Dienstleistungsrechenzentrum einer solchen Universität, durch rechtzeitige Beschaffungen und planmäßigen Ausbau, den Forschern diese Möglichkeit zu bieten.

2. Die Umgebung

Eine wesentliche Voraussetzung für die sinnvolle Planung eines Supercomputers ist die Umgebung, in der die Anlage funktionieren soll. Auch die Ziele für den Einsatz eines so teuren Gerätes müssen klar sein. Wie oben schon erwähnt, werden Supercomputer in der Regel für Forschungszwecke eingesetzt, und zwar in einer wachsenden Vielfalt wissenschaftlicher Anwendungsgebiete.

Eine etwas umstrittene Frage ist die Beteiligung der Industrie an der Leistung des Supercomputers im staatlich finanzierten Rechenzentrum. Die industrielle Beteiligung ist vielleicht aus zwei Gründen zweckmäßig. Industrieunternehmen, die finanziell nicht in der Lage sind, den eigenen Supercomputer zu beschaffen, können so vom Staat gefördert werden. In vielen akademischen Großrechenzentren wurde schon versucht, die Kosten durch Beteiligung der Industrie zu reduzieren. Der Erfolg ist in den meisten Fällen aber etwas enttäuschend. Manche Firmen sind nicht bereit, wichtige Daten den etwas begrenzten Sicherheitsmaßnahmen der heutigen Supercomputerzentren anzuvertrauen. Softwarelizenzen sind ein zweites Problem im akademisch-industriellen Mischbetrieb.

Obwohl der Supercomputer in erster Linie als Instrument der Forschung dient, dürfen in der Planungsphase die Anforderungen der Lehre nicht vernachlässigt werden. Kenntnisse in der Anwendung des Supercomputers werden eine immer wichtigere Komponente der wissenschaftlichen Ausbildung. Es wird auch in Zukunft Aufgabe des Rechenzentrums sein, in dieser Hinsicht mit den Anwendungsdisziplinen in der Lehre zu kooperieren.

Ein sehr wichtiges Element der Planung einer Zentralen Supercomputeranlage ist das Verhältnis zu den traditionellen "lokalen" Universitäts- oder Fachbereichsrechenzentren der beteiligten akademischen Organisationen. Solche lokalen Anlagen werden wohl auch in Zukunft die Hauptschnittstelle für die meisten Benutzer und für die meisten Rechenvorgänge sein. Ein Rechenzentrum, das eine mangelhafte Kompatibilität mit diesen lokalen Anlagen – vor allem Workstations – aufweist, wird in der Regel nur im Notfall benutzt. Diese Notwendigkeit der Integration wird in Abschnitt 4 weiter erläutert.

3. Die Bedeutung des technologischen Entwicklungstempos

Die Leistung der Halbleitertechnologie steigert sich fortlaufend alle fünf Jahre um eine Größenordnung. Und das Marktangebot in den letzten Jahrzehnten zeigt deutlich, daß sich diese Leistungssteigerung auch im Endprodukt durchschlägt. Die Cray Y–MP/8 von heute ist zum Beispiel tatsächlich wesentlich *mehr* als 10 000 mal schneller als die CDC 6600, die an der Universität Stuttgart im Jahre 1968 als schnellster Rechner in ganz Deutschland installiert wurde. Diese Entwicklung bedeutet auch, daß die Rechner im Jahre 2000 nochmals um einen Faktor 100 schneller sein werden. In den Händen von tüchtigen Forschern werden diese Maschinen eine einmalige Gelegenheit darstellen, aber gleichzeitig für das Rechenzentrum eine große Herausforderung sein! Es werden hier einige Hauptprobleme erläutert, die schon in der Beschaffungsplanung sorgfältig berücksichtigt werden müssen:

1. Die Leistung der neuen Maschinen wird nicht nur auf Basis der rein technologischen Geschwindigkeit erbracht, sondern auch durch Architekturmaßnahmen, die den effizienten Umgang mit dem Rechner leider erschweren. Kaum hat der Benutzer – auch durch die Anstrengungen des Rechenzentrums – die Schwierigkeiten des *Vektorisierens* überwunden, werden beide mit *Parallelisieren* konfrontiert.
2. Netzwerke werden schneller, derzeit ist der Stand der Technik in Deutschland 140Mb/sek. (in USA nur 45!), schon werden bereits 3000Mb/sek. diskutiert. Das ist großartig, aber man darf dabei nicht die hieraus resultierenden weiteren Herausforderungen an das Rechenzentrum vergessen, nämlich eine engere Integration zwischen Supercomputer und der lokalen Umgebung.
Nicht nur Netzprotokolle, sondern auch Datensätze, Programme, Compiler, Bilder, Dokumente, usw., nicht zuletzt die Erfahrung müssen leichter austauschbar sein als bisher. Hierzu sind bessere Standards unerläßlich.

3. Das erstaunliche Tempo der Computerentwicklung macht das Leben im Rechenzentrum faszinierend, bedeutet aber auch ein ständiges Leben mit einer veralternden Anlage. Legen wir die oben erwähnte Entwicklungsrate (Faktor 10 alle fünf Jahre) und einen exponentialen Wertverfall zugrunde, beträgt nach J Jahren der Wert einer Machine mit einem ursprünglichen Wert V_0 nur noch $V = V_0\, e^{-0.46J}$. Die entsprechende Halbwertszeit des Rechnerwertes beträgt dann nur 1.5 Jahre!

4. Wie kann man an der Spitze bleiben?

Das rasante Tempo der Computerentwicklung beschert dem Rechenzentrum nicht nur goldene Zeiten, sondern auch große Herausforderungen. Es ist schwierig genug, den neuesten Stand dieser Technologie zu erreichen, geschweige denn, an der Spitze zu bleiben, denn das Attribut "super" ist sehr vergänglich, und die neue Supermaschine von heute ist morgen schon veraltet.

Ist die Universität entschlossen, mit an der Spitze der rechnerbezogenen Forschung zu konkurrieren, muß ein neuer Standpunkt eingenommen werden: *Es muß allein die Existenz einer neuen Maschinengeneration als Rechtfertigung ihrer Beschaffung genügen!* Bedarfserhebungen sind im wesentlichen überflüssig geworden!

Die üblichen Finanzierungsmechanismen sind aber keineswegs diesem Tempo gewachsen. Staatliche Planungsgremien sind es gewohnt, Objekte wie Gebäude zu finanzieren, die Jahrzehnte oder gar Jahrhunderte halten. Begründungsvorgänge, die mehrere Jahre dauern sind in solchen Fällen vertretbar, nicht aber bei Rechenanlagen, die in einem Jahr fast 40% veraltet sind! Auch die Notwendigkeit, das Personal auf der technologischen Spitze zu halten, wird durch dieses Tempo besonders kritisch. Die Lernzeit, mit einer neuen Anlage umzugehen, darf keinen wesentlichen Teil ihres ohnehin kurzen Lebens betragen. Neue Architekturen und komplizierte Benutzerschnittstellen machen dieses Problem besonders schwierig.

Was kann man tun? Folgende Lösungsmöglichkeiten wollen wir diskutieren.

Verteilung der Rechnerressourcen

Das schnelle Entwicklungstempo wirkt sehr zugunsten von Machinen, die aus standardmäßig erhältlichen Hardwareteilen gebaut sind. Denn jedes weitere Jahr während der Entwicklungsphase einer Machine frißt etwa 40% ihrer Konkurrenzfähigkeit. Diese Tatsache erklärt einen wesentlichen Teil der eindrucksvollen Bedeutung der heutigen "Killer Micros", die gegenwärtig heiß diskutiert werden. Es ist schon lange bekannt, daß verteilte lokale Machinen ihren Vorteil in Bezug auf Reaktionszeit haben können. Jetzt wird auch der Leistungsvorteil der Höchstleistungsrechner in Frage gestellt. So einfach ist es aber natürlich nicht. Wem ist es bisher gelungen, solche heißen Kisten nur annähernd so effizient auszunutzen wie eine typische Zentralanlage, und zwar im Sinne von Softwareangebot, Fileverwaltung, und Hardwareauslastung? Nichtsdestoweniger haben wir Supercomputerfreaks das letzte Wort von den Killer Micros noch nicht gehört. Vielleicht lernt man eines Tages diese zu schedulen, usw. Bis dahin werden wir wohl die nächste Lösungsmöglichkeit weiter versuchen müssen, nämlich:

Zentralisierung der Rechnerressourcen

Ein zentrales Supercomputerrechenzentrum ist vielleicht die einzige Organisationsstruktur, die eine Chance hat, sich die notwendige finanzielle Leichtfüßigkeit zu erwerben, um an der Leistungsspitze zu bleiben. Zumindest ist dies die klare Herausforderung. Auch das notwendige technische Know-how ist eher in dieser Umgebung vorhanden. Aber auch in Supercomputerland ist nicht alles klar und rosig. Gerade der deutliche Vorteil der Micros ist die gravierendste Schwäche des Supercomputers. Die Reaktionsfähigkeit von großen zentralen Anlagen ist schon immer mittelmäßig bis miserabel gewesen. Die Herausforderung ist klar; Scheduling und Ressourcenverwaltung müssen so weit verbessert werden, daß der Supercomputer für geeignete Jobs eine bessere Antwortzeit bringen kann als die lokale Anlage oder Workstation, auch wenn dies nur auf Kosten der Auslastung des Supercomputers erbracht werden kann. Es gilt auch als sicher, daß für kleinere intensiv-interaktive Rechenvorgänge die Workstations überlegen bleiben werden.

Integration der Rechnerressourcen

Aus den eben erwähnten Gründen wird der Supercomputer in der Gesamtumgebung mit Workstations und anderen lokalen Machinen koexistieren müssen. Die effiziente Verwendung von spezialisierten Prozessoren wie etwa Vektor-, Skalar- und Parallelarchitekturen ist eine weitere Gelegenheit, die Gesamtleistung durch Integration zu steigern.

Integrierte Ressourcen müssen durch ausreichend schnelle Netze verbunden sein. Aber die Bits pro Sekunde allein sind nicht ausschlaggebend, kompatible Protokolle auch nicht. Das Format der übertragenen Information muß unter den verschiedenen Prozessoren verwendbar sein. Beispiele sind im Austausch von Bildern, Dokumenten, und Binärdateien zu finden. Standards für solche Datenstrukturen sind leider noch unzulänglich und wenig in der Produktion verbreitet.

Topologisch gesehen soll das Netz womöglich ein symmetrisches *Funktionsnetz* sein, in dem sämtliche Funktionen für alle beteiligte Prozessoren verfügbar sind. Wichtige Beispiele solcher Netzfunktionen sind hierarchische Fileverwaltung, Accounting, Verwaltung von Batchjobs, usw. Nicht nur die Anlagenkomponente des Rechenzentrums, sondern auch benutzerlokale Maschinen und Workstations sollen an diese Netzfunktionalität teilhaben können. Diese kooperative Zusammenarbeit erfordert unbedingt eine Standard-Softwarebasis. Das UNIX Betriebssystem ist wohl gegenwärtig die einzig vertretbare Möglichkeit für diese Basis.

Die Entwicklungsstrategie

Obwohl der Supercomputer in drei Jahren etwa 75% seiner Konkurrenzfähigkeit verliert, wird er in typischen Fällen erst in fünf bis sechs Jahren im Kundeneinsatz wesentlich erweitert, und dann in der Regel ganz ersetzt. Zwar werden kleinere zwischenzeitliche Ausbaumaßnahmen gelegentlich realisiert, aber diese ähneln mehr einem elektronischen Pflaster als einer echten Erweiterung. Ein Hauptgrund für diese unbefriedigende Situation ist, daß die staatlichen Finanzierungsmechanismen einfach nicht auf solche häufig auftretenden Erweiterungsanträge abgestimmt sind. Solche Anträge konkurrieren jedesmal erneut mit Vorschlägen für Gebäude, Personal und neuen a.auemischen Einrichtungen, die nicht den gleichen chronischen Investition edarf mit sich bringen.

Diese sprunghafte Investitionsstrategie führt sehr oft zu einer Fehlplanung, mit folgenden Auswirkungen:

- Die Erweiterung kann unter Umständen plötzlich mehr Rechen- oder Speicherkapazität erbringen, als die Benutzer in kurzer Zeit wirtschaftlich ausnutzen können. In diesem Fall wäre eine allmähliche Steigerung der CPU- und Speicherkapazität einer Anlage wirtschaftlicher. Zweifellos ist es angebracht, wenn möglich, die Beschaffung in Stufen zu gestalten. Auch soll versucht werden, die Installation der für spätere Phasen vorgesehenen Objekte schon während der Beschaffungsplanung als *Option* zu gestalten. Auch technologische Neuigkeiten können nicht sofort verdaut werden. Brauchen Benutzer und Rechenzentrumspersonal ein Jahr um den Umgang mit der neuen Technologie zu meistern, hat die Anlage nur noch etwa $100e^{-0.46}$ = 63% ihrer ursprünglichen Konkurrenzfähigkeit! Vielleicht sollte man in einem solchen Fall mit einer kleineren Anlage des neuen Typs anfangen und die große Investition erst nach der Lernphase machen.

- Die Notwendigkeit, eine relativ große Geldsumme auf einmal auszugeben, bringt die Gefahr, die Entwicklungsstrategie zu weit in die Zukunft hinein auf eine bestimmte Hardware- oder Softwarearchitektur festzulegen. Man wird sozusagen gezwungen, schneller zu fahren, als die technologische Scheinwerfer reichen. Alternativarchitekturen müssen daher schon in der Beschaffungsplanung in Betracht gezogen werden! Ein angemessener Teil des verfügbaren Finanzvolumens sollte für die Installation von neuen Architekturen vorgesehen sein, die mit großer Wahrscheinlichkeit als Basis für zukünftige Produktionsanlagen dienen werden. Parallele Systeme sind bestimmt in dieser Hinsicht zu berücksichtigen. Neuerdings müssen die Rechenzentren auch überlegen, ob die neuen RISC-basierten *Killer Micros* den Superrechner überflüssig machen, bzw. welche Rolle sie spielen werden.

Warum sind diese Planungsmaßnahmen schwierig?

Es ist nicht zu erwarten, daß die staatliche Bürokratie – in Deutschland wie in Texas – die notwendige finanzielle Leichtfüßigkeit für eine solche flexible Planung schnell lernen wird. Vielleicht ist die einzige realistische Möglichkeit, den notwendigen finanziellen Fortbestand und die Planungsflexibilität zu erreichen, eine Institutionalisierung des Rechenzentrums als Universitätsorgan mit langfristig gesichertem Budget. Das Budget soll dann auch ausreichend sein für eine kontinuierliche Erweiterungsstrategie. Das Rechenzentrum – auch evtl. mit Genehmigungsrecht des Geldgebers – könnte dann die Anlage im besten Interesse der Benutzer und mit optimaler Wirtschaftlichkeit nahe am *Leading Edge* der Supercomputertechnologie halten.

5. Beschaffungsplanung im CHPC

Das University of Texas System Center for High Performance Computing (CHPC) wird direkt vom Universitätssystem finanziert und unterstützt 14 im Bundesstaat Texas verteilte Universitäten und Forschungseinrichtungen, die dem University of Texas System angehören.

Die jährlichen Betriebskosten von etwa \$3.2 Mio. werden aus einem institutionalisierten Budget gedeckt. Jedoch müssen Investitionskosten für jede größere Erweiterung getrennt beantragt werden. Bestrebungen sind aber im Gange, auch die Investitionskosten in das laufende Budget zu integrieren.

Es sind jetzt \$25.5 Mio im nächsten Finanzjahr für eine Erweiterung der Anlage vorgesehen. Diese Mittelbewilligung basiert auf einem von einem Planungsgremium vorgelegten Entwicklungsplan. Das Gremium, bestehend aus 12 Vertretern verschiedener Universitäten und Anwendungsgebieten des Systems, arbeitet zur Zeit an einer Präzisierung des Planes, der realisiert werden soll.

Gegenwärtig empfiehlt der Plan u.a.:

- die Beschaffung eines typischen Mehrprozessor-Vektorrechners in zwei Phasen, ohne daß die erste Phase eine bindende Verpflichtung auf die Wahl der zweiten festlegt,
- die Installation eines massiv-parallelen Systems für die Entwicklung von geeigneten Algorithmen und Betriebsmechanismen,
- die Entwicklung eines integrierten hierarchischen Fileverwaltungssystems, das allen im Netz beteiligten Prozessoren verfügbar sein wird,
- die Installation einer Reihe von Workstations und State-of-the-art-Skalarmaschinen lokal auf dem individuellen Campus, um die zentrale Vektoranlage von ungeeigneten Programmen zu entlasten, um Erfahrung über den Einsatz von solchen "killer micros" zu gewinnen, und um einen vereinfachten integrierten Zugang zu allen CHPC Ressourcen zu entwickeln.

Anwenderschulung

Martin Bürkle

Regionales Hochschulrechenzentrum
Universität Kaiserslautern
6750 Kaiserslautern

Zusammenfassung

Der typische Supercomputerbenutzer nimmt einen beträchtlichen Anteil eines sehr teuren Geräts in Anspruch. Hieraus leitet sich die Berechtigung der Forderung ab, daß er bis ins Letzte ausgefeilte Programme hat. Dies ist aber nur mit ausgedehntem Expertenwissen möglich.

Diese landläufige Meinung ist nur zu einem ganz geringen Teil richtig, weil sie verschiedene moderne Trends verschlafen hat:

1. Die Zahl der Supercomputernutzer mit relativ geringen CPU–Zeiten nimmt zu. Rentiert sich das Feintuning?
2. Die Nutzung von gut vektorisierter Standardsoftware breitet sich aus. Wozu einen Nutzer schulen, der gar nicht selbst programmiert?
3. Die Compiler werden immer besser und der direkte Hardwarezugriff immer seltener. Wozu soll man dem Nutzer die verborgenen Feinheiten mühsam beibringen?
4. Glücklicherweise werden die "alten Schinken" immer seltener. Mit sauberen modernen Programmen werden die (besseren) Compiler wesentlich besser fertig. Sollten wir die Nutzer nicht einfach nur besser algorithmisch schulen, statt für eine Spezialhardware?

Den wenigen Leuten, die dann noch übrigbleiben, sollten wir alle Informationen geben, die wir an Feinheiten im Umgang mit den "teuren Spielzeugen" überhaupt haben. Denn das ist sehr gut angelegtes Geld. Aber sind das noch "Anwender"?

Anwenderschulung

Von einem Supercomputernutzer wird erwartet, daß er grundsätzlich über eine ausgedehnte Rechenerfahrung verfügt. Einem Anfänger werden diese leistungsfähigen Geräte keinen Gewinn bringen, der in einem vernünftigen Verhältnis zu dem finanziellen Aufwand steht.

Wir gehen von dieser Prämisse aus und diskutieren unter dem Thema "Anwenderschulung" nur die Vermittlung des für die Supercomputer spezifischen Zusatzwissens.

Die aufgestellten Thesen basieren auf Erfahrungen aus vier Jahren Betrieb eines Supercomputers vom Typ SIEMENS VP100 in einer Universitätsumgebung. Die Benutzer des Landesvektorrechners Rheinland-Pfalz haben aufgrund der heterogenen Ausstattung ihrer Hochschulen ihre Kenntnisse und Erfahrungen mit sehr unterschiedlichen Betriebssystemen gesammelt.

Bis vor zwei bis drei Jahren war man überwiegend der Meinung, daß die Nutzung von Supercomputern nur für die wenigen Kunden lohnend sei, die auf den großen Universalrechnern hunderte von Stunden CPU-Zeit am Stück für die Lösung ihrer Probleme benötigten.

Es gab sogar nicht wenige Stimmen, die ein Anwachsen der Nutzerzahl mit dem Argument verurteilten, daß ein zu geringer Prozentsatz der Gesamtkapazität pro Nutzer die Eigenschaft "Supercomputer" hinfällig macht. Diese Auffassung ist richtig, wenn man die Gesamtkapazität im Sinne einer fairen Multiuserbedienung auf zu viele Klienten verteilt.

Auf der anderen Seite wuchsen durch die Möglichkeit der Modellbildung und Visualisierung auf Arbeitsplatzrechnern mit entsprechender Software die Wünsche nach der Bearbeitung immer größerer und komplexerer Probleme rapide.

Als Folge hiervon sind die Rechenzeiten auf den lokalen Systemen – insbesondere für den Lösungsteil der Probleme – exponentiell angewachsen. Zusammen mit der Verfügbarkeit leistungsfähiger Netze entwickelt sich hieraus eine Flut verteilter Anwendungen, die im Vektorrechner nur relativ geringe CPU-Zeiten pro Einzelanforderung aufnehmen, aber auf eine möglichst kurze Bearbeitungszeit (Wartezeit am Gerät) angewiesen sind.

Wie stellt sich vor diesem Hintergrund der Anwender die entsprechende Ausbildung vor?

Am liebsten würde er in seiner gewohnten Arbeitsweise die zusätzliche Geschwindigkeit (und eventuell vorhandene Speichergröße) des Supercomputers nutzen, ohne zusätzliche Aktivitäten zu ergreifen und erst recht, ohne zusätzliches Wissen zu erwerben. Er ist normalerweise mit seinen Anwendungen (und deren Programmierung) ausgelastet.

Was gehört demgegenüber nach Meinung der Rechnerbetreiber zur optimalen Ausbildung der Supercomputernutzer?

- Rechnerzugang über Netze
- Kommandosprache
- Datenhaltung
- verteilte Verarbeitung
- Compilersteuerung
- Rechnerarchitektur, insbesondere Engpässe
- Hierarchien und Zugriffe der Internspeicher
- Vektorisierungsmöglichkeiten von Hardware und Compiler
- Datenflußanalyse und -organisation
- Compiler-"Wünsche"
- Spracherweiterungen (z.B. für Parallelisierung)

und manches andere.

Dieser Vorstellung liegt die Auffassung zugrunde, daß der typische Nutzer des Supercomputers viele Ressourcen verbraucht. Daher kann man von ihm einen sorgfältigen Umgang mit der für ihn (meist) kostenlosen Rechenzeit und somit einen entsprechenden Aufwand für die Ausbildung und nachfolgende Programmierung erwarten.

Wo liegt der praktikable Kompromiß zwischen diesen beiden Vorstellungen? Viele Stimmen meinen, daß mit der Verfügbarkeit von UNIX auf den großen Anlagen die ersten fünf Punkte keiner Diskussion mehr bedürften. Das mag auf den ersten Blick als richtig erscheinen. Wer aber in der Alltagspraxis die vielen Unverträglichkeiten und Einschränkungen auf der einen bzw. Erweiterungen auf der anderen Seite kennt, wird im Rückblick sicher manche Abstriche von seinen ursprünglichen Erwartungen machen. Trotzdem senkt der gemeinsame Durchschnitt die Einstiegsschwelle beträchtlich herab. Wenn man die Auffassung dahingehend verallgemeinert, daß Kompatibilität mit einem vorhandenen Universalrechnersystem gegeben sein sollte, wird man sicher allgemeine Zustimmung ernten.

Was ist mit den anderen Themen?   Wenn

- Tuning- und Vektorisierungstools den Benutzer wirklich unterstützen,
- Compiler wirklich eine genaue Analyse des Programms durchführen und nicht auf bestimmte Schreibweisen abheben,
- zudem die Rechnerarchitektur in sich ausgewogen ist,
- die Speicherpfade leistungsfähig genug sind,
- ein großer Teil der Rechenleistung in Routinen der optimal codierten Standardbibliotheken erbracht wird,

dann sollte es möglich sein, mit einem minimalen Zusatzwissen auszukommen, das zudem noch stufenweise mit Fortschritt der Inanspruchnahme des Supercomputers erworben werden kann.

Sind diese Forderungen an die Lieferanten so teurer Geräte utopisch?

Bei Entwurf sowie Programmierung, Anpassung und Konvertierung oft gebrauchter Routinen sollte andererseits möglichst viel Wert auf die optimale Ausnutzung der speziellen Architektur gelegt werden. Eine genauere Analyse der heute auf dem Markt befindlichen Pakete erweckt den Eindruck, daß in vielen Fällen zwar die Ablauffähigkeit auf einer Architektur sichergestellt wurde, aber: der Gewinn an Verarbeitungsleistung ist oft viel geringer als erwartet. Bei diesen vielfach genutzten Programmteilen ist die wesentliche Arbeit zu leisten. Da die involvierten Mitarbeiter mit hoher Wahrscheinlichkeit ihr erworbenes Wissen über längere Zeit nutzen können, ist der Effekt einer umfassenden Schulung in jeder Hinsicht und eines langfristigen Erfahrungsaufbaus mit Sicherheit am lohnendsten.

Ein praktischer Erfahrungswert aus unserem Rechenzentrum soll die Überlegungen abschließen. Anwender einer anderen Hochschule, die viel Erfahrung mit dem dortigen Universalrechnersystem hatten, wollten ihre Programme auf den VP100 umstellen. Es lagen weder Erfahrungen mit dem Betriebssytem BS2000 unseres Frontendsystems noch mit dem Betriebssystem oder der Hardware des VP100 selbst vor. Trotzdem wurden nach jeweils zwei Doppelstunden Einführung und anschließendem Praktikum so gute Ergebnisse erzielt, daß nur wenige telefonische Rückfragen nötig waren, bis sehr gut vektorisierte Programme entstanden und große Produktionsserien gefahren werden konnten.

Die sehr komfortable Kommandooberfläche mit integrierten Hilfen und Benutzerführung haben ebenso wesentlich dazu beigetragen wie der effiziente Compiler und die Tuningtools. Eine ebenfalls sehr effiziente Implementierung der NAG-Bibliothek ist bei mehreren Anwendungen ursächlich für Programmspeedups um den Faktor 10 bis 25, ohne daß wesentliche Änderungen vorgenommen wurden.

Basis– und Anwendersoftware

Uwe Harms

IABG Ottobrunn
Einsteinstr. 20
8012 Ottobrunn

Zusammenfassung

Die Anwendersoftware für Supercomputer läßt sich in zwei Klassen unterteilen, die black box–Programme und die Eigencodes. Die Programme werden als schwarzer Kasten dem Kunden vom Rechnerhersteller (z.B. SCILIB, SSL2VP) oder vom Softwarehaus (z.B. NASTRAN, MARC, NAG, IMSL) zur Verfügung gestellt. Die Vektorisierung und Parallelisierung wird von anderen durchgeführt. Abhängig vom Druck der Anwender oder den wirtschaftlichen Erwartungen wird mehr oder weniger aufwendig optimiert, meistens wird nur an der Oberfläche der uralten FORTRAN66–Programme gearbeitet. Neue Algorithmen, die besonders gut für die Supercomputer geeignet sind, werden nur selten eingearbeitet. Auch wird die heutige Hauptspeichergröße selten genutzt, "Schinken", wie NASTRAN oder GAUSSIAN, reduzieren durch die aufwendigen Ein–/Ausgabeoperationen den Gesamtdurchsatz.

Bei manchen Programmpaketen und natürlich den Eigenentwicklungen steht der Quellcode zur Verfügung. Aber auch hier darf die FORTRAN66–Vergangenheit nicht vergessen werden. Eigenentwicklungen werden z.T. mit großem Aufwand jetzt auf die neuen Architekturen umgestellt.

Hier muß entweder eine Unterstützung durch den Hersteller oder eine Beratungstruppe im Hause erfolgen.

So wurde das MBB–Programm HISSS auf dem VP 200 der IABG um den Faktor 3 zur Skalareinheit über den Faktor 10 bis zum Faktor 30 durch EDV–fachliche Unterstützung verbessert.

Daneben müssen vom Hersteller leistungsfähige und aussagekräftige Vektorisierungs– und Parallelisierungstools bereitgestellt werden, die erst eine Optimierung ermöglichen.

1   Grundproblematik der technisch–wissenschaftlichen Anwendersoftware

Die Anwendungssoftware spielt in der technisch–wissenschaftlichen Datenverarbeitung gegenüber der Systemsoftware die überragende Rolle. Die Anwenderprogramme sind meistens an Hochschulen oder Forschungseinrichtungen erstellt und dann kommerzialisiert worden. Aus diesen Ursprüngen resultieren auch viele der Probleme, vor denen man heute im Bereich des Supercomputing – sei es Vektor– oder Parallelrechnen – steht :

- FORTRAN 66 oder 77
- geringe Programmierkenntnisse der Ersteller
- keine Erfahrung in größeren Programmierprojekten
- Portabilitätsprobleme
- alte numerische Verfahren
- nicht für große Probleme konzipiert
- auf kleine Hauptspeicher ausgelegt
- intensive Datenein- und Ausgabe auf Magnetplatten

Ein großer Teil der Anwendersoftware stammt aus den 60er und 70er Jahren und wurde in FORTRAN 66 oder sogar schon in FORTRAN 77 entwickelt. Meistens wurden die Programme von den Fachleuten – Ingenieure, Physiker, Chemiker geschrieben, die im Rahmen ihrer Ausbildung irgendwann einmal an einem Programmierkurs teilgenommen hatten. So waren Kenntnisse in der strukturierten Programmierung, in der sinnvollen Verwendung von Unterprogrammtechniken und der Gedanke an die Portabilität kaum vorhanden – hier fehlte die Zusammenarbeit mit dem EDV-Fachmann. Oft wurde auf Grund der kleinen Hauptspeicher bei großen Problemen mit EQUIVALENCE getrickst oder andere spezielle Sprachelemente eingesetzt.

Dadurch wurden die Programme oft unüberschaubar insbesondere, wenn sie sogar noch auf die Rechnerarchitektur und den Compiler eines Rechnerherstellers abgestimmt waren, damals meistens CDC-Rechner mit dem FTN4- oder FTN5-Compiler. Doch diese Zeit ist nicht vorüber, auch heute werden noch Spezialsprachelemente benutzt (z.B. bei VAXen), die Programme sind dann sehr schwer auf andere Rechner übertragbar. Da der Wissenschaftler ja sein Fachproblem lösen will, möchte er sich nicht intensiv mit der EDV oder mathematischen Verfahren auseinandersetzen. So wurden oft alte numerische Methoden ausgewählt, z.B. das alte Gauß-Verfahren um ein lineares Gleichungssystem zu lösen. Effektivere Algorithmen waren nicht bekannt – hier fehlte die Kooperation mit dem Numeriker.

Die Programme wurden oft für eine spezielle Aufgabe geschrieben und entwickelten dann eine Eigendynamik. Sie wurden nach verschiedenen Seiten und Problemfällen erweitert, neue Moduln wurden "angebaut". Es fehlte eine grundlegende, großzügige Konzeption, die dann Schritt für Schritt umgesetzt wurde.

Unter all diesen Schwächen der Softwareentwicklung leiden heute die Rechnerhersteller und die Nutzer des Supercomputing. Die Programme bringen vektorisiert gegenüber skalar nur eine geringe Leistungssteigerung, verglichen mit den hohen Beschaffungskosten eines Super- oder Minisupercomputers ist dies äußerst unwirtschaftlich. Sie müssen daher zunächst an die Vektorrechnerarchitektur angepaßt werden. Der nächste Schritt, vor dem der Anwender nun schon steht, ist die Parallelisierung.

Diese grundsätzlichen Vorbemerkungen gelten für den gesamten Bereich der Anwendersoftware. Im folgenden wird nun zwischen Black-Box-Programmen und Eigenentwicklungen bzw. Programmen unterschieden, bei denen der Quellcode verfügbar ist.

2 Black–Box–Programme

2.1 Rechnerherstellersoftware

Im Rahmen ihres allgemeinen Softwarespektrums stellen die Rechnerhersteller dem Kunden hochoptimierte Anwendersoftware zur Verfügung, meistens in Assembler geschrieben. Diese stammt im wesentlichen aus den Bereichen der linearen Algebra, der gewöhnlichen und partiellen Differentialgleichungen sowie weiterer Gebieten der numerischen Mathematik und wird in Form einer Ladebibliothek installiert. Beispielhaft sind zu nennen : SCILIB von CRAY, SSLII–VP von FUJITSU/SIEMENS, VECLIB von CONVEX. Die Unterprogramme aus der numerischen Mathematik sind auf die speziellen Maschinenarchitekturen zugeschnitten, der Anwender erhält dadurch optimale Vektor- und auch Parallelrechnerleistung – der Hersteller garantiert es. Der Anwender hat aber keinen Einfluß auf die Unterprogramme. Durch die intensive Nutzung an den unterschiedlichsten Installationen ist auch die Qualität der mathematischen Verfahren und der Unterprogramme sichergestellt. Fehler werden schon früh erkannt und beseitigt. Von dieser Art Software wünscht sich der Anwender ein breiteres Spektrum – der Traum jedes Vektor- und Parallelrechnernutzers, Leistung und moderne Verfahren.

2.2 Programmbibliotheken kommerzieller Anbieter

In diesem Marktsegment sind eigentlich nur zwei Unternehmen – z.T. in Konkurrenz zu den Herstellern tätig, IMSL und NAG. NAG hat schon vor Jahren begonnen, seine Programmbibliothek in den rechenintensiven Teilen auf Pipeline-Rechnerarchitekturen zuzuschneiden. Da die britischen Universitäten und Forschungseinrichtungen schon sehr früh auf Vektorrechner zugreifen konnten, wurden die Erkenntnisse in der Programmierung unverzüglich umgesetzt. Die IMSL-Bibliothek hat etwa fünf Jahre später auf diese Rechnerarchitekturen gesetzt. Die Unterprogramme dieser Bibliotheken wurden zum Teil mit Unterstützung der Hersteller oder Anbieter optimiert. So hat beispielsweise SIEMENS einige wesentliche, rechenintensive Unterprogramme der NAG-Bibliothek handvektorisiert. Also auch in diesem Bereich können die Erwartungen der Nutzer bezüglich Rechenleistung und optimalen Ausnutzung der speziellen Architektur zum großen Teil erfüllt werden.

2.3 Programmpakete

In diesem Sektor ist für den Anwender noch viel zu tun. Als Schrecken jedes Supercomputer-rechenzentrums seien hier große NASTRAN- oder GAUSSIAN-Jobs genannt. So hatte beispielsweise das ZIB (Konrad-Zuse-Zentrum) in Berlin eine eigene Jobklasse für GAUSSIAN-Jobs eingerichtet. Auf viele der Pakete treffen die im ersten Teil genannten Schwierigkeiten zu, der Anwender gewinnt selbst bei großen Problemen nur einen Bruchteil der Leistung des Supercomputers. Der Sprung vom leistungsfähigen Skalarrechner zum Supercomputer rechnet sich bei einem Faktor von zwei oder drei nicht, wenn der Skalarrechner sowieso im eigenen Hause vorhanden ist.

Wie zu hören ist, erkennen auch die Softwarehäuser, die diese Pakete erstellt haben, daß einiges an den Programmen geändert werden muß. Das Pipelining-Prinzip ist inzwischen auch bei kleinen Rechnern zu finden. Investitionen in die Softwaremodifikationen für das Supercomputing treffen dann einen wesentlich breiteren Markt als die heute etwa 500 Supercomputer weltweit.

Also, neue Vektor- und Parallelalgorithmen in die alten Pakete, weg mit der ständigen Ein- und Ausgabe von Massendaten – ein NASTRAN-Lauf, der fünf IBM-3380-Plattentürme benötigt, behindert den Betrieb eines Rechenzentrums und läßt aus dem Job einen ”Langweiler” werden. Es wird immer zwingender, daß Softwarehäuser und Hersteller gemeinsam die Software anpassen und zwar auf einer allgemeinen Supercomputerarchitektur ohne Assemblerunterprogramme oder sonstige Spezialitäten. Der Anwender möchte die Programmpakete wie NASTRAN auf allen Super- und Minisupercomputern nutzen und nicht aus Markterwägungen von neuesten Versionen bei gewissen Rechnern abgehängt werden oder sie mit erheblicher Verzögerung erhalten. Softwarehäuser sollten aus Anwendersicht nicht mehr die Entscheidung eines Unternehmens für einen Hersteller stark beeinflussen können. Auf diesem Feld ist der Anwender den Software-Anbietern hilflos ausgeliefert, es schlägt die Marktbeherrschung durch.

3 Eigene Software

Hier nun kann der Anwender in die Programme eingreifen, der Quellcode steht ihm zur Verfügung, er kennt – hoffentlich– sein eigenes Programm. Doch zum Handvektorisieren muß er auch die Architektur mit Speicherzugriffen, Registerspeicheraufteilung, Start-up-Zeit und Compilereigenschaften kennen. Der Ingenieur möchte eigentlich sein Fachproblem lösen und nicht ”Supercomputerexperte” werden. Hier ist nun eine Beratungsmannschaft erforderlich, die den Anwender bei der Optimierung EDV-mäßig und eventuell algorithmisch unterstützt. Auch im industriellen Bereich hat sich das nach eigener Erfahrung als sehr wichtig erwiesen.

E.H. Hirschel hat vor zwei Jahren an dieser Stelle über die Flugzeugentwicklung mit Hilfe von Supercomputern berichtet. Er erwähnte auch das Programm HISSS, ein Panel-Verfahren, das nur einen Faktor von etwas mehr als 3 auf dem VP200 der IABG schneller war als auf der hauseigenen IBM 3090. Nach der Rückkehr aus Mannheim haben wir uns gleich in das Programm gestürzt und nach einem Aufwand von etwas mehr als einer Woche den Faktor auf 10 gesteigert. Inzwischen haben wir durch Änderung der Datenstrukturen den Faktor bis auf 30 getrieben.

Ein anderes Beispiel entstammt der Chemie, das semiempirische Programm MNDO von W. Thiel, Universität Wuppertal, erbrachte nur einen Faktor von 2 auf der Cray X/MP in Jülich und 1.3 auf dem VP200 der IABG gegenüber der alten CDC Cyber 76 des RRZN in Hannover. Das Programm war im skalaren Modus sogar schneller als vektoriell, die Supercomputer liefen also unterhalb ihrer skalaren Leistungsmöglichkeiten. In Zusammenarbeit mit W. Thiel wurde MNDO88 handvektorisiert, das nun etwa den Faktor 10 zu einer IBM 3090 liefert.

Nach ersten Überlegungen zur Handvektorisierung und den daraus gewonnenen Erfahrungen ist der Anwender dann bald in der Lage, diese Gedanken in seine Programmierung mit einzubeziehen. Die Ausbildung der Wissenschaftler darf nicht vergessen werden. Programmieren besteht nicht im Lernen von Vokabeln wie DO, IF, ENDIF sondern sollte auf größere Zusammenhänge, Projekte und Perspektiven ausgerichtet werden. Schon beim Programmieren sollten übergeordnete Gesichtspunkte wie beispielsweise Portabilität, einfache Erweiterbarkeit und Modularität berücksichtigt werden. Sicherlich ist noch mehr Know–How erforderlich, wenn es in die Parallelisierung geht. Auch hier gilt, daß der Anwender sein Fachproblem lösen muß, er dazu aber kein Informatiker werden möchte. Hier kommt auf den Beratungsservice eine Menge Arbeit zu.

4 Herstellerhilfsmittel

Für eine sinnvolle Handvektorisierung oder Parallelisierung müssen Hilfsmittel des Rechnerherstellers vorhanden sein, die dem Anwender zeigen, in welchem Programmteil der größte Rechenaufwand erforderlich ist. Manchmal wird behauptet, man bräuchte diese Tools garnicht, der Compiler wäre so gut, da könnte man nicht mehr viel machen. Andererseits fragt man sich, wie ein Compiler eine schlecht programmierte Matrixmultiplikation in eine optimale umwandeln kann. Wie will er erkennen, daß die innerste Schleife die kürzeste Vektorlänge hat ?

Die Vektorisierungshilfsmittel sind von unterschiedlicher Art, es werden Takte oder die Durchläufe von Anweisungen gezählt. Im Prinzip sind sie aber von ähnlicher Qualität. Es ist wichtig, daß der Anwender auf Anweisungsebene erfährt, wo der Rechenaufwand liegt. Interessant sind die Darstellungen von SUPRENUM, wenn über einen zeitlichen Ablauf die Auslastung, die Kommunikation und das Warten der Prozessoren dargestellt wird. Hier wird schon deutlich, daß für die Vielprozessorsysteme eine graphische Aufbereitung erforderlich ist. Man muß dann in einzelne Prozessoren hineinsehen können, um auch auf Prozessorebene zu optimieren.

5 Zusammenfassung

Mit der Anwendersoftware steht und fällt ein Supercomputer. Bei den eigenen Entwicklungen kann der Anwender mit Unterstützung des Herstellers oder einer Beratung seine Programme handvektorisieren. Für die Parallelisierung fehlt derzeit noch die breite Erfahrung. Die Hersteller und Kunden sind gefordert, Anbieter von Programmpaketen unter Druck zu setzen, optimale Algorithmen zu verwenden und neue Rechnerarchitekturen zu berücksichtigen. Auch sollten die Hersteller eng mit den Softwareanbietern zusammenarbeiten und handvektorisieren, eine Optimierung braucht seine Zeit. Erst dann können Vektor- und Parallelrechner in vielen Bereichen optimal eingesetzt werden.

Literatur

[1] Harms,U., Luttermann,H.: Experiences in benchmarking the three supercomputers CRAY-1M, CRAY-X/MP,FUJITSU VP-200 compared with the CYBER 76, Parallel Computing 6(1988) p. 373–382

[2] Hirschel,E.H.: Super Computers Today: Sufficient for Aircraft Design? Experiences and Demands, PIK Special 1, Supercomputer '88, S. 110–150

[3] Thiel,W.: Ein berblick über quantenchemische Rechnungen, Supercomputer und Chemie, Seminar 1988,Ottobrunn, Tagungsband S. 79–121

Einsatz von Supercomputern in der Industrie

Hagen Hultzsch

Volkswagen AG
3180 Wolfsburg 1

Wer nutzt Supercomputer?

Der Einsatz von Supercomputerleistung ist in einem modernen Industriestaat, in dem Spitzentechnologie entwickelt wird, nicht mehr wegzudenken.

Neben der Automobilindustrie werden Supercomputer heute schwerpunktmäßig in den Bereichen

- Luft- und Raumfahrt
- Wehrtechnik
- Chemie
- Astrophysik
- Klimatologie
- Mathematik

eingesetzt. Schwerpunkt der Anwendungen bei VOLKSWAGEN liegen heute auf den Gebieten

- Grundlagenforschung
- Forschung mit naheliegendem Bezug zur Entwicklung
- Entwicklung

Zu nennen sind

- Strukturoptimierung
- Simulation von Crash–Tests
- Umströmungsberechnungen
- Simulation von Verbrennungsvorgängen im Motor

Prestigeobjekt oder Notwendigkeit?

Die Gründe für den Einsatz von Supercomputerleistung liegen in den laufend wachsenden Anforderungen an die Entwicklung von Automobilen mit den Zielen

- Reduzierung Entwicklungszeiten/–risiken durch Vorverlagerung von Entscheidungen in die Forschungs- oder Vorentwicklungsphase
- Reduzierung Anzahl Prototypen sowie aufwendige Versuche (Crash– und Akustik-Simulation)

Connectivity between CRAY, DEC, CDC and IBM Computers

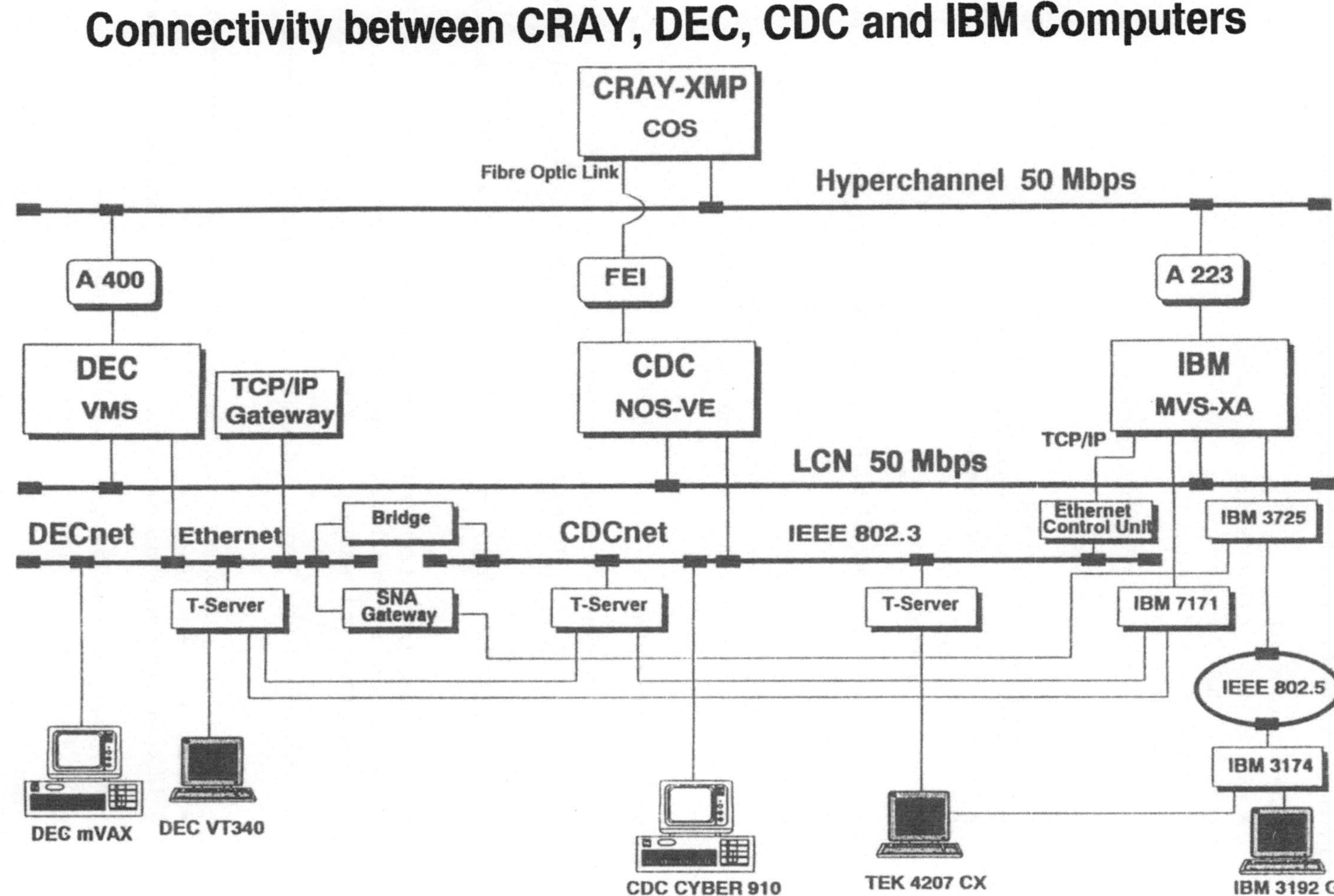

Anforderungen an das Computer–Environment von morgen aus Sicht des

Entwicklungsingenieurs

- hohe Rechen- und Grafikleistung am Arbeitsplatz
- Stabilität, hohe Verfügbarkeit
- kurze Turn around Zeiten
- schneller Datenzugriff
- optimierte Standard–Anwendungssysteme

Systemplaners

- Optimierung, Service, Struktur
- Vermeidung unnötiger System- und Schnittstellenvielfalt
- klar strukturierte Systemumgebungen
- Erhöhung Systemintegration
- Kostenminimierung

Dies erfordert die Umsetzung einer auf den Bedarf an Rechenleistung abgestimmten Hard- und Software Strategie mit

- leistungsfähiger Infrastruktur
- integrierter Datenvor- und Datennachverarbeitung
- numerisch stabilen und physikalisch präzisen Anwendungssystemen

Evolution of Supercomputing

Noch wird die Supercomputer-Welt mit Leistungen im Bereich von GFlops und jährlichen Steigerungsraten von 15 – 20 Prozent von den großen Herstellern der Vektorprozessoren bestimmt.

Wir verfolgen mit großer Aufmerksamkeit die Weiterentwicklung der SIMD- und MIMD-Rechner mit

- permanent steigender Leistung der Vektorprozessoren
- zunehmend höherer Parallelisierung bis hin zu massiv parallelen Systemen
- shared memory und message passing Konzepten.

Hier sollen beispielhaft – ohne Wertung und Anspruch auf Vollständigkeit – die Entwicklungen der

- Thinking Machines Corporation (Connection Machine mit 65536 Prozessoren parallel)
- Columbia University (Parallelrechner mit 256 Prozessoren in einem 2–dimensionalen Gitternetz und einer execution rate von 6.5 Billionen floating point Operationen pro sec)
- GF11–Architektur mit 576 Prozessoren zu je 20 MFlops, SIMD Control, Performance 11 GFlops

zitiert werden.

Doch sehen wir, bei aller Faszination für diese Systeme, als missing Elements

- System- und Anwendungssoftware (Probleme der Programmierung paralleler Algorithmen, fehlende Parallele Betriebssysteme und Programmiersprachen)
- high performance wide-area networks
- exakte Bewertungs- und Meßmethoden für large-scale scientific processing

Bewegung im Supercomputer Umfeld

Folgende Entwicklung darf bei zukünftigen Planungen nicht übersehen werden:

- Mini-Supercomputer mit günstigem Preis/Leistungsverhältnis drängen zunehmend auf den Markt
- Die vernetzte Workstation mit hoher Grafikleistung wird zu einem integralen Bestandteil der DV-Struktur.
  Der Datenzugriff erfolgt über Fileserver.
  Der heutige Abteilungsrechner wird zunehmend eliminiert, es entsteht eine 2-Ebenen-Rechnerumgebung
- Für nicht intelligente Terminals bleibt nur der Einsatz in der Datenerfassung
- Die Unterschiede zwischen Technischen Workstations und vernetzten PC's werden zunehmend geringer
- Das Client/Server-Konzept unterstützt die geforderte Integration
- Die Zahl der Mainframe-Neuinstallation wird sich rückläufig entwickeln. Der Host wird zunehmend zum Datenserver, der mit hoher Verfügbarkeit große Datenmengen verwaltet
- PC's und vor allem Workstations haben die höchsten Zuwachsraten (RISC-Architektur, Standardbetriebssystem UNIX)

Lösung aus der Isolation

Der high-end Supercomputer ist nicht länger nur "der Numberchruncher", sondern der "starke Partner" in einem Hochleistungs-Netzwerk:

- interaktiver Zugriff über UNIX-basierendes Betriebssystem
- Einsatz verteilter Anwendungen zusammen mit leistungsfähigen Workstations mit hoher Grafikleistung, standardisierter Benutzeroberfläche und Desktop Publishing Funktionen (low-end supercomputing)
- CAD und CAE verschmelzen zunehmend.
  Der aus der Prozeßkette geforderte CAE-gerechte CAD-Einsatz wird Wirklichkeit
- Neue Anwendungen im Bereich der Technischen Informationen und beim Einsatz von Expertensystemen

Herausforderung

Der sich zur Zeit abzeichnende Wandel in der Computerindustrie sowie im gesamten technisch-wissenschaftlichen Umfeld ist eine Herausforderung mit neuen Chancen.

Durch die Veränderungen werden u.a. die Bereiche

- System–Management
- Netzwerkmanagement

besondere Bedeutung erhalten.

Unsere Schwerpunkte bei der Auswahl von Netzen, Hard- und Software liegen neben strengen wirtschaftlichen Gesichtspunkten zukünftig auf den Gebieten

- Integration (Netzwerke, Betriebssystem, einheitliche Benutzerschnittstelle, Prozeß-ketten)
- Einsatz standardisierter und optimierter Anwendungssysteme (hoher Vektorisierungs- und Parallelisierungsgrad)
  distributed processing
- Speichereffizienz
  Parallelisierung, Vektor- und Skalarleistung
  high speed networking
  shared disk

Supercomputer als Unit im Systemverbund

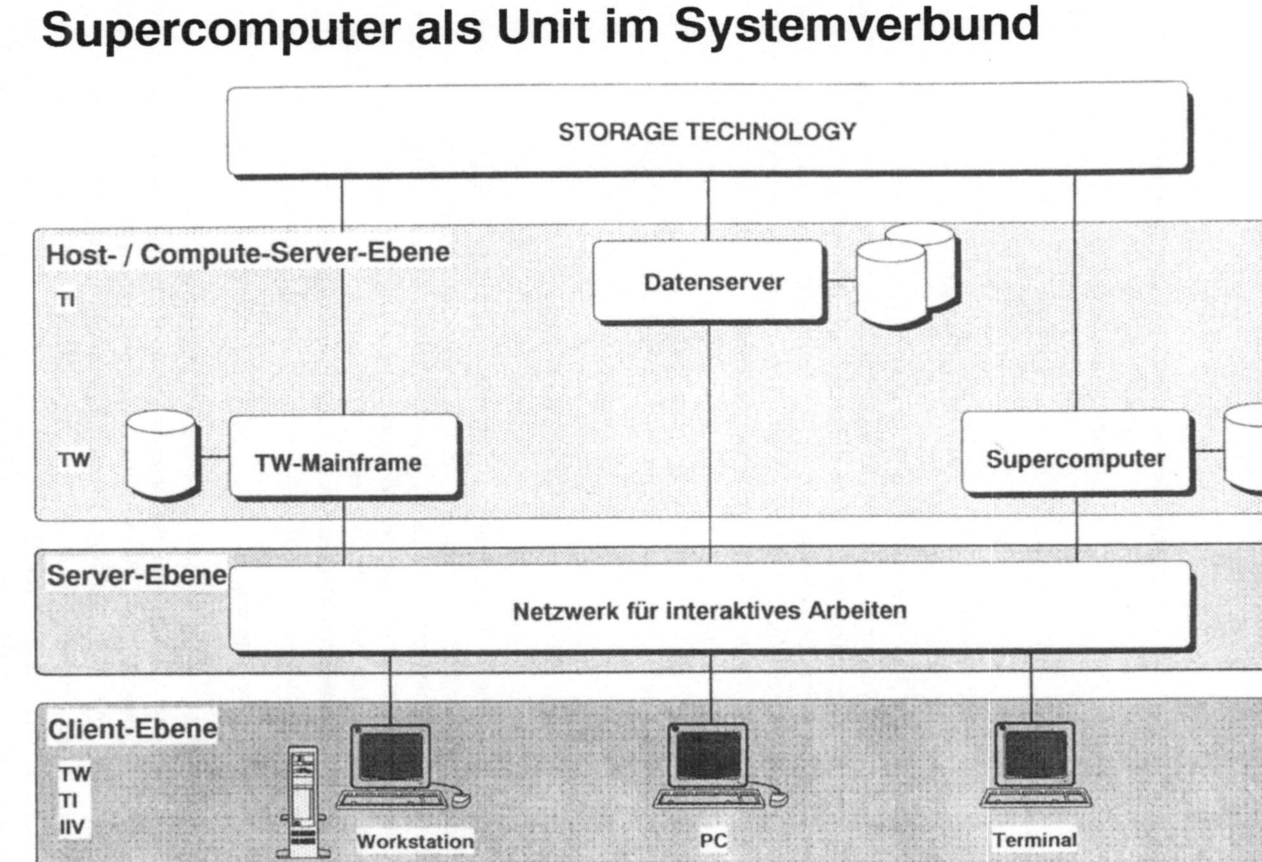

Netzeinbindung und Betriebssystemaspekte

Roland Rühle

Rechenzentrum der Universität Stuttgart
Allmandring 30
7000 Stuttgart 80

Zusammenfassung

Während in den 70er Jahren die Anbindung eines Supercomputers an ein Mainframesystem möglichst unter Verwendung des Betriebssystems des Mainframes als Ziel galt, hat sich in den 80er Jahren die Einbindung des Supercomputers in ein Netz als Computeserver durchgesetzt. Der Zugang erfolgt über Workstations in den Betriebsformen Batch, interaktiv über X-Window und Prozeß-Prozeß-Kommunikation. Verfügbare Netzgeschwindigkeiten reichen von 64kbit/s (ISDN) bis 800Mbit/s (UltraNet). Eine optimale Konnektivität wird durch durchgängige Verwendung des Betriebssystems UNIX bzw. dessen Derivate erreicht. Dies wurde mit dem Schlagwort "vertikale Integration" bezeichnet. In Zukunft wird dem schnellen Zugriff auf Daten über Fileserver sowohl von Supercomputern als auch von Workstations immer größere Bedeutung zukommen.

Einleitung

Effektiver Zugang zu Supercomputern ist eine wesentliche Bedingung für eine wirtschaftliche Nutzung. Vor- und Nachbearbeitung der berechneten Probleme nehmen nach wie vor die meiste Bearbeitungszeit in Anspruch. Es ist deshalb notwendig, daß der Supercomputer vollständig in die normale Arbeitsumgebung des Wissenschaftlers oder Ingenieurs integriert wird. Zur Zeit der zentralen Mainframes war deshalb ein Zugang zum Supercomputer über diese Zentralrechner üblich. Ein einheitliches Betriebssystem oder mindestens eine enge Verbindung der Betriebssysteme von Zentralrechner und Supercomputer galt als wünschenswert.

Das Client-Server-Konzept

Die Einführung von Workstations brachte mit hoher lokaler Rechenleistung, Fenstertechniken und Graphik eine völlig neue Arbeitsqualität an den Arbeitsplatz des Wissenschaftlers. Es zeigte sich jedoch bald, daß nicht alle Dienste sinnvoll und wirtschaftlich lokal bereitgestellt werden können. Über ein leistungsfähiges Netz wird deshalb auf sogenannte Server zurückgegriffen. Neben Servern, wie z.B. für Hochleistungsgraphikausgabe, Fileverwaltung und Archivdienste, Informations- und Datenbankdienste, würde in solch ein Netz auch der Supercomputer als Server für große Rechenleistung eingesetzt. Abb.1 zeigt dies in schematischer Darstellung.

Netze

Supercomputer bieten deshalb nicht mehr nur den Zugang über Frontendrechner, sondern auch direkte Zugangsmöglichkeiten über verschiedene Netztechnologien.

Abb.2 zeigt die direkte Einbindung der CRAY-2 in Stuttgart in drei verschiedenen Netzwerkebenen. Der Zugang über Ethernet (10 Mbit/s) und über HYPERchannel (50 Mbit/s) erfolgen über einen Router, der Zugang über UltraNet (800 Mbit/s) direkt über ein schnelles Kanalinterface. Ein Anschluss von FDDI wird im Moment getestet. Über diese Netzwerkebenen erfolgt durch Router und Brücken der Anschluß sowohl an das Campusnetz der Universität als auch über die Postdienste ISDN (siehe Abb.3), DATEX-P, Wähl- und Standleitungen und VBN eine Verbindung zu entfernten lokalen Netzen. Dadurch ergibt sich ein funktionell gleichwertiger Zugriff von jeder Workstation in diesen Netzen zum Supercomputer. Lediglich die Übertragungsgeschwindigkeiten hängen von der jeweils verwendeten Netztechnologie ab. Auf der CeBit und auf der Messe in Hannover wurde eine solche Verbindung über das Vorläuferbreitbandnetz (VBN) der Bundespost erstmals ein Zugriff auf eine CRAY-2 mit einer Nettoübertragungsgeschwindigkeit von 90 Mbit/s über 600 km demonstriert. Abb.4 zeigt die eingesetzte Technologie. Tab.5 faßt die gemessenen Zugangsleistungen von Workstations auf die CRAY-2 zusammen.

Betriebssystem und Dienste

Die hervorragende Konnektivität zwischen Workstation, Supercomputer und Servern läßt sich vom Anwender nur dann nutzen, wenn durch Homogenität von Betriebssystem und Diensten eine einheitliche Sicht auf die Ressourcen ermöglicht wird. Hier hat sich das Betriebssystem UNIX eindrucksvoll durchgesetzt. Die durch eine einheitliche UNIX-Umgebung erzielte Transparenz für den Anwender wird häufig mit dem Schlagwort ''vertikale Integration'' bezeichnet. Folgende Dienste und Betriebsformen stehen heute zur Verfügung:

- TCP/IP als Transportschale ermöglicht beliebiges interaktives Arbeiten an allen Rechnern des Netzes und am Supercomputer und den Transfer von Files
- NQS ermöglicht den Zugang zu Batchdiensten
- NFS erlaubt den direkten Zugriff auf Files von Rechnern im Netz. Dadurch ist es möglich, daß Supercomputer und Workstations gemeinsam auf Fileserver wie auf lokale Filesysteme zugreifen
- X-Window erlaubt die Nutzung des Supercomputers durch Fenstertechniken
- Prozeß-Prozeß-Kommunikation erlaubt on-line-Auswertungen von auf dem Supercomputer aktuell laufenden Programmen auf der Workstation.

Diese Techniken ermöglichen, den Supercomputer als leistungsfähigen Backendrechner von Workstations zu nutzen. Der Supercomputer stellt sich dabei vollständig mit der Funktionalität der Workstation dar.

Zukünftige Entwicklung

Beim Zugriff zu Supercomputern über Netze ist eine immer stärker werdende Tendenz zu verteiltem Rechnen festzustellen. Workstation und Supercomputer spielen dabei entweder off-line in Form von Pre- und Postprocessing oder on-line über Prozeß-Prozeß-Kommunikation zusammen. Fileserver, die gleichzeitig von Supercomputer und Workstation zugreifbar sind, spielen dabei eine immer größere Rolle. In der Zukunft werden deshalb nicht mehr die Rechner wie in den siebziger Jahren und nicht mehr die Netze wie in den achtziger Jahren, sondern die Daten im Mittelpunkt des Interesses stehen. Supercomputer, Workstation und andere Server haben auf sie sowohl schreibenden als auch lesenden Zugriff. Netze vermitteln den Zugriff (Abb.6). Objektorientierte Datenmodelle und Datenorganisation passen hervorragend zu diesem Bild des Supercomputing in den neunziger Jahren. Konsequenterweise kann dann auch ein Betriebssystem nicht mehr an einen Rechner gebunden sein. Netzwerkorientierte System wie MACH oder NLTSS werden dann sowohl in der Datenverwaltung als auch für Supercomputer eingesetzt werden.

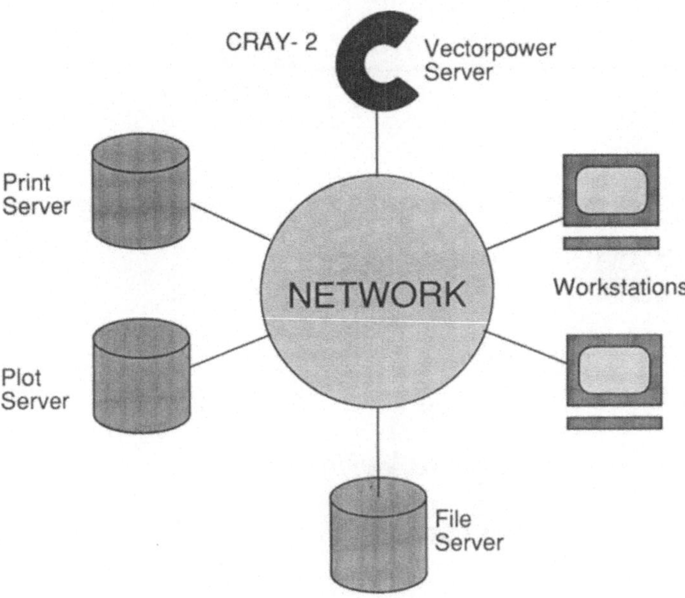

Abbildung 1:
Client–Server–Modell

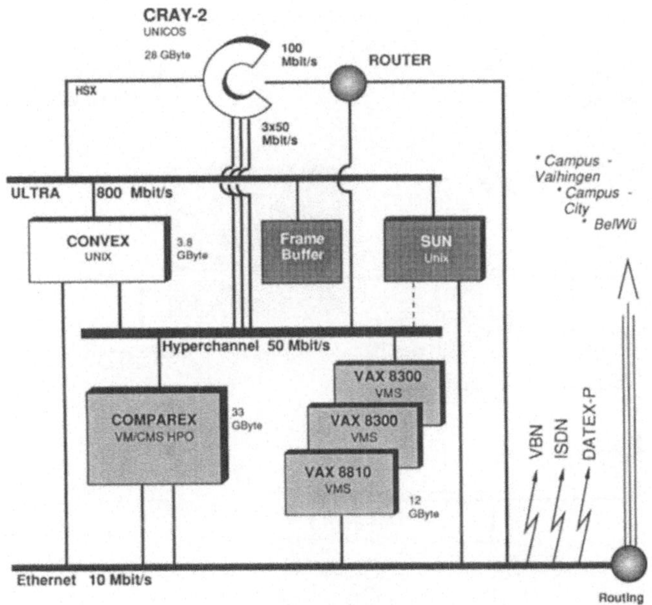

Abbildung 2:
RUS Rechnerkonfiguration
Alle Rechner mit Ausnahme der Cray–2 sind direkt über das Terminalnetz mit Terminals
oder PCs erreichbar

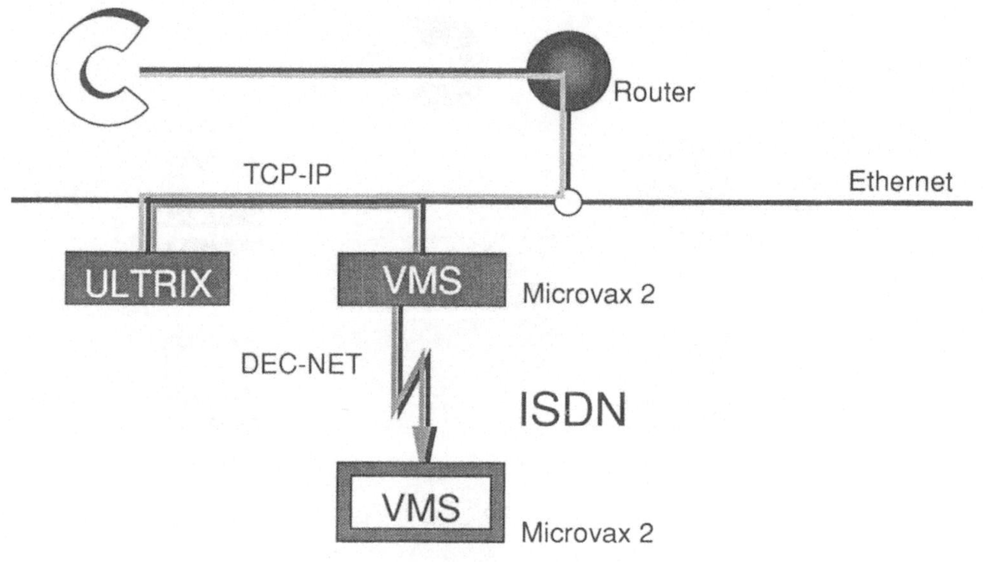

Abbildung 3:
ISDN–Zugang zur Cray–2

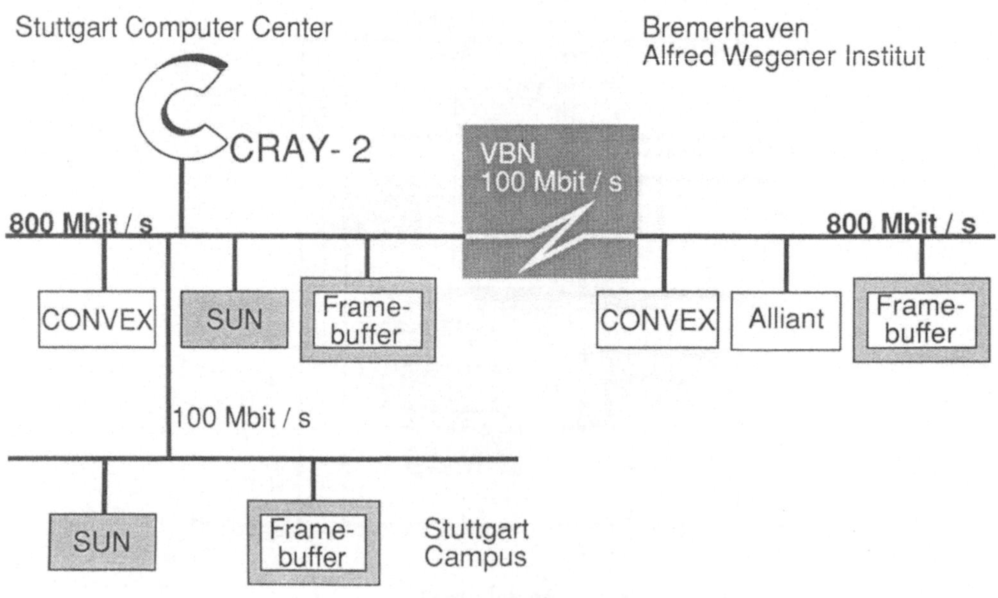

Abbildung 4:
Ultra–Hochgeschwindigkeitsnetz

<u>ISDN (64 kbit / s)</u>   0.056 Mbit / s

<u>Ethernet (10 Mbit / s)</u>
FTP   0.3 - 0.6 Mbit /s

NFS   1.6 Mbit / s

Memory - Memory (SUN)   1.5 - 3.5 Mbit / s

<u>Hyperchannel (50 Mbit/s)</u>
FTP   1.4 - 1.8 Mbit / s

Memory - Memory   3 Mbit / s

<u>VME - Bus (FEI 3)</u>
Memory - Memory (SUN)   30 Mbit / s

<u>ULTRA NET (800 Mbit / s)</u>
FTP (SUN)   4.5 Mbit / s

Memory - Memory (SUN)   33 Mbit / s

Framebuffer lokal   747 Mbit / s

Framebuffer VBN über 600 km   95 Mbit / s

Abbildung 5:
Transferraten zwischen einer Workstation und der Cray-2

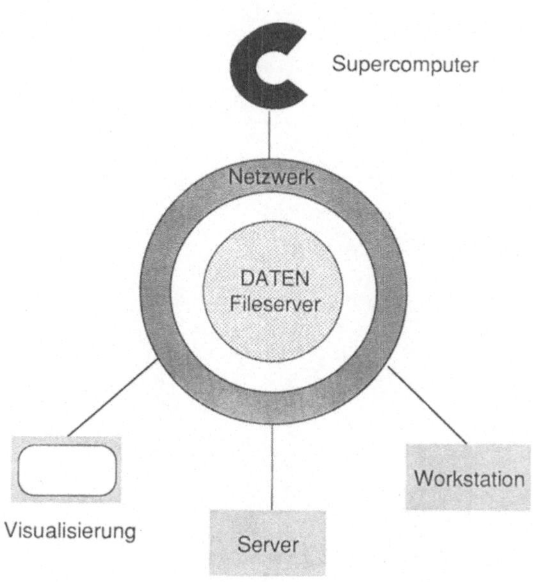

Abbildung 6:
Modell für wissenschaftlich–technisches Rechnen in den 90er Jahren

Band 194: C. Lewerentz, Interaktives Entwerfen großer Programmsysteme. VII, 179 Seiten. 1988.

Band 195: I. S. Bátori, U. Hahn, M. Pinkal, W. Wahlster (Hrsg.), Computerlinguistik und ihre theoretischen Grundlagen. Proceedings. IX, 218 Seiten. 1988.

Band 197: M. Leszak, H. Eggert, Petri-Netz-Methoden und -Werkzeuge. XII, 254 Seiten. 1989.

Band 198: U. Reimer, FRM: Ein Frame-Repräsentationsmodell und seine formale Semantik. VIII, 161 Seiten. 1988.

Band 199: C. Beckstein, Zur Logik der Logik-Programmierung. IX, 246 Seiten. 1988.

Band 200: A. Reinefeld, Spielbaum-Suchverfahren. IX, 191 Seiten. 1989.

Band 201: A. M. Kotz, Triggermechanismen in Datenbanksystemen. VIII, 187 Seiten. 1989.

Band 202: Th. Christaller (Hrsg.), Künstliche Intelligenz. 5. Frühjahrsschule, KIFS-87, Günne, März/April 1987. Proceedings. VII, 403 Seiten. 1989.

Band 203: K. v. Luck (Hrsg.), Künstliche Intelligenz. 7. Frühjahrsschule, KIFS-89, Günne, März 1989. Proceedings. VII, 302 Seiten. 1989.

Band 204: T. Härder (Hrsg.), Datenbanksysteme in Büro, Technik und Wissenschaft. GI/SI-Fachtagung, Zürich, März 1989. Proceedings. XII, 427 Seiten. 1989.

Band 205: P. J. Kühn (Hrsg.), Kommunikation in verteilten Systemen. ITG/GI-Fachtagung, Stuttgart, Februar 1989. Proceedings. XII, 907 Seiten. 1989.

Band 206: P. Horster, H. Isselhorst, Approximative Public-Key-Kryptosysteme. VII, 174 Seiten. 1989.

Band 207: J. Knop (Hrsg.), Organisation der Datenverarbeitung an der Schwelle der 90er Jahre. 8. GI-Fachgespräch, Düsseldorf, März 1989. Proceedings. IX, 276 Seiten. 1989.

Band 208: J. Retti, K. Leidlmair (Hrsg.), 5. Österreichische Artificial-Intelligence-Tagung, Igls/Tirol, März 1989. Proceedings. XI, 452 Seiten. 1989.

Band 209: U. W. Lipeck, Dynamische Integrität von Datenbanken. VIII, 140 Seiten. 1989.

Band 210: K. Drosten, Termersetzungssysteme. IX, 152 Seiten. 1989.

Band 211: H. W. Meuer (Hrsg.), SUPERCOMPUTER '89. Proceedings, 1989. VIII, 171 Seiten. 1989.

Band 212: W.-M. Lippe (Hrsg.), Software-Entwicklung. Fachtagung, Marburg, Juni 1989. Proceedings. IX, 290 Seiten. 1989.

Band 213: I. Walter, Datenbankgestützte Repräsentation und Extraktion von Episodenbeschreibungen aus Bildfolgen. VIII, 243 Seiten. 1989.

Band 214: W. Görke, H. Sörensen (Hrsg.), Fehlertolerierende Rechensysteme / Fault-Tolerant Computing Systems. 4. Internationale GI/ITG/GMA-Fachtagung, Baden-Baden, September 1989. Proceedings. XI, 390 Seiten. 1989.

Band 215: M. Bidjan-Irani, Qualität und Testbarkeit hochintegrierter Schaltungen. IX, 169 Seiten. 1989.

Band 216: D. Metzing (Hrsg.), GWAI-89. 13th German Workshop on Artificial Intelligence. Eringerfeld, September 1989. Proceedings. XII, 485 Seiten. 1989.

Band 217: M. Zieher, Kopplung von Rechnernetzen. XII, 218 Seiten. 1989.

Band 218: G. Stiege, J. S. Lie (Hrsg.), Messung, Modellierung und Bewertung von Rechensystemen und Netzen. 5. GI/ITG-Fachtagung, Braunschweig, September 1989. Proceedings. IX, 342 Seiten. 1989.

Band 219: H. Burkhardt, K. H. Höhne, B. Neumann (Hrsg.), Mustererkennung 1989. 11. DAGM-Symposium, Hamburg, Oktober 1989. Proceedings. XIX, 575 Seiten. 1989

Band 220: F. Stetter, W. Brauer (Hrsg.), Informatik und Schule 1989: Zukunftsperspektiven der Informatik für Schule und Ausbildung. GI-Fachtagung, München, November 1989. Proceedings. XI, 359 Seiten. 1989.

Band 221: H. Schelhowe (Hrsg.), Frauenwelt – Computerräume. GI-Fachtagung, Bremen, September 1989. Proceedings. XV, 284 Seiten. 1989.

Band 222: M. Paul (Hrsg.), GI-19. Jahrestagung I. München, Oktober 1989. Proceedings. XVI, 717 Seiten. 1989.

Band 223: M. Paul (Hrsg.), GI-19. Jahrestagung II. München, Oktober 1989. Proceedings. XVI, 719 Seiten. 1989.

Band 224: U. Voges, Software-Diversität und ihre Modellierung. VIII, 211 Seiten. 1989

Band 225: W. Stoll, Test von OSI-Protokollen. IX, 205 Seiten. 1989.

Band 226: F. Mattern, Verteilte Basisalgorithmen. IX, 285 Seiten. 1989.

Band 227: W. Brauer, C. Freksa (Hrsg.), Wissensbasierte Systeme. 3. Internationaler GI-Kongreß, München, Oktober 1989. Proceedings. X, 544 Seiten. 1989.

Band 228: A. Jaeschke, W. Geiger, B. Page (Hrsg.), Informatik im Umweltschutz. 4. Symposium, Karlsruhe, November 1989. Proceedings. XII, 452 Seiten. 1989.

Band 229: W. Coy, L. Bonsiepen, Erfahrung und Berechnung. Kritik der Expertensystemtechnik. VII, 209 Seiten. 1989.

Band 231: R. Henn, K. Stieger (Hrsg.), PEARL 89 – Workshop über Realzeitsysteme. 10. Fachtagung, Boppard, Dezember 1989. Proceedings. X, 243 Seiten. 1989.

Band 232: R. Loogen, Parallele Implementierung funktionaler Programmiersprachen. IX, 385 Seiten. 1990.

Band 233: S. Jablonski, Datenverwaltung in verteilten Systemen. XIII, 336 Seiten. 1990.

Band 234: A. Pfitzmann, Diensteintegrierende Kommunikationsnetze mit teilnehmerüberprüfbarem Datenschutz. XII, 343 Seiten. 1990.

Band 235: C. Feder, Ausnahmebehandlung in objektorientierten Programmiersprachen. IX, 250 Seiten. 1990.

Band 236: J. Stoll, Fehlertoleranz in verteilten Realzeitsystemen. IX, 200 Seiten. 1990.

Band 237: R. Grebe (Hrsg.), Parallele Datenverarbeitung mit dem Transputer. Proceedings, 1989. VIII, 241 Seiten. 1990.

Band 238: B. Endres-Niggemeyer, T. Hermann, A. Kobsa, D. Rösner (Hrsg.), Interaktion und Kommunikation mit dem Computer. Proceedings, 1989. VIII, 175 Seiten. 1990.

Band 239: K. Kansy, P. Wißkirchen (Hrsg.), Graphik und KI. Proceedings, 1990. VII, 125 Seiten. 1990.

Band 240: D. Tavangarian, Flagorientierte Assoziativspeicher und -prozessoren. XII. 193 Seiten. 1990.

Band 241: A. Schill, Migrationssteuerung und Konfigurationsverwaltung für verteilte objektorientierte Anwendungen. IX, 174 Seiten. 1990.

Band 242: D. Wybranietz, Multicast-Kommunikation in verteilten Systemen. VIII, 191 Seiten. 1990.

Band 250: H. W. Meuer (Hrsg.), SUPERCOMPUTER '90. Proceedings, 1990. VIII, 209 Seiten. 1990.